Mit PEP an die Arbeit

■ Das Institut für Beratung und Training ist die deutsche Niederlassung von IBT, einer weltweit agierenden Beratungsfirma, zu deren Klienten Shell, Nissan, Unilever und Hewlett-Packard zählen. Katharina Dietze ist die Geschäftsführerin von IBT Deutschland, Bruno Savoyat der Geschäftsführer von IBT Suisse.

Katharina Dietze,
Institut für Beratung und Training

Mit PEP an die Arbeit

So organisiere ich mich und meinen Job

Aus dem Englischen von Margit Popp und Birgit Schöbitz

Mit einem Nachwort von Bruno Savoyat

Campus Verlag
Frankfurt/New York

Die amerikanische Originalausgabe »The Personal Efficiency Program – Third Edition« erschien 2004 bei John Wiley & Sons Inc., New York.

Bibliografische Information der Deutschen Bibliothek
Die Deutsche Bibliothek verzeichnet diese Publikation in der Deutschen Nationalbibliografie. Detaillierte bibliografische Daten sind im Internet über http://dnb.ddb.de abrufbar.
ISBN 3-593-37646-6

8., komplett überarbeitete Auflage.

Umschlaggestaltung: Guido Klütsch, Köln
Umschlagmotiv: © Getty Images Stone
Satz: Fotosatz L. Huhn, Maintal-Bischofsheim
Druck und Bindung: Druckhaus Beltz, Hemsbach
Gedruckt auf säurefreiem und chlorfrei gebleichtem Papier.
Printet in Germany

Inhalt

Vorwort

Sie halten die achte Auflage unseres Buches *Mit PEP an die Arbeit* in Ihren Händen. Wir haben es um das Thema »Effektivität im Team« erweitert, und zwar aus zwei Gründen: In unserer täglichen Arbeit als IBT-Berater, in der wir bei der Umsetzung von Effektivitätssteigerungen direkt am Arbeitsplatz helfen, begegnen uns immer wieder die großen Chancen und Produktivitätspotenziale, die sich durch verbesserte Teamarbeit erreichen lassen. Der zweite Grund, dieses Wissen in der Neuauflage zu bündeln, ist die Tatsache, dass die Effektivität von Kopfarbeitern immer stärker auf dem Prüfstand steht. Der Kostenfaktor Management und Verwaltung rückt mehr und mehr in den Focus von Controllern, desorganisierte und ineffiziente Bereiche werden aufgespürt und abgebaut. Mit dem neuen Kapitel *Bringen Sie Ihr Team dazu, sofort zu handeln* können Sie lernen, wie Sie einen besseren Organisationsstandard in Teams, Bereichen und im ganzen Unternehmen aufbauen.

Auch unsere klassischen Selbstmanagementmethoden wurden überarbeitet und den neuesten Erkenntnissen angepasst. Das Buch beginnt in bewährter Manier mit einer Anleitung zur persönlichen Effektivitätssteigerung, denn wir sind mehr denn je davon überzeugt, dass eine »Veränderung im Großen« mit der Veränderung beim Individuum verknüpft werden muss. Wenn Sie das Buch durcharbeiten, beginnen Sie im ersten Schritt Ihres persönlichen »Reengineering« damit, eine schlanke, transparente Organisation am eigenen Schreibtisch umzusetzen. Dabei ist es gleichgültig, was Sie bewegt, sich mit dem Thema Effektivität auseinander zu setzen – mehr Zeit für das

Privatleben, mehr Arbeitszufriedenheit durch motivierende Ergebnisse oder ein besserer Überblick über Ihre Arbeit –, Sie werden durch dieses Buch das Handwerkszeug bekommen, um generell viel Zeit zu sparen. Und was vielleicht noch viel wichtiger ist: Es wird Ihnen auch erklärt, wie Sie dieses Wissen in der Praxis umsetzen. Sie werden sofort erkennen, wie viel Spaß es machen kann, tatsächlich etwas zu verändern.

Wie Sie das schaffen? Sie brauchen dazu ein »Leit-System«, das Ihnen dabei hilft, entscheidungsfreudiger zu werden. Sie legen mit Hilfe dieses Systems Ihre Informationen standardisiert und routiniert immer am richtigen Ort ab – und sind auch in der Lage, sie wiederzufinden. Aber bevor Sie wissen, welche Informationen es wert sind, organisiert zu werden, und welche Sie delegieren können, müssen Sie sich erst einmal durch einen Wust von Informationen wie E-Mails, Telefon- und Handynachrichten, Papierstapel, elektronische Daten aus dem Internet und dem Intranet kämpfen. Sie werden lernen, wie Sie Informationen analysieren, kategorisieren und zuordnen. Wir werden Sie auch zum Mut zur Lücke ermutigen, um unwichtige Informationen zu löschen und damit Ballast abzuwerfen. Wer handlungsfähig bleiben will, befreit sich am besten so schnell wie möglich aus den Fesseln der überbordenden Informationen, die keinen Mehrwert bringen. Stoppen Sie den Wahnsinn von doppelt und dreifach ausgedruckten Dokumenten, die auch noch elektronisch vorhanden sind, trennen Sie sich von veralteten Informationen, hinterfragen Sie Verteiler, löschen Sie unnötige Informationen radikal! Nutzen Sie Sekretariat und/oder Mitarbeiter zur Filterung von Informationen, damit diese gar nicht erst bei Ihnen auftauchen – so schaffen Sie es, zu konzentrierter Arbeit zu finden.

Wenn Sie für sich selbst gelernt haben, schnell zu reagieren, flexibel zu planen und sicher zu entscheiden, können Sie im nächsten Schritt Selbstmanagement zum Thema im Team machen. Denn Sie werden die Früchte eines verbesserten Selbstmanagements noch ausgiebiger genießen können, wenn sich der Grad der Organisation und Planung auch in den angrenzenden »Systemen« – also bei Mitarbeitern und an anderen Schnittstellen – erhöht.

Sie lernen, wie Sie eine sinnvolle Datenstruktur für Ihr Team, Ihren Bereich oder Ihre Firma entwickeln und durch konsequentes Arbeiten mit diesen Strukturen Zeit gewinnen. Beziehen Sie Ihre Mitarbeiter in diesen Prozess mit ein, und führen Sie durch eine gemeinsame Datenstruktur Ihr Team zusammen. Transparente Informationsplattformen helfen Ihnen, notwendige Entscheidungen zu Verantwortlichkeiten in Routine- und Basisprozessen zu treffen und auch komplexe Projekte ebenso zugriffssicher zu organisieren. Beginnen Sie mit kleinen Schritten bei der täglichen Datenablage von papiernen und elektronischen Dokumenten, und Sie werden merken, dass sich bei konsequenter Umsetzung eine große Arbeitserleichterung für das ganze Team einstellt.

Suchen Sie nach guten Startfenstern für diese Veränderungen – wie Restrukturierungen, Personalveränderungen oder Umzüge –, und es wird Ihnen leicht fallen, Ihren und den Arbeitsstil Ihrer Mitarbeiter zu verbessern. Diese günstigen Zeitpunkte eignen sich hervorragend zum Umdenken und Reorganisieren. Trennen Sie sich von Tätigkeiten, die andere viel besser erledigen als Sie, und kombinieren Sie dies mit dem zusätzlichen Zeitgewinn durch optimales Lesen, Organisieren und Ablegen von Informationen.

Mithilfe dieses Buches werden Sie Ihre eigene und die Effektivität Ihres Teams kontinuierlich und nachhaltig steigern: weg von den ganz großen, phantastischen Zielen, die Sie doch nie erreichen, und hin zu naheliegender, einfacher Veränderung, durch die mehr Effektivität und weniger Stress tatsächlich möglich wird.

Wir hören in Firmen häufig den Satz: »Wenn die anderen alle anders wären, könnte ich hier zufrieden und effektiv arbeiten!« Vergessen Sie diesen Satz! Das Persönliche Effektivitäts Programm beginnt bei der *eigenen* Veränderung und Verbesserung und bereitet den Weg zu einer größeren Arbeitszufriedenheit *aller* Mitarbeiter.

Fangen Sie bei sich selbst an, denn es gibt nichts Gutes, außer man tut es.

Katharina Dietze
Januar 2005

Einleitung

Das möglicherweise wertvollste Resultat jeglicher Erziehung ist die Fähigkeit, sich selbst zu motivieren und das zu tun, was getan werden muss – ganz gleich, ob es einem gefällt oder nicht.

Thomas Huxley

Das Persönliche Effektivitäts Programm: Woran es fehlt

- Läuft Ihnen scheinbar dauernd die Zeit davon?
- Haben Sie manchmal das Gefühl, von Ihrer Arbeit erschlagen zu werden?
- Kommt es Ihnen meistens so vor, dass Sie mit Informationen überschüttet werden?
- Wünschen Sie sich mehr Zeit für das, was Sie immer schon mal tun wollten?
- Machen Sie oft bis spät abends oder an den Wochenenden Überstunden, um nachzuholen, was Sie während der normalen Arbeitszeit nicht geschafft haben?
- Geraten Sie wegen unerledigter Aufgaben in Stress?
- Fällt es Ihnen schwer, eine Aufgabe abzulehnen?
- Vergeuden Sie Zeit bei Besprechungen?
- Bekommen Sie die Ineffizienz Ihrer Kollegen am eigenen Leib zu spüren?
- Können Sie sich kaum darauf konzentrieren, Ihr Leben beruflich und privat zu reflektieren, weil Sie ständig überlastet sind oder Krisen meistern müssen?

- Fragen Sie sich manchmal, ob Sie am Arbeitsplatz und im Leben wirklich das erreichen, was Sie wollen?
- Wünschen Sie sich, dass bei all der Zeit und Mühe, die Sie in Ihre Arbeit stecken, mehr herauskommt?
- Würden Sie gern öfter ausspannen oder Urlaub machen?

Viele Menschen beantworten diese Fragen mit einem nachdrücklichen »Ja«. Wenn es Ihnen genauso geht, machen Sie sich auf eine angenehme Überraschung gefasst: Sie können diese Probleme bewältigen. Sie können das erreichen, was Ihnen beruflich und privat am wichtigsten ist, und trotzdem noch Zeit für sich selbst, für Ihre Familie und für die Dinge finden, die Sie gern tun würden.

Die Ursache des Problems

Warum glauben die Menschen, nie genug Zeit zu haben? Warum haben sie das Gefühl, zugleich überarbeitet und unproduktiv zu sein? Die Antwort ist ganz einfach. Den meisten Menschen wurde während ihrer Ausbildung nie beigebracht, wie man effektiv arbeitet, was insbesondere für den Angestelltenbereich gilt. Selbst Führungskräfte haben häufig keine Ahnung, wie sie alles organisieren oder ihre Arbeit am besten abwickeln sollen. Sie können vielleicht komplizierte technische Neuerungen vorantreiben, einen raffinierten Werbetext schreiben oder einen Vertrag aushandeln; aber sie sind oft nicht in der Lage, ihre Woche effektiv durchzuorganisieren oder mit Störungen und unvorhergesehenen Ereignissen und Prioritäten fertig zu werden.

Ein Manager beschreibt dieses Phänomen treffend: »Man geht auf die Universität, erhält eine Berufsausbildung und bekommt einen Job. Man fängt an zu arbeiten, und aus dem Nichts taucht plötzlich dieser ganze Papierkram auf. Kein Mensch hat ihn je vorher erwähnt! Welche Schriftstücke bewahrt man auf? Wo legt man sie ab? Wie findet man sie wieder?«

Im Zuge unserer Arbeit sind wir vielen klugen und tüchtigen Menschen begegnet, die ihren Job wirklich aus dem Effeff verstehen. Sie lösen mit Leichtigkeit komplexe Probleme. Sie bauen Gebäude, dirigieren Frachtgut, entwickeln Produkte, verkaufen Dienstleistungen oder heilen Krankheiten. Aber trotz ihrer fachlichen Fähigkeiten und ihrer hohen Bildung bereitet es vielen dieser Menschen enormen Stress, mit dem, was sie tun müssen, auf dem Laufenden zu bleiben. Warum? Weil ihnen, genauso wie vielen anderen auch, nie das A und O guter Büroarbeit näher gebracht worden ist. Zu lernen, wie man seine Arbeit abwickelt, ist ein fehlendes Glied in unserer Ausbildung. Das Persönliche Effektivitäts Programm (PEP) schließt diese Lücke.

Erst in letzter Zeit wurde an verschiedenen Universitäten Amerikas ein faszinierendes Programm getestet: Es zielt darauf ab, Professoren und Dozenten das Lehren zu lehren. Lassen Sie sich diesen Satz bitte einmal auf der Zunge zergehen: Man lehrt Lehrkräfte, wie sie ihren Studenten etwas beibringen sollen. Es war bisher nicht üblich, Professoren und Dozenten in diesem wesentlichen Aspekt Ihres Berufs zu schulen, denn es reichte aus, dass sie das theoretische Fachwissen in ihrem Gebiet unter Beweis gestellt hatten. Doch wie Ihnen viele Studenten sicherlich bestätigen können, macht das hervorragendste Fachwissen aus keinem Akademiker automatisch eine gute Lehrkraft.

Auch die Elternschaft ist ein Gebiet, auf dem sozusagen nur Laien tätig sind. Oder kennen Sie ein Elternpaar, das einen Kurs in Kindererziehung belegt hat, bevor die Kinder zur Welt kamen? Und ebenso schlecht vorbereitet sind viele Manager, die ohne grundlegende Vorkenntnisse versuchen, sich selbst zu organisieren.

Wie geht man dieses Problem an?

Wir sind nicht dumm und wissen sehr wohl, dass wir effektiver arbeiten könnten. Aber wie bekommen wir dieses Ausbildungsdefizit in den Griff? Vielleicht arbeitet einer unserer Kollegen mit einer Art Organizer oder Terminkalender, also besorgen wir uns auch einen. Wir lernen durch Versuch und Irrtum, unsere Arbeit so gut zustande zu bringen, wie wir können. Aber weil die von uns selbst aufgebauten Arbeitsroutinen nicht immer den Prinzipien guter Arbeitsorganisation folgen, sind sie möglicherweise nicht so wirkungsvoll, wie sie sein könnten. Unsere Arbeitsgewohnheiten nutzen uns vielleicht in einer bestimmten Arbeitsumgebung, aber wenn sich unser Job verändert oder das Unternehmen fusioniert oder verkleinert wird, passen sie vielleicht nicht mehr zu der neuen Arbeitsumgebung, die größere Anforderungen an uns stellt.

Weil wir Gewohnheitstiere sind, ist es für uns schwierig, unser Verhalten zu ändern, selbst wenn es unserer Meinung nach gut wäre. Aber welches sind die effektivsten Arbeitsmethoden? Wie kann man sein Verhalten erfolgreich verändern? Wie können Sie produktiver werden? Diese Fragen werden in dem vorliegenden Buch beantwortet. Und es zeigt Ihnen, wie Sie diese Probleme wirksam angehen. Am Schluss werden Sie weniger arbeiten, und Ihr Job wird Ihnen leichter von der Hand gehen.

Bis ins Detail

Ein sehr wohlhabender und erfolgreicher Mann antwortete auf die Frage nach seinem Erfolg: »Der Teufel sitzt im Detail.« Wir alle wissen, dass ein Teil unseres beruflichen Erfolgs daraus resultiert, Einzelheiten Beachtung zu schenken, aber wir erkennen vielleicht nicht, wie diese Aufmerksamkeit fürs Detail von unserem persönlichen Arbeitsstil abhängt. Mit PEP wird definiert, wie man im Einzelnen arbeiten sollte. Das Wissen und die Erfahrungen in diesem Buch entstammen der Durchführung von PEP. Ob Sie Ihre Arbeitsweise nun maßvoll modifizieren oder radikal umstrukturieren, Sie werden sich auf die Details Ihrer Arbeit konzentrieren und dadurch Ihr Verhalten hin zu stressfreiem effektivem Arbeiten verändern. Der Nutzen wird viel größer sein, als Sie es sich vorstellen können.

Erfolgreiche Fertigungsunternehmen haben viel Zeit und Geld in kontinuierliche Verbesserungsprozesse, Wertanalysen und andere produktivitätssteigernde Maßnahmen investiert, um jeden Schritt im Produktionsprozess zu analysieren, zu verfeinern und zu perfektionieren. Die Mühe zeigt Früchte. So hat sich dort die Produktivität und Qualität drastisch erhöht. Aber im Bürobereich, von der Sachbearbeitung über die Informationsverarbeitung bis zum Management, sind die betrieblichen Prozesse schwieriger zu analysieren und umzustrukturieren. Persönliche Arbeitsweisen werden selten genug als Teil des betrieblichen Managementprozesses begriffen, geschweige denn durchleuchtet und perfektioniert. Und damit fehlen wichtige Schlüsselqualifikationen, die zur Erreichung von Arbeitszufriedenheit und Effektivität beitragen.

Die Lösung

Da es also an Wissen über eine qualitativ und quantitativ gute persönliche Arbeitsweise im Management und Verwaltungsbereich mangelt, fehlt selbst in den Unternehmen, die sich mit großem Aufwand und hoher Qualität der Produktivität widmen, ein wichtiges Glied in dieser Kette. Und da es fehlt, wird es oft nicht bemerkt; und was man nicht kennt, vermisst man nicht. Dennoch ist das fehlende Glied in der Kette für viele Angestellte die Ursache endloser Frustrationen im Arbeitsalltag.

PEP kann die Lücke in der Produktivitätskette schließen. Das Konzept hilft jedem, der sehr viel zu tun hat. PEP lehrt Sie, wie Sie

- Ihre Arbeit besser unter Kontrolle bringen;
- Ihre Arbeit stressfreier erledigen;
- Zeit einsparen;
- entscheiden, welche Prioritäten Sie setzen sollten, und
- wie Sie das Wichtige dann auch erledigen.

Mit PEP kann man seine persönliche Produktivität entscheidend steigern. Das soll nicht heißen, dass die Menschen bisher nicht engagiert und viel arbeiten. Die Zusammenarbeit mit Angestellten in vielen Unternehmen hat uns genau das Gegenteil gelehrt. Die Menschen arbeiten wirklich hart. Die allermeisten wollen ihren Job gut machen und investieren viel Zeit und Kraft. Aber der Mehrzahl gelingt es trotz des großen Zeitaufwands einfach nicht, abends entspannt und zufrieden in den wohlverdienten Feierabend zu gehen. Dabei könnte die eigene Produktivität viel höher sein, wenn man »richtig« an den richtigen Dingen arbeitet. PEP liefert genau dafür das Know-how.

PEP wird Ihre Arbeit vereinfachen. Sie wird weniger mühsam sein als bisher.

Mit anderen zusammenarbeiten

Ganz gleich, wie effizient Sie in Ihrer Arbeit sind, Sie müssen dennoch mit anderen Mitarbeitern zusammenarbeiten, deren Unzulänglichkeiten sich mit Sicherheit auch auf Ihre Tätigkeit auswirken. Wie kann man mit ineffizienten Teammitgliedern am besten umgehen? Wie können Sie die Effizienz Ihres Teams mithilfe von PEP steigern? Schließlich ist es schon schwer genug, sein eigenes Verhalten zu verändern – geschweige denn das von anderen! Was können Sie also tun? Die gute Nachricht lautet: viel!

Sie werden die bewährten Techniken kennen und anwenden lernen, die wir am Institut für Beratung und Training (IBT) einsetzen, um unseren Kunden dabei zu helfen, allgemein übliche Standards für die Arbeit und Organisation aufzustellen und umzusetzen. Sie werden ebenfalls lernen, die zahlreichen Vorteile der Technik zu nutzen, um Ihre Kommunikation und Koordination zu optimieren. Außerdem erfahren Sie in diesem Buch, wie Sie dafür sorgen können, dass Ihr Team am gleichen Strang zieht und alle anstehenden Aufgaben so effizient wie möglich bewältigt. Ungeachtet Ihrer Motive – ob Sie sich wünschen, mehr Geld zu verdienen oder in der Freizeit auf der faulen Haut zu liegen, ob Sie größere Herausforderungen meistern oder das Büro pünktlicher verlassen wollen – werden Ihnen die Grundlagen und Prinzipien, die in diesem Buch besprochen werden, dabei helfen, Ihre Wünsche in die Realität umzusetzen.

Das vorliegende Buch versucht, so einfach zu sein wie PEP selbst. Es hilft Ihnen, bessere Arbeitsgewohnheiten anzunehmen und Systeme, Routinen und Lösungen zu entwickeln, mit denen Sie Ihre Produktivitätsprobleme in den Griff bekommen. Sie gestalten Ihre Arbeit zufriedenstellender und entwickeln somit mehr Freude an ihr.

Nun, es ist eine Sache, über bestimmte Informationen zu verfügen, aber eine andere, auch danach zu handeln. Besonders schwer wird es, wenn man auch noch das eigene Verhalten ändern soll. Es gibt keinen einfachen Weg, sich zu ändern, doch wir haben einige Werkzeuge entwickelt, mit denen es funktioniert. Beim Großreinemachen in Ihrem Büro werden Sie das Prinzip erkennen: Möchten Sie Ihr Verhalten ändern, ist es einfacher, es gleich gründlich zu tun. Der Grundsatz »Tun Sie's sofort!« wird Ihnen bald in Fleisch und Blut übergehen. Sie werden mehr erledigen können als je zuvor und lernen, Ihren Verzögerungstaktiken, die Verhaltensänderungen am meisten im Wege stehen, ein für alle Mal ein Ende zu bereiten. Zuallererst werden Sie Ihre schlechten Angewohnheiten ablegen und sich gute aneignen. Wenn wir Menschen schon mal Gewohnheitstiere sind, sollten wir zumindest dafür sorgen, dass wir uns nur gute Gewohnheiten zulegen.

PEP gleicht einem Trainingsprogramm: Sie müssen jeden Schritt nachvollziehen, soll es von Nutzen sein. Lesen allein reicht nicht. Sollten Sie also das Programm nicht mitmachen wollen, legen Sie dieses Buch sofort beiseite. Sparen Sie ein wenig Zeit, indem Sie es nicht lesen. Oder folgen Sie dem Programm und sparen Sie viel Zeit. Ihre Lebensqualität wird sich garantiert entscheidend verändern.

Tun Sie's sofort

Die Dilettanten, wenn sie das Möglichste getan haben, pflegen zu ihrer Entschuldigung zu sagen, die Arbeit sei noch nicht fertig. Freilich kann sie nie fertig werden, weil sie nie recht angefangen ward.

Johann Wolfgang von Goethe

Überblick: In diesem Kapitel lernen Sie,

- wie Sie mehr erreichen, indem Sie Dinge sofort erledigen;
- wie Sie Ihre Arbeitsbelastung verringern, indem Sie alles nur einmal tun;
- entschlussfreudiger zu werden, indem Sie sich zuerst die schlimmstmögliche Konsequenz Ihres Handelns vor Augen führen und dann, falls diese Konsequenz für Sie akzeptabel ist, tatsächlich handeln;
- Prioritäten nicht mehr als Ausrede zu benutzen, etwas nicht zu tun;
- Wichtiges von Unwichtigem zu unterscheiden und danach zu handeln;
- Dinge genauso gekonnt abzuarbeiten, wie Sie sie bisher geschickt vor sich hergeschoben haben.

Sofort! Zweifellos hören Sie das Wort ununterbrochen. Wenn nicht von Ihrem Chef, Ihrem Ehepartner oder Ihren Kindern, dann von Werbeleuten und Verkäufern. An manchen Tagen scheint es so, als ob jeder sofort etwas von Ihnen verlangt. Ein Manager oder Kollege teilt Ihnen mit, dass jemand nicht im Büro erschienen ist und seine Arbeit von Ihnen gemacht werden muss, und zwar sofort. Oder Sie erhalten einen Anruf von zu Hause, dass ein Leck in der Wasserleitung sofort repariert werden muss. Das klingelnde Telefon will sofort abgehoben werden. Eine Anzeige in einer Zeitschrift suggeriert Ihnen, einen Artikel sofort zu kaufen. Alle diese Dinge passieren gleichzeitig. Und so häufen sich Wünsche und Aufgaben an, und wir ersticken in unserer Arbeit.

Einige Zeitmanagement-Experten raten uns, dass wir die ganzen Dinge ignorieren sollten, die lautstark unsere dringende Beachtung fordern, einschließlich des Telefons. Sie sagen uns, dass wir nicht einfach auf die Umstände und Menschen um uns herum reagieren, sondern uns stattdessen organisieren, Prioritäten setzen und unser Leben unter Kontrolle bringen sollten, indem wir einige Aufgaben zurückstellen und unsere Aufmerksamkeit auf die Aktivitäten konzentrieren, die »am wichtigsten« sind, »zuerst getan werden müssen« oder »höchste Priorität« besitzen.

Natürlich ist es wichtig zu planen, Ziele zu setzen und Schwerpunkte zu bilden. Aber wenn wir uns Prioritäten setzen, scheinen wir allzu oft zu vielen Dingen überhaupt nicht zu kommen. »Weniger wichtige« Aktivitäten werden zugunsten »wichtigerer« ins hinterste Eck geschoben und schmoren vor sich hin. Erst wenn sie anbrennen, wird ihnen, kein Wunder, eine ganz hohe Priorität eingeräumt. Und raten Sie mal, wer den »Brand löschen darf«? Sie natürlich – und zwar sofort!

Wie das Persönliche Effektivitäts Programm funktioniert

Die wirksamste Methode, die effektiv und zufriedenstellend die gewünschten Ergebnisse erbringt – und die Sie hier lernen werden –, ist, Dinge sofort zu erledigen. Indem Sie sich dafür entscheiden, Dinge sofort zu tun, wird dieses Prinzip zu Ihrem Verbündeten. Wenn Sie die vielen überschaubaren Arbeiten gleich erledigen, sind Sie besser organisiert, gewinnen eine größere Kontrolle über das Wann, Wo und Wie Ihrer Aktivitäten und steigern sowohl Ihre Zufriedenheit als auch Ihre Leistung. Dies ist der oberste Grundsatz des Persönlichen Effektivitäts Programms (PEP).

Kommt Ihnen das folgende Szenario bekannt vor? Sie kommen in Ihr Büro, setzen sich an Ihren Schreibtisch, schauen auf die dort angehäuften Stapel und ziehen einen Vorgang heraus. Sie müssen Müller anrufen. Pflichtbewusst bilden Sie irgendwo einen Stapel auf Ihrem Schreibtisch für die Dinge, die zu erledigen sind, und dieser Vorgang fliegt auf den Stapel. Sie nehmen ein anderes Papier in die Hand. Dieses Mal ist es ein Beschwerdebrief eines Kunden. Sie denken: »Ich muss diesen Brief beantworten.« Er landet ebenfalls auf dem Stapel der zu erledigenden Dinge. Das dritte Papier umreißt ein anstehendes Problem. »Ich muss darüber mit dem Chef sprechen«, murmeln Sie, und weg damit auf den gleichen Stapel. Sie nehmen das vierte Papier und sagen: »Das ist nicht wichtig. Ich kann es später machen.« Sie legen einen neuen Stapel für die Dinge an, die noch warten können, neben Ihrem wachsenden Stapel mit den Dingen, die zu erledigen sind, und so geht es weiter. Schließlich gehen Sie die verschiedenen Papierstapel noch einmal flüchtig durch, kommen wieder zu dem Stapel mit den zu erledigenden Dingen und lesen jedes Schriftstück nochmals durch. Praktisch haben Sie Ihren Zeitaufwand nahezu verdoppelt und doch eigentlich nichts erledigt.

Dieses Verfahren ginge vielleicht in Ordnung, wenn wir die Papiere nur zweimal durchsehen würden, aber bei manchen Vorgängen geschieht das drei-, vier- oder fünfmal, bevor wir uns endlich an die Arbeit machen. Das kostet in der Regel zu viel Zeit.

Die oberste Regel zur Steigerung der persönlichen Effektivität und damit Produktivität lautet deshalb:

Bearbeiten Sie etwas, wenn Sie das erste Mal damit in Berührung kommen. ←

Damit sind nicht jene Dinge gemeint, die Sie aufgrund der Aufgabenstellung gar nicht sofort erledigen können, geschweige denn die, die Sie nicht gleich in Angriff nehmen sollten. Wir sprechen von all den Dingen, die Sie erledigen könnten und sollten, aber nicht tun. Wir sprechen über Ihre tägliche routinemäßige Schreibtischarbeit. Wir sprechen von Aufgaben, deren Erledigung oder nächster Bearbeitungsschritt zwischen fünf und zehn Minuten dauert. Kümmern Sie sich sofort um diese Dinge, wenn sie auf Ihrem Schreibtisch landen, und Sie werden langfristig eine Menge Zeit sparen und Papier loswerden.

Rufen Sie Müller an. Antworten Sie sofort auf die Nachricht in Ihrer elektronischen Mailbox. Beantworten Sie den Beschwerdebrief des Kunden. Reagieren Sie auf die Mitteilung auf Ihrem Anrufbeantworter unmittelbar nach dem Abhören. Tun Sie's sofort. Sie werden erstaunt sein, wie wenig Zeit Sie tatsächlich dafür brauchen und wie gut Sie sich fühlen, wenn die Sache vom Tisch ist.

Wenn Sie nicht vorhaben, Ihre Papierstapel zu bearbeiten, verschwenden Sie bitte keine Zeit damit, sie durchzusehen. Wenn Sie die Nachrichten auf Ihrem Anrufbeantworter nicht beantworten möchten, verschwenden Sie bitte keine Zeit damit, sie abzuhören. Wenn Sie Ihre E-Mails nicht beantworten möchten, verschwenden Sie bitte auch keine Zeit damit, sie durchzulesen. Vergeuden Sie Ihren Tag nicht mit Dingen, die Sie nicht erledigen. Befassen Sie sich lieber damit, was Sie tatsächlich tun werden, und tun Sie's sofort!

Fangen Sie bei Ihrem Arbeitsplatz an

Wenn Sie alles besser organisieren und das Persönliche Effektivitäts Programm sowohl beruflich als auch privat in die Tat umsetzen wollen, fangen Sie damit an, Ihren Schreibtisch aufzuräumen. Wenn wir PEP trainieren, gehen wir mit unseren Kunden die ganzen Papiere und Zettel durch, die sich dort angesammelt haben, und fragen bei jedem, um was es sich handelt. Sie sagen zum Beispiel: »Oh ja, das ist etwas, auf das ich hätte antworten sollen.«

»Na, dann los», schlägt der PEP-Berater dann üblicherweise vor. Viele Kunden nehmen das Blatt Papier dann zur Hand und wollen es impulsiv zur Seite legen, doch der PEP-Berater fragt sofort: »Augenblick mal, warum legen Sie das Papier auf den anderen Stapel?«

Der Kunde sieht meistens erstaunt auf und entgegnet: »Nun ja, ich muss es doch noch erledigen, also lege ich dieses Schreiben auf den Stapel ›Zu erledigen‹.«

»Warum tun Sie's nicht sofort?«

»Sie wollen, dass ich mich sofort darum kümmere? Das könnte aber etwas dauern ...«

Die meisten Kunden machen sich dann wirklich an die Erledigung. Normalerweise sieht der PEP-Berater auf die Uhr, wie lange der Kunde braucht, und fragt dann: »Was glauben Sie, wie lange das nun gedauert hat?«

Die Antwort lautet dann in der Regel:»Eine Minute« oder »Drei Minuten.« Wie auch immer.

Jetzt realisiert der Kunde, dass der Aufwand wirklich minimal war. Beim ersten Mal fühlen sich die Menschen bei diesem ungewohnten Vorgehen unwohl. Sie handeln zwar richtig, haben aber das Konzept noch nicht richtig verstanden, obwohl wir darüber reden und sie bitten, sich diese neue Arbeitsweise anzugewöhnen. Das Schwierigste ist zu begreifen, dass der Grundsatz »Tun Sie's sofort« für viele Situationen die richtige Handlungsweise ist.

Selbst wenn sich die meisten unserer Kunden die ersten paar Male an dieses Prinzip halten, fallen sie oft wieder in ihre alte Gewohnheit zurück, die Dinge auf die lange Bank zu schieben. Dies wird offensichtlich, wenn der PEP-Berater seinen Kunden während des Trainings mehrmals aufsucht. Es wird klar, dass es einfach ist, über das Prinzip »Tun Sie's sofort« zu reden und jemanden dafür zu gewinnen. Aber nur wenn man sich über einen längeren Zeitraum mit diesem Grundsatz befasst, erkennt man, dass Theorie und Praxis auseinander klaffen und Übung und Training der Schlüssel zum Erfolg sind.

Im Coaching am Arbeitsplatz raten wir unseren Kunden, eine überschaubare Aufgabe, deren Erledigung nur einige Minuten in Anspruch nimmt, sofort zu erledigen. Ist sie umfangreicher, entscheiden wir gemeinsam, wie lange die Arbeit dauert und wann sie erledigt werden kann. Jetzt kann das Papier zum Beispiel einer Wiedervorlage oder einem laufenden Projekt zugeordnet werden und verschwindet vom Schreibtisch. Doch dazu mehr im Kapitel »Organisieren Sie sich sofort«.

Beim ersten Mal fühlen sich die Menschen bei diesem ungewohnten Vorgehen unwohl. Bei der zweiten oder dritten Aktivität merken sie bereits, wie schnell sie die Dinge endgültig vom Tisch schaffen können. Wir raten unseren Kunden, sich genau diesen Arbeitsstil zu Eigen zu machen.

Üben Sie diese Verhaltensweise ein. Prüfen Sie sich selbst immer wieder, ob Sie nicht doch wieder anfangen, einen neuen Stapel zu bilden und etwas vor sich herzuschieben. Nur durch ein kontinuierliches Arbeiten mit diesem Konzept erkennen Sie allmählich Ihre ganz persönlichen Tricks, Techniken und Beweggründe, die Sie dazu bringen, Dinge nicht sofort zu erledigen.

Einige Beispiele aus der Praxis: Der erste Besuch bei einem Klienten umfasste ein sorgfältiges Aufräumen seines Schreibtischs. Wir bearbeiteten jedes einzelne Schriftstück auf seinem Schreibtisch, bis alles getan war, was erledigt werden konnte. Wir sprachen darüber, die Dinge gleich in Angriff zu nehmen, wenn sie das erste Mal bei ihm landeten. Er war so beeindruckt, dass er sich darauf festlegte, »Tun Sie's sofort« zu seiner neuen Arbeitsphilosophie zu machen.

Bei unserem zweiten Besuch berichtete er, daß das Prinzip »Tun Sie's sofort« seine größte bisherige Errungenschaft und einfach toll sei. Er war total begeistert von dem Programm und der Veränderung in seinem Leben. Wir stellten bei der Durchsicht der Papiere in seiner Ablage für Laufendes fest, dass dennoch einiges liegen geblieben war. Das Erste war eine telefonische Mitteilung. Auf die Frage »Warum rufen Sie nicht sofort zurück?« runzelte er ein wenig die Stirn. »Gleich?«, fragte er. Und so griff er zum Telefonhörer und erwiderte den Anruf. Am Ende unseres Treffens hatten wir alle Papiere in dieser Ablage durchgearbeitet.

Warum konnten wir seine Ablage leeren und er nicht? Nur ein PEP-Trainingstag hatte offensichtlich das Sofort-Prinzip noch nicht zur Routine werden lassen.

»Tun Sie's sofort« bedeutet, es gleich zu tun, und zwar regelmäßig und konsequent, Tag für Tag. Sie geraten in erster Linie deshalb in Schwierigkeiten, weil Sie etwas nicht gleich tun. Ihre Ablage Rückantwort ist nur für Vorgänge da, bei denen Sie auf Antwort warten. Zum Beispiel hat Müller für nachmittags seinen Rückruf angekündigt, sodass Sie selbst nicht aktiv werden können.

Wenn Sie das Konzept »Tun Sie's sofort« begreifen – und danach handeln –, wird sich Ihr Arbeits- und Lebensstil verändern. Sie werden merken, dass Sie mehr Aufgaben erledigen als je zuvor.

Aufschub heißt der Dieb der Zeit.
Edward Young

Nichts mehr auf die lange Bank schieben

Dinge unnötigerweise hinauszuschieben, verschlingt wahrscheinlich mehr Arbeitszeit als alles andere. Wenn Sie Meister im Verschleppen sind, werden Sie durch das Prinzip, Dinge sofort zu tun, erkennen, welche Arbeiten Sie gewohnheitsmäßig aufschieben und wie Sie dieses Verhalten in den Griff bekommen.

Die meisten Menschen sind sehr geschickt, ja genial darin, sich vor Aufgaben zu drücken. »Ich habe keine Zeit«, ist eine geläufige Ausrede. »Ich dachte, Sie sagten, dass Sie heute nicht da wären, deshalb habe ich Sie erst gar nicht angerufen.« »Das kann ewig dauern, ich warte dafür lieber einen Tag ab, an dem sonst nichts anliegt.« »Dies ist nicht so wichtig.« Es gibt endlos viele Gründe, warum eine Aufgabe nicht erledigt werden kann.

Wir raten Ihnen: Seien Sie genauso geschickt darin, Dinge zu tun, wie Sie es sind, sich vor ihnen zu drücken. Wenn jemand nicht da ist, wer könnte Ihnen sonst die Informationen geben? Ein anderer Mitarbeiter? Woher könnten Sie sie noch bekommen? An wen könnten Sie die Aufgabe delegieren? Was müssen Sie tun, damit die Arbeit erledigt wird? Wie verschwindet dieser Brief, Prospekt oder Bericht aus Ihrem Eingangskorb und von Ihrem Schreibtisch, sodass Sie ihn nie wieder anschauen müssen? Darauf sollten Sie sich konzentrieren – nicht auf findige Ausreden.

Allzu oft schaffen wir es nicht, Aufgaben zu erledigen, weil wir sie einfach nicht tun. Sie können den Spieß jedoch umdrehen. Fangen Sie auf der Stelle damit an, und lernen Sie, nichts mehr vor sich herzuschieben und Ihre Produktivität zu steigern. Wie? Setzen Sie die folgenden acht Erkenntnisse ein – am besten sofort:

1. Tun Sie alles nur einmal. Es ist allzu oft üblich, Papiere, die sich auf dem Schreibtisch angesammelt haben, zu sortieren und einen Stapel für die zu erledigenden und einen für die Dinge zu bilden, die noch warten können. Falls Sie auch zu den Staplern gehören, sind Sie damit wahrlich nicht allein. Viele Menschen machen das regelmäßig so. Die erste Durchsicht der Papiere bezeichnen sie als das »Lesen, um mit den Themen vertraut zu werden«. Die zweite ist ihr »Aktions«-Lesen, sofern sie das Papier nicht schon beiseite gelegt haben, um es »später zu erledigen«. Und dies passiert auf allen Hierarchieebenen, selbst bei einem zweifachen Doktortitel oder bei der Ausübung einer verantwortlichen Position in der Wirtschaft! Indem sich diese Menschen das Prinzip »Tun Sie's sofort« zu Eigen machen und es praktizieren, wird ihnen der prompte Nutzen von PEP augenblicklich klar: Tun Sie's sofort, und Sie erledigen es nur einmal.

Es bringt nichts, alles auf Ihrem Schreibtisch sinnlos mehrfach durchzusehen, bevor Sie handeln. Wenn Sie einen Beschwerdebrief eines Kunden lesen, wissen Sie bereits beim ersten Mal, was zu tun ist. Den Brief zweimal zu lesen, verdoppelt nur Ihre Lesezeit, und er ist immer noch nicht beantwortet. Reagieren Sie gleich auf den Brief – sofort. Sie sparen Zeit, der Kunde wird zufriedener sein und Sie erledigen eine Aufgabe, die Sie anderenfalls davon abhält, wichtigere Dinge zu tun.

2. Machen Sie Ihren Kopf frei. Ein Teilnehmer beschrieb einmal, was ihm immer so alles durch den Kopf ging, wenn er abends von der Arbeit nach Hause fuhr. Auf seinem Weg liegt eine Tankstelle, und er dachte: »Ich muss mir einen Ersatzreifen für mein Auto kaufen. Ich hatte vor kurzem einen Platten und bin noch nicht dazu gekommen, einen zu besorgen.« Auf der Weiterfahrt kam er an einer Apotheke vorbei und überlegte: »Vitamin C. Wir brauchen Vitamin C. Der Winter steht vor der Tür, und wir werden uns bestimmt wieder einen Schnupfen holen.« Als er am Supermarkt vorbeifuhr, fiel ihm ein: »Meine Frau wollte, dass ich Brot mitbringe. Ich habe aber keine Lust anzuhalten.« Zu Hause angekommen, war er immer völlig erschöpft. Er brauchte einen Drink, um sich zu beruhigen.

»Alles, was ich sah, erinnerte mich an Dinge, die ich nicht gemacht hatte!, sagte er. Aber er hielt kein einziges Mal an, um irgendetwas davon zu erledigen. Trotzdem fühlte er sich sicherlich so, als ob er hart gearbeitet hätte. Er war erschöpft vom bloßen Hinausschieben.

Überlegen Sie, wie viele Aufgaben und Projekte mit Ihrer Arbeit verknüpft sind. Einhundert? Zweihundert? Nun überlegen Sie, wie viele Aufgaben, nicht zu Ende geführte Aktivitäten und Wünsche bezüglich Ihrer Familie offen stehen. Wie viele Aufgaben oder Wünsche hängen mit Ihren Hobbys, Ihren Freunden, der Kirche oder anderen Gruppen, denen Sie angehören, zusammen? Wenn Sie alles zusammenrechnen, entdecken Sie wahrscheinlich, dass sich die unerledigten Dinge, die Ihnen fortwährend im Kopf herumspuken, zu einer großen Zahl addieren.

Aus Erfahrung wissen wir, dass unsere geistige Kapazität, wie viele Aufgaben oder Aktivitäten wir gleichzeitig verarbeiten können, begrenzt ist. Wie beeinflusst das unsere Arbeit? Wir wollen als Beispiel einen Kundenbrief nehmen. Sie greifen nach dem Brief und lesen die erste Zeile: »Können Sie mir bitte einige Informationen zu einem neuen Produkt zusenden?« Sofort fällt Ihnen ein, dass Sie jemand anderem auch Informationsmaterial hätten zuschicken sollen, aber bisher noch nicht dazu gekommen sind. Sie konzentrieren sich wieder auf den Brief vor Ihnen und lesen weiter. »Wäre es möglich, dass Sie sich mit einigen meiner Kollegen zusammensetzen, um ein bestimmtes Projekt zu diskutieren?« Ihre Gedanken wandern augenblicklich zu mehreren anderen Besprechungen, die Sie vorbereiten müssten, was Sie bisher aber nicht getan haben. Noch einmal richten Sie Ihre Aufmerksamkeit auf den Brief in Ihrer Hand. Die bloße Menge unerledigter Aktivitäten in Ihrem Leben lenkt Sie davon ab, sich darauf zu konzentrieren und zu tun, was vor Ihnen liegt. An dieser Stelle kommen Prioritäten ins Spiel.

Prioritäten können natürlich ein wichtiger Faktor sein, um Arbeit im Griff zu behalten. Andererseits können sie aber auch die beste Ausrede dafür sein, etwas nicht zu tun. Prioritäten zu setzen bedeutet, dass »unwichtige« Aufgaben auf später verschoben und möglicherweise überhaupt nie erledigt werden. Als Folge sind Sie nicht in der Lage, sich auf die anstehende Arbeit zu konzentrieren, weil etwas in Ihrem Kopf Sie immer an die nicht gemachten Aufgaben erinnert.

Haben Sie jemals zehn zu erledigende Dinge aufgelistet, und die letzten fünf sind immer dieselben geblieben? Wir neigen dazu, uns auf Themen mit höchster Priorität zu konzentrieren und die mit niedrigerer zu vernachlässigen. Zwar erachten wir sie als wichtig, räumen ihnen aber eine geringe Priorität ein. Wir meinen, man sollte etwas entweder tun oder nicht. Endtermine müssen natürlich beachtet werden, aber wenn etwas wichtig genug ist, um erledigt zu werden, dann tun Sie es. Anderenfalls lassen Sie es bleiben.

Die beste Methode, Arbeitsüberlastung auszumerzen, ist, diese kleinen Dinge aus der Welt zu schaffen, die Ihnen das Gefühl geben, überlastet zu sein, und Ihre Aufmerksamkeit von Ihren wesentlichen Aufgaben ablenken. Gehen Sie diese kleinen, »weniger wichtigen« Aufgaben an. Listen Sie sie alle auf, nehmen Sie sich eine ruhige Minute und arbeiten Sie sie nacheinander ab. Oder tun Sie etwas bewusst nicht und werfen Sie es in den Papierkorb. Noch besser wäre, wenn Sie sich organisieren würden, indem Sie die Ideen in diesem Buch aufgreifen und somit vermeiden, dass sich die Aufgaben überhaupt erst anhäufen.

Sobald Sie nicht mehr überlastet sind, verschwindet auch Ihre Zerstreutheit. Sie sind konzentrierter und schließen entsprechend nicht nur mehr Aufgaben ab, sondern erledigen sie auch besser und schneller als vorher. Komar soll gesagt haben:

»Wahre, echte Konzentration bedeutet, in der Lage zu sein, seine Gedanken auf eine einzige Sache zu lenken.«

Sich auf das konzentrieren zu können, was man gerade in Angriff nimmt, ist eines der wichtigsten Kriterien für Erfolg.

3. Lösen Sie Probleme, solange sie noch klein sind. Mit wachsender Berufserfahrung lernen Sie, jene kleinen Alarmsignale zu erkennen, die Ihnen sagen, dass etwas nicht stimmt und nur noch schlimmer wird, wenn Sie nichts unternehmen. Es stellt sich allerdings die Frage, wann und wie man auf diese kleinen Anzeichen reagiert. Leider werden diese Alarmsignale angesichts dringenderer Probleme allzu oft ignoriert.

Es geschieht manchmal, dass jemand – auf einen bedenklichen Papierstapel in der Ecke seines Schreibtisches hingewiesen – ihn als seinen Problemstapel bezeichnet und damit rechnet, dass sich die Papiere in Luft auflösen, wenn sie nur lange genug dort liegen. Und manchmal ist dem auch so.

Sie haben bestimmt schon von Murphys Gesetz gehört, das besagt, dass, wenn etwas schief gehen kann, es wahrscheinlich auch schief gehen wird. In der Praxis passiert häufig Folgendes: Wenn zehn verschiedene Dinge schief gehen können, seien Sie sicher, dass die Angelegenheit, die den größten Schaden hervorruft, diejenige ist, die schief geht! Vielleicht werden die meisten Dinge auf Ihrem Problemstapel von selbst verschwinden, wenn Sie sie nur lange genug liegen lassen. Aber Sie können Gift darauf nehmen, dass genau das Problem, das Sie sich am wenigsten wünschen, eintreten wird. Und wie viel mehr Zeit wird es Sie kosten, sich um eine Krise zu kümmern als um ein Alarmsignal?

Gewöhnen Sie sich an, diese Sachen sofort in Angriff zu nehmen, und Sie werden Probleme auffangen, solange sie noch klein sind, also bevor sie sich zu einer großen, zeitraubenden Krise entwickelt haben.

Sie werden im Endeffekt mehr Zeit haben, sich auf die wichtigen Dinge zu konzentrieren.

4. Reduzieren Sie Störungen. Eine geläufige Beschwerde in unseren Trainings betrifft Störungen. Die meisten Menschen geben zu, dass sie sich schwer damit tun, Störungen zu vermeiden oder zu verhindern. Stattdessen werden Störungen als etwas angesehen, das außerhalb unserer Kontrolle liegt und die Ursache fast aller Probleme ist. Wie oft haben Sie gehört oder gesagt: »Ich hätte die Arbeit längst fertig, wenn ich dabei nicht ständig unterbrochen worden wäre!«

Die Störungen, über die sich die Leute beklagen, resultieren aber allzu oft daraus, dass sie etwas gar nicht erst gemacht haben. Folglich haben sie nicht nur die Arbeit als solche zu tun, sondern müssen sich auch noch mit den Leuten herumschlagen, die von der Erledigung dieser Aufgabe abhängig sind, was nur noch mehr Arbeit erzeugt! Außerdem bereitet es den meisten Menschen ein ungutes Gefühl, erklären zu müssen, warum sie etwas nicht getan haben. Selbst dann, wenn Sie einen guten Grund hatten und die Person am anderen Ende der Leitung Ihnen wohlgesonnen ist, werden Sie einen faden Geschmack im Mund zurückbehalten, weil Sie mit einer Entschuldigung und einer Erklärung noch einmal um Zeit bitten mussten.

Wenn Sie Störungen vermeiden wollen, erledigen Sie die Aufgaben, die Ihnen übertragen wurden. Sie können mehr Zeit auf Ihre Arbeit verwenden und müssen weniger mit der Erklärung vertun, warum Sie sie nicht gemacht haben. Schaffen Sie sich den Ruf, immer alles rechtzeitig fertig zu haben, und Sie werden die Unterbrechungen weiter verringern, weil lästige Forderungen nach Zwischenberichten entfallen.

Einige Störungen sind wohlgemerkt auch wünschenswert. Wenn beispielsweise ein Verkauf von einer unmittelbaren Rückmeldung abhängt, möchte der Vertriebsmanager natürlich »gestört« werden. Das ist nicht das Thema. Es geht darum, unnötige Störungen abzuschaffen und die Situation nicht noch zu verschlimmern, indem man anderen Gründe gibt, einen zu unterbrechen. Andere Vorteile, diese »selbst verursachten« Störungen abzustellen, sind eine verbesserte Arbeitsqualität, weil Sie sich voll und ganz auf Ihre Arbeit konzentrieren können, und Ihre Fähigkeit, mehr Aufgaben in der gleichen Zeit zu schaffen, weil Sie ungestört arbeiten können.

5. Arbeiten Sie Rückstände auf. Wenn die Aufgaben, die Sie zu bewältigen haben, nicht abreißen wollen und Sie gleichzeitig mit vielen Dingen im Rückstand sind, müssen Sie diese angehen, wollen Sie Ihre Arbeitsflut unter Kontrolle bringen. Denken Sie daran, dass Rückstände selbst zusätzliche Arbeit erzeugen. Deshalb wird sich Ihre Arbeitsbelastung mehr verringern, als Sie sich zunächst vorstellen können, wenn Sie die Rückstände beseitigen. Es gibt fünf wesentliche Schritte, sie anzugehen:

- Machen Sie sich klar, mit welchen Dingen Sie im Rückstand sind.
- Setzen Sie sich Prioritäten, welche Rückstände Sie zuerst abarbeiten wollen.
- Planen Sie für jeden Tag eine bestimmte Zeit ein, um etwas, mit dem Sie im Rückstand sind, aufzuarbeiten.
- Stellen Sie den Grund fest, warum Sie mit einer Arbeit in Rückstand geraten sind.
- Unternehmen Sie etwas, um die Ursache zu beheben, damit das nicht wieder vorkommt.

Wenn wir einmal alte Rückstände aufgearbeitet haben und neuen Arbeitshemmnissen vorbeugen, werden wir in Zukunft besser aufpassen können.

6. Richten Sie Ihr Augenmerk auf die Zukunft anstatt auf die Vergangenheit. Abbildung 1.1 auf Seite 34 zeigt, was mental passiert, wenn Sie vor einem Berg von Pflichten aus der Vergangenheit, unerledigten oder alten Aufgaben stehen, die gemacht werden müssen. Die Kreuze symbolisieren all die Aufgaben, die früher hätten erledigt werden sollen. Sie können sich nicht auf die vor Ihnen liegende Arbeit konzentrieren, weil Sie dauernd mit der Vergangenheit beschäftigt sind. Psychologen sagen, das Ausmaß, in dem ein Mensch in der

Vergangenheit und nicht in der Gegenwart und der Zukunft lebt, sei ein Hinweis auf seine seelische Gesundheit. In oder aus der Vergangenheit heraus zu agieren, gilt als Charakteristikum für eine Psychose. Demgegenüber ist es »seelisch gesund«, von der Gegenwart auf die Zukunft zu blicken und auf sie hinzuarbeiten. Kein Wunder, dass wir uns ein bisschen »verrückt« fühlen können, wenn wir mit so vielen längst überfälligen Aufgaben überhäuft sind.

Abbildung 1.1
Bei einem Rückstand an unerledigten Aufgaben richtet sich die Aufmerksamkeit auf die Vergangenheit, nicht auf die Zukunft.

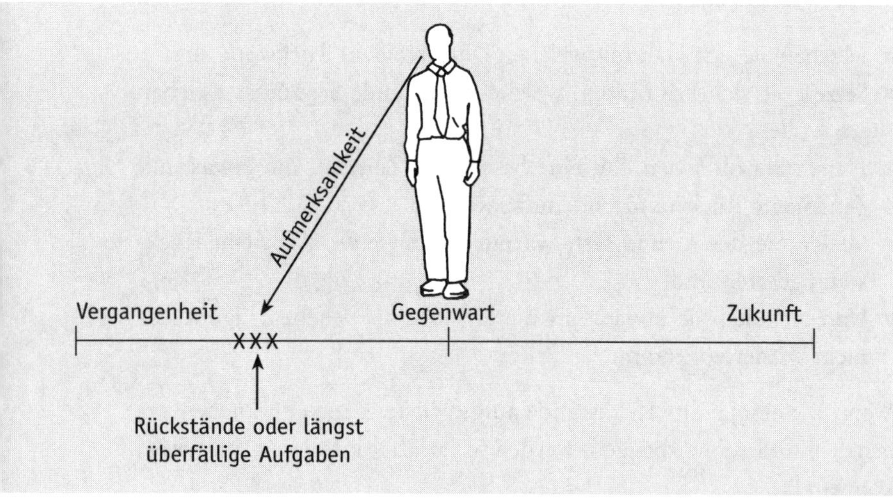

Wenn Sie in der Vergangenheit agieren, neigen Sie dazu, sich auf verpasste Chancen, auf das, was hätte sein können, zu konzentrieren. Alles, was Sie von der Gegenwart in die Zukunft führt, ist gesünder als das, was Sie zeitlich zurückbringt. Nehmen wir an, Sie beteiligten sich an einem Rennen, bei dem die Startlinie die Gegenwart und das Ziel die Zukunft ist. Wenn Sie das Rennen von der Vergangenheit aus aufnehmen, anstatt in der Gegenwart zu starten, müssen Sie so viel mehr laufen, um nur an die Startlinie zu gelangen!

Abbildung 1.2
Sobald wir unseren Rückstand an unerledigten Aufgaben aufgearbeitet haben, fällt es uns leichter, unsere Aufmerksamkeit auf die jetzigen und künftigen Aufgaben zu richten.

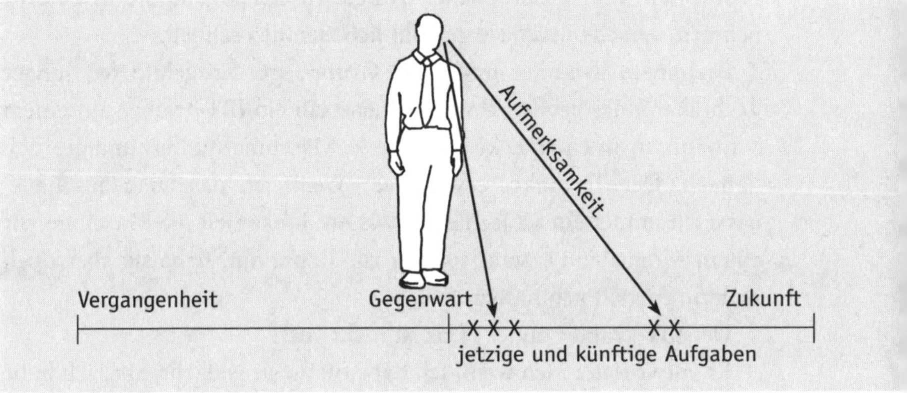

Abbildung 1.2 zeigt, dass wir unsere Aufmerksamkeit der Gegenwart widmen können, wenn es uns gelingt, die Aufgaben abzuschließen, die unsere Aufmerksamkeit auf die Vergangenheit lenken. Das ist vor allem deshalb wichtig, weil unser Konzentrationsvermögen beschränkt ist. Nur wenn wir uns einer Sache mit voller Aufmerksamkeit widmen, können wir ihr auf den Grund gehen und sie abschließen.

7. Quälen Sie sich nicht herum. Beinahe jeder neigt dazu, unangenehme Aufgaben vor sich herzuschieben. Unerfreulichen Aufgaben ins Auge zu blicken und sie zu erledigen, ist nicht leicht. Die Folgen, sie liegen zu lassen, können aber weit schlimmer sein, als das Unerfreuliche frühzeitig einfach anzupacken. Das Problem wird dadurch noch größer, dass die meisten Menschen, die Aufgaben vor sich herschieben, nicht nur die Arbeit nicht tun, sondern ihre Gedanken immer wieder um die unerledigten Aufgaben kreisen lassen und sich damit herumquälen. Diese innere Unruhe verschlingt viel mehr Zeit, als man annimmt. Und sie macht es schwieriger, das Übel an der Wurzel zu packen.

Denken Sie an einige der Probleme, mit denen Sie sich in der Vergangenheit herumschlagen mussten. Hat es Sie irgendwie weitergebracht, über sie nachzugrübeln? Nein. Erst als Sie schließlich handelten, löste sich allmählich das Problem. Wenn Sie sich den großen Problemen und unerfreulichen Aufgaben stellen und sie in Angriff nehmen, verschwinden sie gewöhnlich ziemlich schnell.

Bei einem Training mit einer Gruppe gut ausgebildeter, junger Techniker eines großen Unternehmens sah ein IBT-Trainer auf einem Schreibtisch in einer Ecke eine große Maschine und erkundigte sich danach. Der Techniker erwiderte: »Wenn ich das Ding anschaue, habe ich immer ein schlechtes Gewissen. Ich erhielt die Maschine vor einem Monat von einem Kunden zur Reparatur, habe sie aber noch nicht in Angriff genommen.«

Der IBT-Trainer sagte: »Das ist nicht gut!«

Er antwortete: »Ich weiß. Ich habe oft an sie gedacht, aber ich habe so viel um die Ohren, dass ich noch keine Zeit fand, sie mir vorzunehmen. Die Reparatur könnte zwei Tage dauern, und mein Kalender ist so voll, dass die Zeit dafür einfach nicht gereicht hat.« Er fuhr fort: »Eigentlich könnten Sie mir helfen.«

»Wie?«, fragte unser Trainer.

Er sagte: »Sie könnten meinem Chef sagen, wie beschäftigt ich bin.«

Die Hilfe ging allerdings in eine etwas andere Richtung. Der IBT-Trainer sagte: »Tun Sie's sofort.«

»Ich kann es nicht sofort tun«, erwiderte er. »Ich habe um 14.00 Uhr eine Besprechung und ...«

»Wieso fangen Sie nicht einfach sofort damit an und sehen mal, wie weit Sie kommen«, schlug der Trainer vor.

Murrend verzog der Techniker sich mit der Maschine in die Werkstatt. Eine Viertelstunde später kam er zurück.

»Oje«, dachte unser Trainer, »das gibt sicher Ärger.«

Der Techniker schaute ihn an und sagte: »Sie ist fertig.«

»Fertig?«, wiederholte der Trainer.

»Ja, fertig«, sagte er. »Aber ich hätte auch zwei Tage dazu brauchen können.«

Natürlich läuft es nicht immer so glücklich. Die Reparatur hätte genauso gut auch zwei Tage in Anspruch nehmen können. Aber wie oft sind uns allen schon ähnliche Dinge passiert? Wenn Sie sich endlich an die Arbeit machen, die Sie die ganze Zeit vor sich hergeschoben haben, ist alles nicht annähernd so schlimm, wie Sie vielleicht geglaubt haben.

Die meisten von uns übertreiben leicht, wenn es darum geht, wie lange eine unerfreuliche Arbeit dauern wird oder wie unangenehm sie in Wirklichkeit ist. Uns graut vor ihr, und deshalb schieben wir sie auf. Dieser Techniker hatte eine Aufgabe einen Monat lang hinausgeschoben, und die Maschine auf seinem Schreibtisch erinnerte ihn fortwährend an das, wovor ihm graute. Er hatte zugelassen, dass sie ein wunder Punkt in seinem Gewissen und ein wunder Punkt zwischen ihm und seinem Chef wurde. Und anstatt der Aufgabe die zehn oder fünfzehn Minuten zu widmen, die sie tatsächlich erforderte, hatte er seinen Chef dafür verantwortlich gemacht, zu viel zu tun zu haben. Natürlich hatte er in Wirklichkeit die Sache nur vor sich hergeschoben, aber ungeachtet der Ursache hatte der Kunde nicht die gewünschte Dienstleistung erhalten und einen Monat auf seine Maschine verzichten müssen.

Stellen Sie sich also den unangenehmen Aufgaben und nehmen Sie sie sofort in Angriff.

M. Scott Peck bezeichnet in seinem Buch *Der wunderbare Weg. Eine neue Psychologie der Liebe und des spirituellen Wachstums* das Bearbeiten unangenehmer Aufgaben als »Aufschub von Belohnungen«. Er betont, dass das Leben schwierig ist. Menschen, die Dinge hinauszögern, neigen dazu, sofortige Belohnung erhalten zu wollen. Peck sagt:

»Der Aufschub von Belohnungen besteht darin, Schmerz und Vergnügen im Leben so einzuteilen, dass das Vergnügen größer ist, wenn man dem Schmerz zuerst begegnet, ihn erlebt und hinter sich bringt. Das ist die einzig anständige Art zu leben.«

Welche Ihrer Arbeitsaufgaben würden Sie unter das Motto »das Schlimmste zuerst« stellen? Sich die Mentalität »Tun Sie's sofort« zu

Eigen zu machen, hilft Ihnen, Ihren Widerstand zu überwinden, unerfreuliche Aufgaben anzugehen. Es hilft Ihnen, die Dinge, die Sie nicht tun mögen, mit der festen Absicht anzupacken, sie hinter sich zu bringen. Einige Leute sind beinahe abartig stolz darauf, dass sie in der Lage sind, die unangenehmsten, schrecklichsten, schwierigsten Dinge zuerst zu bearbeiten. Die meisten von uns können ihre Fähigkeit, Problematisches anzugehen, verbessern. Denken Sie an die Worte von Mark Twain: »Wenn du zwei Kröten zu schlucken hast, schluck die größere zuerst und schau sie dir nicht zu lange an.« Arbeiten Sie also die am wenigsten geliebte Aufgabe zuerst ab, falls Sie wählen können, in welcher Reihenfolge die tägliche Arbeit erledigt wird. Nicht nur, dass dann die zweite Aufgabe verglichen mit der ersten nicht ganz so schlimm ist, es wird auch Ihrem Selbstvertrauen Auftrieb geben, wenn Sie die unangenehmste zuerst erledigt haben.

8. Fühlen Sie sich sofort besser. Dr. Linda Sapadin hat in ihrem Buch *It's about Time* folgenden Zusammenhang hergestellt:

»Das Hinausschieben von Aufgaben schmälert unweigerlich das Selbstbewusstsein, was wiederum mit dem Verlust der optimistischen Grundhaltung, der Selbstzufriedenheit und der kreativen Energie einhergeht. Menschen, die ihre Angelegenheiten permanent auf die lange Bank schieben und nichts dagegen tun, fällt es zunehmend schwerer, ihre persönlichen Ziele zu erreichen oder sogar zu formulieren.«

Das Hinausschieben von Aufgaben und die damit verbundenen Vertuschungen erzeugen jede Menge, nach außen nicht immer sichtbarer, negativer Gefühle. In einem PEP-Kurs fing eine jungverheiratete Frau einmal heftig zu lachen an, als das Thema Verschleppen angesprochen wurde. Als sie nach dem Grund ihrer Reaktion gefragt wurde, erwiderte sie: »Ich musste gerade an das gesmokte Hemd meines Mannes denken. Ich kann Bügeln generell schon nicht leiden, und besonders dieses Hemd bügeln zu müssen, ist mir ein Gräuel. Ich ziehe immer erst alle anderen Sachen aus dem Wäschekorb hervor.« Und auf die Frage: »Und was ist, wenn nur noch dieses eine Hemd übrig ist?«, antwortete sie: »Ich stecke es zurück in die Waschmaschine! Mein Mann kriegt nie raus, wo sein Lieblingshemd geblieben ist.«

Indem Sie sich das Prinzip »Tun Sie's sofort« aneignen, die schweren Arbeiten zuerst erledigen und die großen Aufgaben scheibchenweise in Angriff nehmen, werden Sie Ihre Arbeit sehr viel stress- und angstfreier gestalten. Sie gewinnen an Selbstvertrauen und Selbstachtung. In der Regel säubern die Teilnehmer eines PEP-Kurses schon nach einem Tag ihren Schreibtisch, ihren Computer und ihre Ablagefächer von unnötigen Papieren. Sie entdecken, dass sie viel mehr erledigen können, als sie je vorher geglaubt haben. Die Schuldgefühle verschwinden, und sie fühlen sich im Handumdrehen besser.

Nicht alles kann oder sollte man sofort tun

Zu wissen, wann man die Zügel schleifen lassen kann, ist genauso wichtig, wie zu wissen, wann man hart arbeiten muss.

Harvey Mackay

Natürlich ist es nicht immer möglich oder wünschenswert, alles sofort zu erledigen. Sie versuchen, Mary anzurufen, aber sie wird erst am Montag wieder zurück sein. Sie wollen sich gerade einen Kaffee holen, als ein Kunde wegen eines Auftrags anruft. Klare Prioritäten spielen eine wichtige Rolle, wenn man produktiv arbeiten und Ergebnisse erzielen will. Erfolg resultiert aber letztendlich daraus, dass die Dinge gemacht werden. Und viel zu oft gelingt das Menschen nicht, weil sie sie einfach nicht tun! Sie handeln nicht sofort.

Prioritäten können tatsächlich die beste Entschuldigung sein, damit man etwas nicht tun muss. Selbstverständlich gibt es Zeiten, wo Sie etwas nicht sofort tun können, und Zeiten, wo Sie etwas nicht sofort tun sollten. Hier setzt der unverzichtbare gesunde Menschenverstand ein. Sie steigern Ihre persönliche Effektivität nicht dadurch, dass Sie etwas

Dummes sofort tun. Wenn aber Ihre Arbeitsweise so aussieht, dass Sie sich immer Prioritäten setzen, einer Sache immer ein bisschen Zeit zum Reifen geben, immer eine Ausrede haben, wieso Sie sich etwas erst später vornehmen, Ihre Papiere oder Ihre E-Mail-Nachrichten immer wieder überfliegen, handeln Sie nicht. Sie verstärken praktisch nur Ihre Angewohnheit, nicht zu handeln. Wenn Sie alles sofort tun und Hinauszögern nicht mehr entschuldigen, machen Sie es sich zur Gewohnheit, zu handeln.

Machen Sie sich Entschlusskraft zur Arbeitsgewohnheit

Zweifel – ganz gleich welcher Art – lassen sich nur durch Handeln aus dem Weg räumen.

Thomas Carlyle

Erfolgreiche Menschen brauchen im Allgemeinen wenig Zeit, um Entscheidungen zu treffen, aber viel Zeit, eine einmal getroffene Entscheidung wieder über den Haufen zu werfen.

Viele Menschen haben Angst davor, sich zu entscheiden. Schließlich muss man mit den Konsequenzen einer einmal gefällten Entscheidung leben. Wenn Entschlusskraft eine Ihrer Schwachstellen ist, gibt es eine einfache Methode, das Dilemma zu meistern. Malen Sie sich die schlimmstmöglichen Folgen jeder Handlungsalternative aus und fragen Sie sich, ob Sie mit diesen Folgen leben können. Wenn die Antwort Ja ist, treffen Sie die entsprechende Entscheidung. Sie können natürlich nicht immer hundertprozentig sicher sein, dass der von Ihnen gewählte Handlungskurs auch zum gewünschten Ziel führt.

Soweit ich weiß, lautete das Erfolgsrezept von George Patton, dem berühmten amerikanischen General, wie folgt: »Wenn Sie sich zu 80 Prozent sicher sind, dass Ihre Handlung zum gewünschten Erfolg führt, gibt es keinen Grund, nicht sofort zu handeln.«

Dann gibt es noch die Benjamin-Franklin-Technik. Dieser berühmte Erfinder, Politiker und Philosoph des achtzehnten Jahrhunderts wendete folgende Methode an, um zu einer Entscheidung zu gelangen: Nehmen Sie ein Stück Papier und falten Sie es in der Mitte. Auf der einen Seite schreiben Sie alle Gründe auf, die für die fragliche Entscheidung, auf der anderen Seite alle, die gegen sie sprechen. Wenn Sie die zwei Listen vergleichen, wird Ihnen oft die einzuschlagende Richtung klar.

Entschlusskräftige Menschen können auch falsche Entscheidungen treffen. Interessanterweise gelingt es ihnen fast immer, ihr angepeiltes Ziel trotzdem zu erreichen. Vielleicht steht hinter diesem Phänomen eine Art Naturgesetz. Sich überhaupt zu entscheiden ist möglicherweise wichtiger als die Richtigkeit der letztendlich gefällten Entscheidung und hat mehr Einfluss auf die Folgen. Seien Sie entschlusskräftig, handeln Sie – und Sie kommen im Beruf und im Leben voran.

Gewöhnen Sie sich an, alles sofort zu tun

Wir sind alle Gewohnheitstiere, ob uns das gefällt oder nicht. Die meisten Menschen verfallen sehr leicht in eingefahrene Routinen. Wie oft fährt man beispielsweise dieselbe Strecke zur Arbeit, isst in demselben Restaurant oder fängt seinen Arbeitstag auf die gleiche Weise an? Einige dieser Gewohnheiten und Routinen sind gut, andere aber auch unter Umständen schädlich, und ein völlig gewohnheitsmäßig ablaufendes Leben kann sehr demotivierend sein.

Manche Gewohnheiten sind es sicherlich wert, gepflegt zu werden. Gewohnheiten wie auf Sicherheit bedachtes Autofahren oder höfliches Verhalten gegenüber Freunden und Kollegen sollten Routine sein und sind definitiv von Nutzen. Das Pflegen der Gewohnheit »Tun Sie's sofort« soll einen handlungsorientierten Lebensstil verstärken.

Dazu gehört, entschlusskräftiger zu werden, in die Gänge zu kommen und dabei zu bleiben. Viele unserer Aufgaben erfordern nicht viel Überlegung, und doch behandeln wir sie genauso wie sehr wichtige Aufgaben mit schwerwiegenden Folgen, weil das unser Arbeitsstil ist. Es ist eine Gewohnheit. Sie sollten dieses Buch mit dem Ziel lesen, mit Ihren alten Arbeitsgewohnheiten zu brechen und effizienter und somit produktiver zu werden. Machen Sie sich einen entschlussfreudigen und handlungsorientierten Arbeitsstil zu Eigen, und Sie werden Ihr Ziel erreichen.

Dinge vor sich herzuschieben, ist oft eine schlechte Angewohnheit

Edwin Bliss beschreibt in seinem Buch *Getting Things Done. The ABC's of Time Management* die Gewohnheit, Dinge aufzuschieben, so:

»Wenn es uns nicht gelingt, so prompt zu handeln, wie wir sollten, liegt es gewöhnlich nicht daran, dass die infrage stehende Aufgabe besonders schwierig ist, sondern vielmehr an unserer Angewohnheit, wann immer möglich Dinge hinauszuschieben. Dieses Verschleppen bezieht sich selten nur auf eine einzelne Sache, sondern ist in der Regel ein eingewurzeltes Verhaltensmuster.«

Lernen Sie, alles sofort zu tun, und Sie werden die Angewohnheit, Dinge aufzuschieben, ausmerzen. Alles sofort in Angriff zu nehmen, führt zu einem handlungsorientierten Verhalten. Sie agieren, bevor die mentalen Barrieren wirksam werden, sodass Sie keine Zeit haben, zu denken: »Es ist zu schwierig; es erledigt sich vielleicht von selbst; ich habe keine Lust dazu; vielleicht kümmert sich wer anders darum; ich mag nicht.«

Perfektion

Bestimmt gibt es einige unter Ihnen, die der festen Überzeugung sind, dass zwischen »Tun Sie's sofort«und »Tun Sie's richtig« Welten liegen. Fast jeder von uns kennt Menschen, die ihre Arbeit schlampig erledigen. Viele Eltern machen diese Erfahrung nahezu täglich mit ihren Kindern: Ein Hausaufsatz sieht nun mal besser aus, wenn er am Computer anstatt handschriftlich erstellt wurde; eine kurze Suche im Internet nach der passenden Grafik, um einer Arbeit den letzten Schliff zu geben, und schon könnte aus der Note zwei die eins werden. Es ist schön und gut, hohe Ansprüche an seine Leistungen zu stellen, doch sollten sich gute Arbeitsqualität und unverzüglicher Arbeitsbeginn nicht widersprechen.

Perfektionisten zögern den Beginn einer Arbeit gern allzu lange hinaus. Wenn man der Ansicht ist, man könnte eine bestimmte Aufgabe nicht perfekt erledigen, besteht eigentlich auch gar kein Anreiz, überhaupt damit zu beginnen, oder? »Tun Sie's sofort« könnte bedeuten, dass man etwas nicht so gut erledigen kann, wie man es gern erledigen würde.

Linda Sapadin erklärt diesen Sachverhalt wie folgt: »Perfektionisten neigen dazu, in Extremen zu denken. Ihr Motto lautet: Entweder ganz oder gar nicht. Für sie gibt es keinen annehmbaren Mittelweg, keinen Kompromiss. (...) Werden Perfektionisten vor eine anspruchsvolle Aufgabe gestellt, sind sie zwischen zwei Extremen hin- und hergerissen: Entweder alles geben oder komplett aufgeben.«

Wie könnte denn nun ein realistischer Kompromiss aussehen? Wollen wir so arbeiten, dass ein Rolls-Royce dabei herauskommt, der der Vorstellung des perfekten Autos am nächsten kommt? Was ist mit den anderen Marken wie Mercedes oder Ford? Ein Rolls-Royce liegt in der Preisklasse ab einer Viertelmillion Euro, ein großer Mercedes bei etwa 80 000 Euro, ein Ford bei ungefähr 25 000 Euro. Jedes dieser Autos bringt Sie mehr oder weniger bequem an Ihr Ziel. Jeder Fahrzeughersteller bedient einen anderen Markt, für den andere Grenzen gelten – nämlich der Preis, den der Kunde für ein Auto zu zahlen bereit ist. Der Hersteller produziert ein Auto, das den Erwartungen seiner Kunden entspricht.

Auch in Ihrer Arbeit sollten Sie sich folgende Frage besser nicht stellen: »Wie sieht die optimale Lösung dieser Aufgabe aus?« Besser ist es, wenn Sie darüber nachdenken, welche Qualität Ihr Kunde von Ihnen erwartet. Neigen Sie zum Perfektionismus, laufen Sie Gefahr, Ihre Arbeit unnötig hinauszuzögern, obwohl Ihre Kunden vor allem eine prompte Reaktion von Ihnen erwarten.

Sicherlich gilt der Satz »Tun Sie's richtig«, doch definieren Sie zunächst, was richtig bedeuten soll und dann gilt: »Tun Sie's sofort.«

Disziplin

Disziplin ist ein gängiges Wort, wenn es in Diskussionen um Verhaltensänderungen geht. »Es ist eine Frage der Disziplin. Wenn ich disziplinierter wäre, könnte ich ... mit dem Rauchen aufhören ... Diät halten ... mehr Sport treiben ...« Obgleich Disziplin natürlich eine Rolle spielt, kann man mit dieser Meinung auf der falschen Spur sein. Bringen Sie so viel Disziplin auf, um eine Routine zu entwickeln, und Sie schaffen sich eine neue Gewohnheit. Diese hilft Ihnen, die Routine aufrechtzuerhalten. Disziplinieren Sie sich dazu, sofort zu handeln, und es wird Ihnen sehr schnell zur Gewohnheit. Und weil Sie es sich angewöhnt haben, müssen Sie weniger diszipliniert sein. William James, dessen Studien über das menschliche Verhalten wohl bekannt sind, behauptete, dass etwas zur Gewohnheit wird, wenn man es dreißig Tage lang täglich tut. Versuchen Sie es mit dem sofortigen Handeln.

Eigentlich geht es dabei um mehr, als nur das Verschleppen von Dingen in den Griff zu bekommen. Es geht um eine Arbeits- und Lebensphilosophie: Ich bin aktiv; ich bin handlungsorientiert; ich bin stärker als die Probleme, denen ich gegenüberstehe. Diese Merkmale beginnen (und enden) damit, wie Sie den kleinen Details bei Ihrer Arbeit und in Ihrem Leben begegnen und gewohnheitsmäßig mit ihnen umgehen.

Was sollten Sie nun also als Erstes sofort tun? Konzentrieren Sie sich auf die ersten Dinge. Richten Sie sich fortan nach dem Prinzip »Tun Sie's sofort«, und machen Sie's besser!

Zusammenfassung

1. Fangen Sie an. Begeben Sie sich an Ihren Schreibtisch – notfalls mit diesem Buch in der Hand –, und gehen Sie jedes einzelne Papier durch. Nehmen Sie das erste zur Hand, und bestimmen Sie, um was es geht und was getan werden muss, um die Sache abzuwickeln. Tun Sie alles, was erforderlich ist, erledigen Sie die Aufgabe und lassen Sie dieses Schriftstück ein für alle Mal von Ihrem Schreibtisch verschwinden. Wenn Sie für die Bearbeitung einer Aufgabe mehrere Stunden brauchen werden, planen Sie eine bestimmte Zeit dafür ein.
2. Bestimmen Sie, welche Aufgaben gemacht werden sollten, und entscheiden Sie, was getan werden muss, um jede einzelne endgültig abzuschließen. Bearbeiten Sie die Aufgabe so weit, wie Sie irgendwie können. Wenn Sie nicht weiterkommen, fragen Sie sich, wie Sie die Arbeit anders hinkriegen könnten. Sollten Sie sich dazu entschließen, die Aufgabe zu delegieren, denken Sie daran, sie weiterzuverfolgen.
3. Hören Sie auf, sich mit dem gleichen Material immer und immer wieder flüchtig zu befassen. Schaffen Sie Ihr Stapelsystem ab. Nehmen Sie eine Sache in Angriff, wenn Sie sie das erste Mal in den Händen halten.
4. Definieren Sie den Begriff »Laufendes« um. »Laufend« heißt nicht, dass etwas später zu erledigen ist. »Tun Sie's sofort« meint »Tun Sie's sofort«, und zwar Tag für Tag regelmäßig und konsequent. Wenn Sie keine Zeit haben, etwas gleich beim ersten Mal, wenn Sie es in den Händen halten, zu tun – beispielsweise einen Bericht, dessen Erstellung drei Stunden in Anspruch nimmt –, planen Sie Zeit dafür ein, heften Sie ihn derweil ab, damit er nicht verloren geht, und machen Sie

sich unverzüglich an die nächste Sache. Sie werden sich den Bericht zu gegebener Zeit wieder vornehmen.

5. Schieben Sie nichts mehr hinaus. Verschleppen kostet mehr Arbeitszeit als alles andere. Indem Sie sich das Prinzip »Tun Sie's sofort« zu Eigen machen, können Sie leicht herausfinden, wo Sie sich das Aufschieben von Arbeiten angewöhnt haben, und diese Gewohnheit ablegen. Seien Sie genauso geschickt darin, eine Arbeit zu erledigen, wie Sie darin waren, sich vor ihr zu drücken. Tun Sie alles nur einmal; befreien Sie Ihren Kopf von unnötigem Ballast; lösen Sie Probleme, solange sie noch klein sind; reduzieren Sie Störungen, holen Sie Rückstände auf; quälen Sie sich nicht damit herum; stärken Sie Ihr Selbstwertgefühl; erledigen Sie das Unangenehmste zuerst; und seien Sie entschlusskräftig.

Sie können dem Hinausschieben von Aufgaben einen Riegel vorschieben, indem Sie es sich zur guten Gewohnheit machen, immer sofort zu handeln. ■

Organisieren Sie sich sofort

Organisieren statt resignieren!

Florynce Kennedy

Gründerin der amerikanischen Gesellschaft
National Organization for Women (NOW)

Überblick: In diesem Kapitel lernen Sie, Ihr Handeln zu strukturieren und dadurch Zeit zu sparen;

- keine Zeit mehr mit Suchen zu vergeuden und getrennte Ablagesysteme für Ihre Arbeits-, Nachschlage- und Archivunterlagen einzurichten;
- Ihre Computerdateien zu organisieren und die richtigen Datei- und E-Mail-Verzeichnisse anzulegen;
- den Details Ihrer Arbeitsorganisation genauso viel Aufmerksamkeit zu widmen wie Ihrer Arbeit selbst.

Sie müssen gut organisiert sein, um die Routine aufzubauen, gewohnheitsmäßig alles sofort zu tun. Sie werden überrascht sein, wie viel Zeit Sie einfach nur dadurch sparen, dass Sie Ihren Arbeitsbereich optimal organisieren.

Das Durcheinander beseitigen

Unordnung ist das Chaos, dem Sie jeden Tag gegenüberstehen, wenn Sie Ihr Büro betreten. Es ist Ihr Mantel, der über der Lehne des Besucherstuhls baumelt, weil Sie ihn am Morgen nicht an den Garderobenständer gehängt haben. Es ist das halbe Dutzend Berichte, das sich in der Ecke Ihres Aktenschranks türmt und unter den Resten Ihres gestrigen

Frühstücksbrots dahinvegetiert. Es sind die herumliegenden Zeitschriften, die zu lesen Sie noch nicht geschafft haben. Es ist der Berg der aus- und eingehenden Post, der sich über Ihren Schreibtisch verteilt. Es sind die angefangenen Briefe, die Sie per Hand schreiben, um ihnen eine persönliche Note zu geben. Es sind die Tonbänder, die Sie eigentlich mit nach Hause nehmen wollten, um sie am Wochenende abzuhören, die aber jetzt unter dem vierteljährlichen Haushaltsplan begraben liegen.

Was wir am Arbeitsplatz am wenigsten brauchen, ist ein total chaotisches Durcheinander. Wir schimpfen vielleicht jeden Tag mit unseren Kindern, dass sie ihr Zimmer aufräumen sollen, und gehen dann in ein unordentliches Büro und merken noch nicht einmal, dass etwas nicht stimmt. Aber der Wirrwarr im Büro und auf dem Schreibtisch hält uns davon ab, unsere Arbeit effektiv zu tun.

Wie kommt es zum Durcheinander?

Der erste Schuldige ist das Papier. Was ist bloß aus der Idee von einem papierlosen Büro geworden? Irgendwann einmal wurde darüber spekuliert, dass aufgrund neuer Technologien der ganze Papierkram aus den Büros verschwände, weil alles nur noch elektronisch abgewickelt würde. Eines Tages wird es vielleicht dahin kommen, bisher ist es jedoch noch nicht so weit. Der Computer druckt mehr Papier aus, als wir wieder loswerden können, und Kopierer tun es ihm gleich. Die Papierflut ist heute größer als je zuvor.

Die elektronische Mailbox, obwohl eine tolle Erfindung, ist sogar für ein noch größeres Durcheinander verantwortlich als Papier, falls das möglich ist. Sie erzeugt elektronisches Chaos. Mit einem einzigen Tastendruck können Sie eine Notiz an 150 Leute versenden. Manche Menschen bekommen täglich bis zu 200 E-Mail-Mitteilungen. Können Sie sich das vorstellen? Vielleicht müssen Sie das gar nicht, weil Sie selbst zu diesen Leidtragenden in einem »voll computerisierten« Büro gehören.

Diese Informationsflut, die das Büro überschwemmt, verursacht viel Chaos. Und dann ist da noch unsere Einstellung zum Durcheinander. Büros sind wie Kleiderschränke – Orte, wo wir eine Menge Zeug anhäufen. Ein gutes Beispiel ist ein Umzug. Viele Menschen nehmen alles mit. Vieles davon bewahren sie schon seit Monaten oder sogar Jahren auf in dem Glauben, dass sie es eines Tages brauchen werden.

Wir lachen über solche Geschichten, aber sie sind die Normalität. Die meisten Menschen glauben, die ganzen Dinge, die sie horten, eines Tages möglicherweise gebrauchen zu können. Viele Menschen heben irgendwelche alten Zeitschriften auf, die sie jedoch nie mehr anschauen. Wieso sie also aufbewahren? Wozu sie in Ordnung halten? Irgendwann müssen Sie anfangen, die Dinge, die Sie mit sich herumtragen, realistisch zu betrachten, und dafür zu sorgen, dass Sie nur die Sachen mitnehmen, die Sie wirklich brauchen. Wenn nicht, weg damit!

Warum die Unordnung bleibt

Der Wirrwarr spiegelt die Art wider, wie Menschen ihre Arbeit und ihr Leben angehen. Er erzählt etwas über diese Menschen – sie sind vielleicht auch im Kopf ungeordnet. Viele Menschen rechtfertigen Unordnung, indem sie sagen, dass das Chaos ihren Gedanken Nahrung gibt und ihre Kreativität fördert. Andere glauben, dass kreative und künstlerische Menschen eben einfach so sind. Eine PEP-Teilnehmerin erzählte einmal eine interessante Geschichte. Sie beschrieb, wie sie das erste Mal in das Haus eines berühmten Künstlers kam. Bevor sie hinging, malte sie sich aus, wie es in so einem Haus aussehen würde: avantgardistisch, sehr chaotisch, die Räume voll mit Bildern, die sich in allen Ecken stapeln, das Atelier voller Dinge, die die Kreativität anregen.

Aber das Haus war sauber und ordentlich. Sie dachte, der Künstler hätte vielleicht Ordnung gemacht, weil er Gäste erwartete, aber als sie im Laufe des Abends sein Atelier besichtigte, sah sie, dass auch dieses penibel aufgeräumt war. Die ganzen Pinsel waren exakt geordnet und die Farbtöpfe säuberlich aufgereiht und beschriftet. Sie konnte kaum glauben, was sie sah – es widersprach allen ihren Erwartungen, wie ein Künstler arbeitet.

Als sie ihn auf seine Ordentlichkeit ansprach, sagte er, dass er das während des Studiums an der Kunstakademie gelernt hätte. Ihm wurde beigebracht, seine Werkzeuge in einem guten Zustand zu halten. Er wusste, dass die Pinsel unbrauchbar wären, wenn er sie nicht nach jeder Benutzung reinigen würde. Er beschriftete alle Farben, weil er ansonsten sicherlich vergessen würde, welche er gemischt hatte.

Wenn Sie effektiv arbeiten wollen, muss Ihr Werkzeug funktionsfähig und geordnet sein. Es ist einfach leichter, in einer sauberen und ordentlichen Umgebung zu agieren.

Aus den Augen, aus dem Sinn?

Es gibt Menschen, die den Ausspruch »aus den Augen, aus dem Sinn« absolut wörtlich nehmen. Sie haben Angst, eine Aufgabe oder einen Auftrag zu vergessen, wenn sie keine konkrete Gedächtnisstütze auf ihrem Schreibtisch oder in Sichtweite klebende Haftzettel hätten. Deshalb wollen sie alles im Auge behalten.

»Aus den Augen« bedeutet zweifellos sehr oft »aus dem Sinn«. Wenn jemand erzählt, dass er Schwierigkeiten hat, sich an Dinge zu erinnern, braucht er ein Erinnerungssystem. Man muss aber auch gar nicht ständig an die ganzen Dinge auf seinem Schreibtisch erinnert werden, die man sowieso nicht in Angriff nehmen kann. Fortwährend an Sachen erinnert zu werden, die man nicht sofort erledigen kann, verstärkt nur die schlechte Gewohnheit, etwas auf später zu verschieben.

Beginnen Sie, sich zu organisieren, indem Sie erst einmal aufräumen. Beseitigen Sie die Unordnung. Trennen Sie die nützlichen Hilfsmittel von den unnützen. Entscheiden Sie, was aufbewahrt und was weggeworfen werden soll. Misten Sie aus und bauen Sie sich gleichzeitig Systeme und Routinen auf, damit ein für alle Mal Schluss mit dem Durcheinander ist.

Die meisten Menschen unterliegen dem Irrglauben, es sei eine nützliche Gedankenstütze, alles Mögliche auf irgendwelchen Zetteln zu notieren, doch in den meisten Fällen stellen diese Zettel eine Ablenkung dar und leisten einen weiteren Beitrag zum Alltagsstress. Schaffen Sie lieber für alles einen speziellen Aufbewahrungsort. Auf Ihren Schreibtisch gehören nur die Unterlagen, an denen Sie gerade arbeiten. Führen Sie einen ordentlichen Terminkalender als Gedankenstütze, wann Sie welche Arbeiten erledigen müssen, und erledigen Sie diese dann auch wirklich.

Übersehen Sie nicht das Offensichtliche

Beim Versuch, unsere Arbeitsweise zu verbessern, entgeht uns sehr oft das Offensichtliche. Wir bemühen uns, komplexere Probleme zu lösen, und übersehen das Grundlegende. Zu den elementaren Dingen, mit denen ein Schreibtischarbeiter jeden Tag zu tun hat, gehören sein Schreibtisch, Hefter, Kugelschreiber, Tesafilm, Büroklammern, Lampen, ein Stuhl, ein Computer, Aktenordner, Aktendeckel, Disketten und vieles mehr. Ein Büro, in dem diese ganzen Sachen wild umherliegen, ist nichts Ungewöhnliches – deplatzierte Scheren, kaputte Hefter, leere Tesafilmrollen, wahllos verstreute Papiere. Und doch erwarten wir irgendwie, unter diesen Bedingungen produktiv zu arbeiten.

Viele Menschen erkennen nie, dass sie sich selbst den effektiven Umgang mit ihren täglichen Problemen erschweren, indem sie ihren eigenen Arbeitsplatz nicht in Ordnung halten. Das klingt vielleicht trivial. Will man allerdings dem *Wall Street Journal* Glauben schenken, so verbringen Schreibtischarbeiter durchschnittlich sechs Wochen im Jahr damit, etwas in ihrem Büro zu suchen!

Ein leitender Bankangestellter, der für eine Regionalbank mit 2 500 Mitarbeitern verantwortlich war, war PEP-Teilnehmer. Es handelte sich um einen cleveren Geschäftsmann, der dank seiner Führungsqualitäten und seines Geschäftssinns aufgestiegen war. Er war sehr überlastet und wollte durch PEP besser klarkommen. Beim Training kam ein Stapel Papier auf seinem Schreibtisch zur Sprache. Er sagte, dass die Papiere gelocht werden müssten, er aber bisher noch nicht dazu gekommen sei. Mit dem Hinweis »Tun Sie's sofort« galt es, die Schriftstücke jetzt zu lochen. Er sagte »natürlich« und verließ das Büro, vorbei an seinen Assistenten, den Flur entlang, durch eine Tür, viele Treppen hinunter und in ein Materiallager. Er nahm einen Locher, ging zurück in sein Büro und begann, die Papiere zu lochen. So lief es jedes Mal ab, wenn er etwas lochen musste. Auf die Frage, warum er sich nicht einen eigenen Locher besorge, schaute er auf und erwiderte: »Das ist eine gute Idee.« Er hatte einfach nie daran gedacht.

Das Offensichtliche ist nicht nur, Ihr Werkzeug griffbereit zu haben. Treten Sie einen Schritt zurück und schauen Sie sich Ihr Büro genau an. Steht Ihr Schreibtisch an der günstigsten Stelle? Ist Ihr Büro im Winter schön warm und im Sommer angenehm kühl? Ist Ihr Stuhl bequem?

So kann beim Persönlichen Effektivitäts Programm zutage treten, dass es einem Teilnehmer nicht gut geht, weil er zum Beispiel Rückenschmerzen hat. Bei der Überprüfung seines Bürostuhls stellte sich heraus, dass dieser kaputt war. Kleine Ursache, große Wirkung. Solche Fälle begegnen uns immer wieder. Besorgt sich der Teilnehmer dann im Zuge von PEP einen neuen Stuhl, ist oft der Kommentar: »Es ist ganz erstaunlich. Ich habe einen neuen Stuhl bekommen, und meine Rückenschmerzen waren wie weggeblasen. Ich kann jetzt viel besser arbeiten, nur wegen meines neuen Stuhls.«

Ein anderer Mann steigerte seine Produktivität einfach dadurch enorm, dass er seinen Schreibtisch mit Blickrichtung zum Fenster anstatt zur Tür stellte. Weil seine Tür die ganze Zeit offen stand, wurde er dauernd von vorbeikommenden Leuten gestört. Wenn sie seinen Blick suchten und er ihn erwiderte, glaubten sie, hereinkommen und ein Schwätzchen halten zu können. Folglich wurde er dauernd unterbrochen. Als er seinen Schreibtisch samt Stuhl so drehte, dass er mit dem Rücken zur Tür saß, hörten die Störungen schlagartig auf.

Neue Studien widmen sich der Frage, wie die Interaktion des Einzelnen mit seiner Umwelt untersucht und verbessert werden kann. Die Compaq fördert ein Konzept in Schweden, das so genannte Büro der Zukunft. Dabei wird alles in Betracht gezogen, von der verwendeten Hard- und Software bis zur Farbe der Wände, einschließlich des Mobiliars, das den Rücken am besten stützt, und unterschwelliger produktivitätsfördernder Hilfen, die von einer angenehmen Arbeitsumgebung ausgehen.

Compaq hat sogar untersucht, wie kulturelle Unterschiede die Definition einer wohltuenden Umgebung beeinflussen. In Schweden schaut das Büro der Zukunft beispielsweise wie ein schwedisches Landhaus aus. Die Menschen glauben, dass sie in der Atmosphäre eines solchen Hauses produktiver sein können als in einem gewöhnlichen Büro.

Führende Möbelhersteller sowie Innenarchitekten und Softwareberater haben ihre Dienstleistungspalette um einen weiteren Service ergänzt: Sie bieten nun auch Möbel und Büroausstattung für flexibles Arbeiten an. Auch in unserem Institut (IBT) hat sich in dieser Hinsicht ein Wandel vollzogen. Zusätzlich zu unserer Aufgabe, den Menschen zu helfen, produktiver und organisierter zu arbeiten, unterstützen wir sie nun auch beim Übergang vom herkömmlichen Büro mit der üblichen Ausstattung zu einem neu gestalteten Arbeitsumfeld, das den Teamgeist innerhalb der heutzutage wesentlich flexibleren Belegschaft fördert. Wenn man also seine Arbeitsleistung steigern will, muss man dafür sorgen, dass die Werkzeuge parat und in Ordnung sind und die Arbeitsumgebung die Produktivität fördert.

Um im Wettbewerb besser mithalten zu können, mussten viele Unternehmen besonders dem Produktionsprozess mehr Aufmerksamkeit schenken. Maschinen werden speziell für bestimmte Arbeitsvorgänge gebaut oder manchmal das Produkt selbst neu entworfen, damit es die Leistungsfähigkeit fördert. Und die Menschen werden nicht nur darauf trainiert, Geräte richtig einzusetzen, sondern auch darauf, wie sie ihren Erfindungsgeist benutzen, um den Arbeitsprozess effektiver zu gestalten. Leider hat diese Beachtung von Details noch so gut wie keinen Eingang in die Bürowelt gefunden.

Das liegt zum Teil daran, dass die Büroarbeit meistens nicht so leicht quantifiziert und gemessen werden kann wie die Fließbandproduktion von Kugelschreibern. Die Prinzipien bleiben allerdings die gleichen. In jüngster Zeit sind Fortschritte zu vermelden, weil Verfechter des Qualitätsmanagements die Menschen dazu gebracht haben, ihre Arbeitsweise genauer unter die Lupe zu nehmen. Reengineering, eine radikalere Aufmöbelung des Arbeitsprozesses als nur einfache Verfahrensverbesserung, ist der gegenwärtige Renner. Aber selbst wenn wir der Entwicklung von Arbeitsprozessen oder ihrem Reengineering besondere Beachtung schenken, fangen wir ziemlich oft noch nicht bei den elementaren Dingen an. Wir müssen uns die Systeme und Routinen anschauen, die wir bei unserer Arbeit gebrauchen, und sie auf die Aufgaben anwenden, die getan werden müssen. Gehen Sie dann einen weiteren Schritt zurück und richten Sie den Blick auf Ihre persönliche Arbeitsumgebung und die für die Arbeit benötigten Utensilien.

Ich erfinde nichts, ich entdecke es wieder.

Auguste Rodin

Beginnen Sie mit dem Grundlegenden

Wenn Sie Ihre Arbeit produktivitätssteigernder organisieren wollen, sollten Sie grundlegend einige Organisationsschritte tun, die die meisten Menschen nie in den Griff bekommen. Sind Ihre Werkzeuge tauglich? Ist Ihr Produkt leicht herzustellen? Schreibtischarbeiter müssen sich diese beiden Fragen stellen, tun es allerdings kaum.

Wenn sich ein Fließbandarbeiter beispielsweise jedes Mal nach vorn beugen und ein schweres Werkzeug ergreifen muss, will er ein Rad an einem Wagen anbringen, sollte dieser Arbeitsvorgang anders gestaltet werden. Vielleicht braucht der Arbeiter eine Art Hebel, damit er sowohl Zeit als auch Mühe spart, das Rad zu befestigen. In ähnlicher Art müssen Sie Ihre Arbeitsweise umstrukturieren, falls Sie immer erst alle möglichen Papiere oder Verzeichnisse durchwühlen müssen, sobald Sie einen Telefonanruf machen wollen. Es kommt darauf an, dass es leicht ist, alles sofort zu tun.

Ihre Büroutensilien

Betrachten wir zunächst Ihr Arbeitswerkzeug. Welche Gegenstände befinden sich auf Ihrem Schreibtisch oder an Ihrem Arbeitsplatz?

Drei Ablagen. Sie sollten mit drei Ablagen oder Körben für Ihre tägliche Papierflut arbeiten, nämlich einer für die eingehenden, einer für die ausgehenden Schriftstücke und einer für die laufenden Angelegenheiten, bei denen Sie auf Rückantwort warten. Diese Ablagen sind wohlgemerkt nicht für die dauerhafte Aufbewahrung der Papiere gedacht. Ihr Ablagesystem sollte dem in Abbildung 2.1 auf der folgenden Seite gleichen. Sicherlich wissen Sie selbst am besten, ob Sie für Ihren Job weitere Ablagen benötigen.

Normaler Bürobedarf. Darunter fallen die Dinge, die Sie jeden Tag benutzen: Hefter, Kugelschreiber, Bleistifte, Tesafilm, Prospekthüllen, vielleicht ein Bleistiftspitzer, Taschenrechner, Büroklammern, formatierte Disketten und so weiter.

Wir begegnen gelegentlich Menschen, bei denen sich zwei oder drei »kaputte« Hefter in oder auf ihrem Schreibtisch befinden. Diese sind natürlich nicht eigentlich kaputt, sondern nur im Moment nicht zu gebrauchen, weil sich eine Heftklammer verklemmt hat und bisher niemand dazu gekommen ist, sie zu entfernen. Und diese Menschen müssen sich auch noch jedes Mal einen Hefter borgen, wenn sie einen benötigen! So unbedeutend ein Hefter auch erscheinen mag, ist er doch ein elementares Bürowerkzeug. Nur wenn Sie ihn und die anderen grundlegenden Dinge griffbereit haben, können Sie schnell und gut arbeiten.

Abbildung 2.1
Das Ablagesystem

Die Ablagen für eingehende und ausgehende Schriftstücke sowie Laufendes müssen vom Schreibtisch aus mit einem Griff ereichbar sein.

Eingehende Post und Mitteilungen, die Sie noch nie in der Hand gehabt haben. Wenn Sie etwas herausziehen, nehmen Sie es in Angriff! Falls Sie eine Sekretärin haben, sollte die Post vorsortiert und für den Eilfall nach Priorität geordnet in Mappen gelagt sein (zum Beispiel Unterschrift erforderlich, dringend, innerbetriebliche Mitteilungen, zu Lesendes).

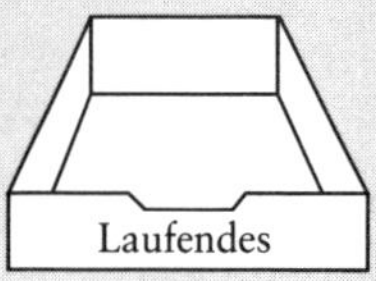

Für Dinge mit einer kurzen Verweildauer von ein bis zwei Tagen, die Sie bearbeiten wollten, aber noch nicht erledigen konnten (zum Beispiel, weil Sie weitere Informationen oder einen Rückruf erwarten oder etwas Dringenderes zur Unterbrechung geführt hat). Nicht für: das Hinausschieben von Arbeiten, unabgeschlossene Projekte, Wiedervorlagesachen.

Für abgearbeitete Dinge, die weggelegt werde können. Leeren Sie diese Ablage mehrmals am Tag, wenn Sie aus dem Büro gehen, oder beauftragen sie Ihre Sekretärin damit.

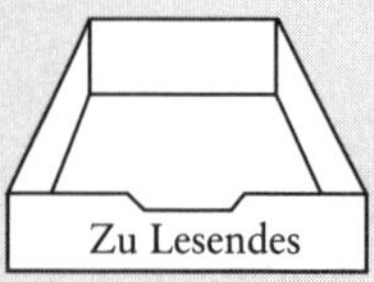

Je nach Ermessen, ob Sie viel zu lesen haben. Passen Sie auf, dass sich nicht zu viel ansammelt, indem Sie kurze Artikel sofort lesen, Inhaltsverzeichnisse, markierte Absätze und Zusammenfassungen überfliegen, den Lesestoff auf die Abteilung verteilen, Ausschnitte oder Zusammenfassungen machen lassen und Lesezeiten einplanen.

Sorgen Sie dafür, dass alle benötigten Werkzeuge vorhanden und in Ordnung sind. Scheren und Hefter borgen gibt's nicht mehr. Nehmen Sie sich die Zeit, und schauen Sie sich alle Hilfsmittel an, die Sie haben oder haben sollten.

Am Ende dieser kleinen Übung werden Sie einen Hefter, Kugelschreiber, Bleistifte, einen Bleistiftspitzer, Schreibblöcke, Tesafilm, Prospekthüllen, Büroklammern, formatierte Disketten, Aktenordner, Etiketten und was immer Sie normalerweise im Laufe eines Tages benötigen, haben – und alles wird voll funktionsfähig sein. Diese regelmäßig verwendeten Gegenstände sollten sich in der mittleren Schublade oder in einem der Seitenfächer Ihres Schreibtischs befinden – nicht auf Ihrer Arbeitsfläche.

Hüten Sie sich gleichzeitig vor Verschwendung. Von den unternehmensinternen Abrechnungsstellen hört man oft unglaubliche Geschichten über Materialvergeudung. Die Leute sagen: »Erst als wir hier endlich System hineingebracht hatten, merkten wir, was alles bei uns vorhanden war, was wir tatsächlich benutzten und was wir verschwendeten.« Man steht oft fassungslos davor, wenn man mal ausgerechnet hat, wie viel Material einfach so verpulvert wird.

In einem PEP-Training in einer mittelständischen Immobilienfirma wurde initiiert, dass nach der Durchsicht einer Reihe der Schreibtische zuerst einmal alle überflüssigen Gegenstände, die vorhanden waren, eingesammelt und in die zentrale Materialbeschaffung zurückgebracht wurden. Dies ist sinnvoll, weil sich die Mitarbeiter oft darüber beklagen, dass sie dort nicht das finden können, was sie benötigen, oder in kleinen Unternehmen kein Material mehr angeschafft werden kann, weil der Etat dafür bereits ausgeschöpft ist. Im Verlauf dieses PEP-Trainings mit den ungefähr 120 Mitarbeitern des Unternehmens wurden sämtliche Materialien aufgetrieben, die sie unnötigerweise in ihren Schreibtischen horteten. Im Endeffekt hatten sie genug Verbrauchsmaterial, um damit ein Jahr auszukommen, ohne irgendetwas Neues zu kaufen! Das Einzige, was sie tun mussten, war, alles, was zutage gefördert worden war, untereinander zu organisieren. Und das ist typisch. Schauen Sie sich in und auf und um Ihren Schreibtisch herum um, bevor Ihnen der Kragen platzt. Wetten, dass Sie ein halbes Dutzend unbenutzte Kugelschreiber und andere Gegenstände finden werden, von denen Sie nicht einmal wussten, dass Sie sie besitzen?

Das gleiche Prinzip gilt auch für die Informationen in Ihren Akten: Sie benutzen nichts, von dem Sie nicht wissen, dass Sie es haben. Und ohne Organisation und regelmäßige Sichtung merken Sie nicht, was Sie haben. Sie vergeuden Ressourcen. Denken Sie an die Überlebenden eines Schiffsunglücks mitten auf dem Meer in einem Rettungsboot. Das Erste, was sie tun müssen, ist, jede einzelne verfügbare Ressource zu registrieren, sodass nichts unnütz vergeudet wird. Verschwendung kann in einer solchen Situation das Leben kosten.

Fotokopierer. Ein anderes Hilfsmittel, das Millionen arbeitender Menschen von Montag bis Freitag benutzen, ist der Kopierer. Auch wenn es banal klingt: Nicht zu wissen, wie man eine Kopie macht, kann teuer werden. Folgende Geschichte ist wahr. Ein Berater traf sich mit dem geschäftsführenden Direktor eines Unternehmens im Konferenzraum. Nachdem der Besucher sein einseitiges Handout präsentiert hatte, wollte der Geschäftsführer eine Kopie haben. Er brach die Präsentation ab, rief einen Kopierspezialisten und wartete dann. Zwanzig Minuten später kam dieser mit einem einzigen Blatt Papier zurück. Später fragte der Berater aus reiner Neugier, wieso die Kopie denn so lange gedauert hätte. Ein Mitarbeiter führte ihn durch das halbe Haus zum Kopierraum. Dort stand ein riesiger Kopierer – ein Monstrum mit vielen technischen Spielereien und Skalen und Dutzenden von Behältern für alles Mögliche. Man könnte von diesem Raum aus genauso leicht den Space Shuttle starten wie eine Fotokopie machen. An die 90 Prozent der Mitarbeiter wussten nicht, wie man die Maschine bediente.

Faxgeräte. Sie sollten auch mit einem Faxgerät, einem Drucker und den ganzen anderen Gerätschaften umgehen können, die gemeinhin in einem Büro benutzt werden. Jede Maschine sollte funktionsfähig und mit Material und Ersatzteilen sowie einer einfachen Gebrauchsanweisung ausgestattet sein. Und Sie sollten sich die Zeit nehmen, sich mit ihr vertraut zu machen.

Beobachten Sie den Markt für Büroartikel

Machen Sie sich mit den besten Zeitmanagement-Systemen und Hilfsmitteln vertraut. Gewöhnen Sie sich an, Kataloge durchzublättern oder regelmäßig durch Geschäfte für Bürobedarf zu streifen, um neue Ressourcen und Hilfsmittel zu entdecken. Sie werden überrascht sein, was es so alles gibt.

Individuelle Lösungen haben die größte Chance, beibehalten zu werden, wie folgendes Beispiel zeigt: Eine Kundin war sehr schlecht organisiert und wollte keine Vorschläge annehmen. Ihre Tätigkeit war nämlich ziemlich außergewöhnlich, und meine Lösungsvorschläge konnten nicht unmittelbar auf ihre Situation übertragen werden. Aber dann brachte eine ihrer Kolleginnen eines Tages ein Zeitmanagement-System mit, das aus kleinen Karteikärtchen und einer Ledermappe mit passenden Schutzhüllen bestand, um die Karten einzustecken. Man musste auf jede Karte eine Aufgabe schreiben und das Kärtchen mit einer nicht erledigten Aufgabe in eine Hülle für den nächsten Tag stecken. Die Kollegin fand das System ziemlich nutzlos und wollte es schon wegwerfen, gab es aber dann stattdessen dieser Frau. Diese mochte es und konnte schließlich viele Probleme damit lösen.

Zahlreiche ausgezeichnete Hilfsmittel eignen sich sowohl zur Steigerung Ihrer Produktivität wie Ihrer Effizienz. Während der eine Mensch ein Werkzeug ineffektiv finden mag, kann der andere vielleicht nicht ohne es leben. Nutzen Sie die existierenden Hilfsmittel, und finden Sie die heraus, die zu Ihrem Stil und Ihrer Persönlichkeit passen.

Ablagesysteme – fangen Sie mit dem Papierkram an

Organisieren Sie Ihre Schriftstücke und Akten nach der Häufigkeit ihres Gebrauchs, um besser mit dem Papierkram fertig zu werden. Die am häufigsten benutzten Dinge müssen sich in unmittelbarer Reich-

Abbildung 2.2
Ein Überblick über eine gute Büroorganisation und die wichtigsten Papierknotenpunkte

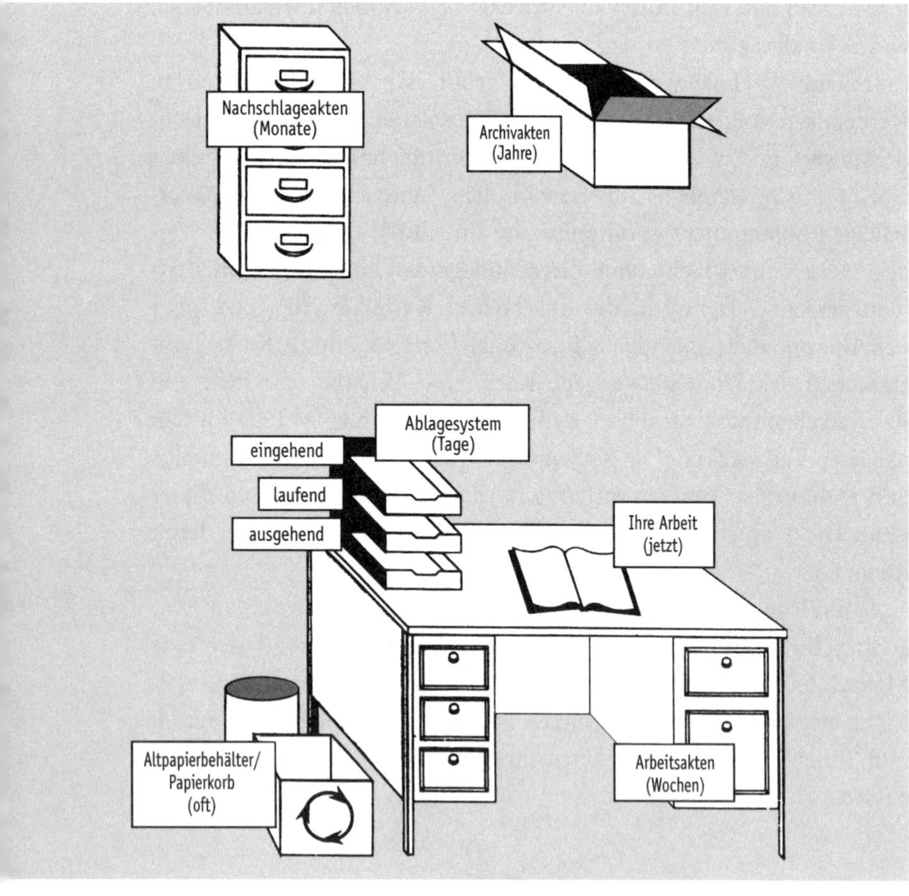

weite befinden. Ihr Schreibtisch ist Ihre Arbeitsfläche, auf der einzig die Papiere liegen sollten, die Sie gerade bearbeiten.

Sie sollten mit drei Ablagekörben arbeiten, um die Papiermassen in den Griff zu bekommen. Ihr Eingangs- und Ausgangskorb sowie Ihre Ablage für Laufendes (Sie warten auf Rückantwort) sind für Aufgaben gedacht, die Sie innerhalb der nächsten Tage erledigen. Führen Sie als Nächstes drei Arten von Akten ein: Arbeitsakten, Nachschlageakten und Archivakten. Diese drei Aktentypen sind entscheidende Papierknotenpunkte, um mit Ihrer Arbeitsflut zurechtzukommen (siehe Abbildung 2.2).

Arbeitsakten sind für laufende Projekte und Routineaufgaben gedacht. In der Regel werden Sie für 80 Prozent Ihrer Arbeit 20 Prozent Ihrer Akten brauchen, sodass sie in Griffnähe sein sollten. Am besten bewahren Sie sie in Ihren Schreibtischschubladen als Hängeregistratur auf. Arbeitsakten beinhalten die Angelegenheiten, mit denen Sie regelmäßig über mehrere Wochen oder Monate befasst sind und die laufenden Projekte, für die Sie die Verantwortung tragen.

Nachschlageakten machen den Großteil der Akten in Ihrem Büro aus. Da Sie sie oft heranziehen, müssen sie sich in Ihrer Nähe befinden, aber nicht unbedingt in Reichweite.

Archivakten werden aus rechtlichen Gründen aufbewahrt und wahrscheinlich kaum gebraucht. Sie dokumentieren die Arbeiten der vergangenen Jahre und können auch außerhalb des Büros gelagert werden.

Arbeitsakten

Ein Mann, der fünf große Papierstapel auf seinem Schreibtisch hatte, erzählte einmal mit unbewegtem Gesicht, dass er genau wüsste, wo er was fände. Auf unsere Frage »Dann sind Sie der Meinung, dass ein

System nicht von Nutzen wäre?« zeigte er auf das Chaos auf seinem Schreibtisch und antwortete: »Ich habe ein System. Das ist mein System.«

Da klingelte das Telefon. Der Anrufer fragte nach einer Mitteilung, die er ihm vor ein paar Tagen zugesandt hatte. »Ja, sicher, einen Augenblick«, erwiderte der Angerufene. Er machte sich über einen Stapel her und blätterte ihn durch. Danach durchstöberte er den nächsten. Dann sah er schüchtern auf, wurde rot im Gesicht und durchsuchte noch einen weiteren Stapel. Verlegen sagte er zu dem Anrufer: »Ich werde Sie wohl zurückrufen müssen.«

Viele Menschen denken, sie wüssten, wo alles ist, aber sie verschwenden kostbare Zeit mit Suchen, weil sie es in Wirklichkeit doch nicht wissen. Zudem wäre es unsinnig zu verlangen, dass sie sich erinnern, wo jedes Schriftstück ist.

Wenn es Ihrem Chef in den Sinn käme, von Ihnen zu erwarten, dass Sie sich bei jedem einzelnen Schriftstück in Ihrem Büro erinnern müssten, wo Sie es hingelegt haben, wären Sie wahrscheinlich empört.

Und genau dafür sind Ihre Arbeitsakten da. Wie in Abbildung 2.3 dargestellt, beinhalten Arbeitsakten gewöhnlich fünf verschiedene Arten von Informationen:

1. Schnellzugriffs-Informationen. Dies sind Telefonlisten, Adressenlisten, Computercodes, Firmenpolicen und andere Informationen, auf die Sie häufig zurückgreifen und die Sie schnell parat haben möchten, wenn Sie sie benötigen.

2. Themen, »die diskutiert werden müssen«. Legen Sie eine Akte für Routinebesprechungen und eine für jedes Belegschaftsmitglied an, mit dem Sie regelmäßig zu tun haben. Informationen, die Sie mit Vorgesetzten, Mitarbeitern, Kollegen besprechen wollen, legen Sie in deren namentlich beschriftete Mappe. Beim nächsten Telefonat oder Gespräch mit dieser Person besprechen Sie die Unterlagen, die sich angesammelt haben.

Abbildung 2.3
Arbeitsakten

Für 80 Prozent Ihrer Arbeit brauchen Sie 20 Prozent Ihrer Arbeitsakten. Bewahren Sie diese getrennt von den anderen Akten und in Griffnähe auf.

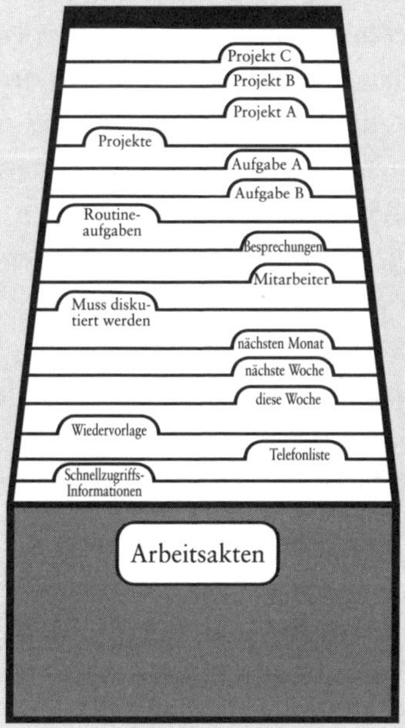

Laufende Projekte, die Ihnen obliegen

Routineaufgaben, die Sie täglich/wöchentlich/monatlich ausführen

Muss diskutiert werden (für Routinebesprechungen und wichtige Mitarbeiter, mit denen Sie ständig zu tun haben)

Rücksprache- oder Wiedervorlagenmappe für längerfristig Laufendes oder Weiterzuverfolgendes. Wenn Sie eine Sekretärin haben, sollte sie in deren Schreibtisch aufbewahrt werden

Schnellzugriffs-Informationen (Telefonlisten, Computercodes und so weiter)

3. Routineaufgaben. Diese Akten enthalten Informationen, die Sie für die Erledigung der täglichen, wöchentlichen oder monatlichen Routineaufgaben benötigen.

4. Laufende Projekte. Diese Projekte bearbeiten Sie im Moment. Legen Sie für jedes Projekt eine Hängemappe an, in der Sie alles, was für Ihre augenblickliche Arbeit notwendig ist, ablegen. Sortieren Sie von Zeit zu Zeit weniger dringliche Dinge aus diesen Mappen aus und legen Sie sie zu den Nachschlageakten.

5. Wiedervorlagemappe. Eine Wiedervorlagemappe ist sinnvoll für längerfristig laufende oder weiterzuverfolgende Projekte. Wenn Sie eine Sekretärin haben, sollte sie Ihre Wiedervorlage führen. Diese Mappe besteht in der Regel aus zwei Teilen: Der erste ist für jeden Monat im Jahr von ein bis zwölf, der zweite für die Monatstage von eins bis 31 durchnummeriert. Die Wiedervorlagemappe wird für längerfristig laufende und weiterzuverfolgende Angelegenheiten gebraucht. Auch sie kann in die Hängeregistratur integriert werden.

Mit einem Wiedervorlagesystem, das Sie täglich durchsehen, schaffen Sie sich ein Erinnerungssystem, durch das Sie Fehler vermeiden. Nehmen wir beispielsweise an, Sie verabreden sich für den 15. Dezember mit Ihrem PEP-Trainer. Vermerke in Ihrer Wiedervorlagemappe erinnern Sie daran, ihn am 13. Dezember anzurufen, um sicherzustellen, dass alles vorbereitet ist. Im Aktendeckel für den dreizehnten liegt auch eine Notiz, die alle getroffenen Vereinbarungen festhält. Zudem befinden sich in Ihrer Wiedervorlagemappe zu den gegebenen Zeitpunkten im Dezember Hinweise wie »Flug bestätigen lassen« und »Verbindung in die USA überprüfen« sowie ein Vermerk, der Sie daran erinnern soll, Ihre Assistentin über ein bestimmtes Firmenkonto zu informieren, sodass sie Sie in der auf den 15. Dezember festgesetzten Besprechung mit dieser Firma vertreten kann.

Mit der Wiedervorlagemappe vermeiden Sie auch, dass Unterlagen bis zur Weiterverarbeitung auf Ihrem Schreibtisch liegen. Nehmen wir beispielsweise an, Sie müssen einen Vertrag aufsetzen und wissen, dass diese Arbeit einige Stunden in Anspruch nehmen wird. Vielleicht haben Sie bereits einen Vorentwurf, der an einem bestimmten Stichtag fertig überarbeitet sein muss. Aus Erfahrung wissen Sie allerdings, dass eine solche Überarbeitung mindestens zwei Stunden dauern wird, und so viel Zeit werden Sie vor Donnerstag nicht aufbringen können. Deshalb planen Sie für diesen Tag zwei Stunden ein, die Sie in Ihrem Terminkalender markieren, und legen die Rohfassung in die Wiedervorlagemappe für den elften. Dort werden Sie sie vorfinden, wenn Sie sich an die Arbeit machen können. Und weil Sie es sich angewöhnt haben, die Wiedervorlagemappe jeden Morgen durchzusehen, werden

Sie am elften auf den Entwurf stoßen und in Ihrem Kalender sehen, dass Sie sich die Zeit zwischen 9.00 und 11.00 Uhr geblockt haben, um an dem Vertrag zu arbeiten. Wenn dann die endgültige Fassung fertig ist, legen Sie sie in Ihren Ausgangskorb, von wo aus sie an die nächste beteiligte Person weitergeleitet wird. Unbedingt beachten sollten Sie, dass Sie nur solche Unterlagen in die Wiedervorlage legen, die Sie ausschließlich unter dem zeitlichen Aspekt wieder finden müssen. IBT-Berater erleben häufig Chefs, die wahllos Unterlagen der Wiedervorlage zuführen. Die Sekretärinnen sind oft bis zu einer Stunde am Tag damit beschäftigt, Akten wieder herauszusuchen. Daher sollten alle Vorgänge, die zu bestimmten Projekten gehören, thematisch ablegt werden und nur ein Vermerk zur geplanten Aktivität in die Wiedervorlage gelegt werden. So vermeiden Sie unnütze Suchzeiten.

Die Funktion einer Wiedervorlage übernehmen heute vielfach MS Outlook, Lotus Notes und viele andere Programme. Solche elektronischen Wiedervorlagesysteme sind oft Bestandteil von E-Mail-Systemen. Elektronische Systeme lösen heute die klassische Wiedervorlage immer mehr ab, weil sie effektiver sind.

Das Wesentliche an der »Tun-Sie's-sofort«-Philosophie ist, die Wiedervorlagemappe jeden Tag durchzusehen. Danach wissen Sie genau, was Sie an dem entsprechenden Tag tun müssen, um den Zeitplan einzuhalten, und erledigen die Aufgaben, die Sie in Ihrer Arbeit weiterbringen.

So entwickeln Sie eine Ablagestruktur für Arbeitsakten

Denken Sie bitte daran, dass Sie ein Ablagesystem entwickeln müssen, das sich für alle Aspekte Ihrer Tätigkeit eignet, einfach nachvollziehbar ist und mit dem Sie vor allem sämtliche Informationen im Bedarfsfall schnell wieder finden. Mit einem gut durchdachten Ablagesystem wissen Sie immer, wo Sie bestimmte Unterlagen ablegen sollen und wo Sie diese wieder finden, wenn sie benötigt werden, egal ob es sich um Arbeits-, Nachschlage- oder Archivakten handelt. Abbildung 2.3 hat Ihnen am Beispiel der fünf Arten von Informationen gezeigt, wie der Inhalt Ihrer Arbeitsakte aussehen könnte. Damit Ihr System funktioniert, benötigen Sie natürlich Ihre eigenen, speziell auf Ihre Tätigkeit zugeschnittenen Akten. Dafür müssen Sie sich zunächst Gedanken über Ihre Hauptaufgaben und die dafür erforderlichen Informationen oder Vorgehensweisen machen. Abbildung 2.4 illustriert, wie diese Überlegungen bei einem Manager eines Fertigungsbetriebs aussehen könnten.

Dies ist nichts anderes als eine vereinfachte Analyse Ihrer Tätigkeit. Stellen Sie eine stichpunktartige Liste Ihrer Aufgaben zusammen. Normalerweise lässt sich fast jeder Job mit sechs bis acht Hauptaufgaben beschreiben. Anschließend definieren Sie für jede Hauptaufgabe die wichtigsten Unteraufgaben. Verwenden Sie hierfür die Vor-

Abbildung 2.4
Beispiel für die Zuständigkeiten eines Managers und den Aufbau einer Ablagestruktur

lage aus Abbildung 2.5, um die wichtigsten Tätigkeitsbereiche Ihrer Arbeit zu untergliedern.

Halten Sie sich an die folgenden Punkte, wenn Sie Ihre Arbeitsakten anlegen:

- Wählen Sie sich ein Fach für Ihre Arbeitsakten, am besten eine Ihrer größeren Schreibtischschubladen. Denken Sie daran, dass Sie diese Informationen griffbereit haben möchten. Beschriften Sie das Fach klar und eindeutig mit auffallenden Großbuchstaben.
- Entfernen Sie Hintergrundinformationen, die Sie zurzeit nicht mehr benötigen. Legen Sie sie zu den Nachschlageakten.
- Sorgen Sie dafür, dass für jedes Projekt und jeden Vorgang ein eigener Aktendeckel vorhanden ist. Beschriften Sie jede Akte klar und eindeutig.
- Führen Sie eine Wiedervorlagemappe ein. Ein Teil darin ist entsprechend den Monaten des Jahres von eins bis zwölf, der andere entsprechend den Monatstagen von eins bis 31 durchnummeriert.

Abbildung 2.5
Mustervorlage für die Auflistung Ihrer Tätigkeitsbereiche

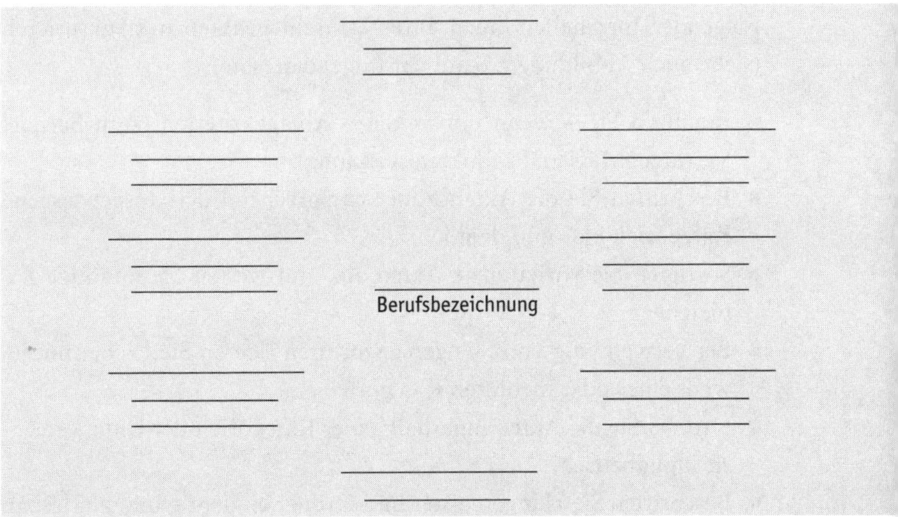

- Sortieren Sie abgeschlossene Projekte aus. Legen Sie sie entweder zu den Nachschlageakten oder zu den Archivakten.

Nachschlageakten

In die Nachschlageakten gehören folgende Unterlagen:

- abgeschlossene Projekte, auf die Sie sich noch beziehen wollen;
- Material für interessante zukünftige Projekte;
- Informationen über eigene und potenzielle Mitarbeiter;
- Verwaltungsdaten der Vorjahre;
- Budgetinformationen der Vorjahr;
- Kunden-, Lieferanteninformationen.

Berücksichtigen Sie bei der Einrichtung Ihrer Nachschlageakten die folgenden beiden Punkte:

1. Welche Informationen möchten Sie aufbewahren?
2. Übernehmen Sie die gleiche Ablagestruktur wie bei Ihren Arbeitsakten.

Folgende Tipps helfen Ihnen, Ihre Nachschlageakten zu strukturieren (siehe auch Abbildung 2.6 auf der folgenden Seite):

- Ergänzen Sie – wenn notwendig – Ablagekriterien (zum Beispiel Verträge, Messen, Produktentwicklung).
- Beschriften Sie die Aktenordner entsprechend den ausgewiesenen Kategorien klar und deutlich.
- Sortieren Sie vorhandene Akten aus und werfen Sie unnötige Papiere weg.
- Bei Verwendung von Hängeregistraturen richten Sie Fächer mit jeweils einer oder mehreren Kategorien ein.
- Ordnen Sie die Akten innerhalb einer Kategorie oder Unterkategorie alphabetisch.
- Beschriften Sie Hängeregister und Ordner eindeutig und gut lesbar,

damit das Entnehmen und Zurücklegen der Akten einfacher und schneller geht.

Abbildung 2.6
Nachschlageaktensystem

Um in Nachschlageakten, die in mehreren Schubladen oder Schränken verstaut sind, eine Akte schnell wieder zu finden, reicht eine einfache alphabetische Anordnung gewöhnlich nicht aus. Vielmehr sollten die Akten zusätzlich nach Sachgebieten sortiert sein. Ein Sachgebiet kann zudem in wichtige Aufgabenbereiche gegliedert werden, die sich als Kategorien in Ihren Akten widerspiegeln

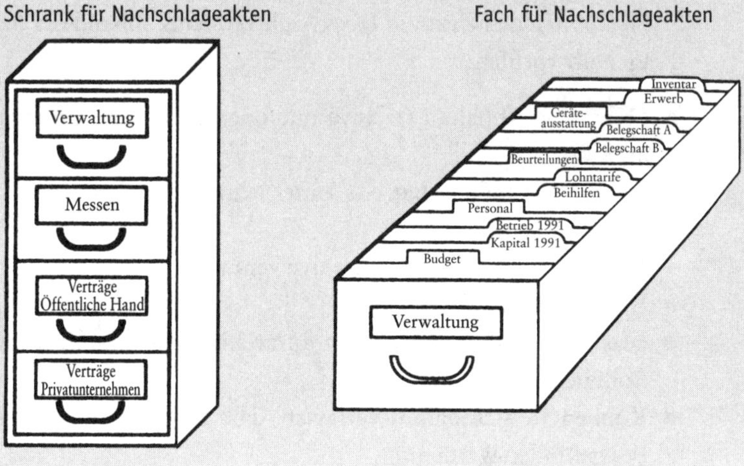

Archivakten

Archivakten enthalten die Unterlagen, die Sie aus gesetzlichen Vorschriften aufbewahren müssen. Aus diesem Grund empfiehlt es sich, durch zwei verschiedene Ablageorte Archivakten klar von Arbeits- und Nachschlageakten zu trennen. Archivakten werden in der Regel außerhalb des Büros aufbewahrt.

Ein PEP-Trainer fand einmal im Aktenschrank eines Unternehmens eine betriebsinterne Mitteilung aus dem Jahr 1906. Niemand hatte die Akten seither durchgesehen! Da es auch nichts Ungewöhnliches ist, dass sich Aktenschränke nicht einmal mehr öffnen lassen, hat ein anderer PEP-Berater immer einen Schraubenzieher und Hammer dabei.

Häufig benutzen Mitarbeiter das Archivsystem nur ungern, weil sie die Erfahrung gemacht haben, dass Archivräume voll gestopft werden und niemand sich verantwortlich fühlt. Es obliegt der Verantwortung des Managements, ein funktionierendes Archivsystem bereitzustellen. Die Mitarbeiter sind dafür verantwortlich, es zu strukturieren und richtig zu gebrauchen.

Sie können den Zustand Ihres Archivsystems anhand der folgenden Fragen überprüfen:

- Haben Sie Abteilungsarchive und/oder allgemeine Unternehmensarchive?
- Welche Einstellung hat das Unternehmen zur Aufbewahrung von Dokumenten?
- Wer ist für die Pflege der Archive verantwortlich?
- Existiert ein Indexsystem?
- Was muss getan werden, um an archivierte Dokumente heranzukommen?
- Können Sie sich darauf verlassen, dass benötigte Dokumente wieder gefunden werden?
- Haben Sie das Archivsystem in letzter Zeit getestet?
- Müssen Archivakten angelegt werden? Wenn ja, wer sollte das tun?

Eine transparente Struktur Ihrer Arbeitsakten ist nach unserer Meinung die wichtigste Maßnahme und unbedingt notwendig, unabhängig davon, wie umfangreich die Abteilungs- oder allgemeinen Unternehmensarchive auch sein mögen. Stellen Sie den Aktenschrank mit Ihren persönlichen Archivakten in die hinterste Ecke Ihres Büros, da Sie diese Akten vermutlich nur ganz selten benötigen werden.

Tipps – Was Sie wo aufheben und von was Sie sich trennen sollten. Viele Menschen tun sich schwer damit, Dinge wegzuwerfen. Wie viele Informationen sollten Sie also aufheben? Beachten Sie das Folgende:

- Neigen Sie dazu, Dinge »für alle Fälle« zu horten?
- Heben Sie zu viel in Ihren Nachschlageakten auf?
- Wenn Sie sich entscheiden müssen, ob Sie etwas aufbewahren sollen oder nicht, fragen Sie sich: »Wenn ich diese Information wieder benötige, wo bekomme ich sie her?«
- Kann jemand anderes im Haus die Informationen liefern? Wenn ja, heben Sie sie nicht auch noch auf, außer Sie benötigen sie häufig.
- Müssen Sie sich mit irgendjemandem absprechen, um auszumachen, wer was aufbewahrt? ■

Tipps zur Verbesserung Ihres Ablagesystems. Die folgenden Vorschläge machen Ihr Ablagesystem effektiver (siehe auch Abbildung 2.7 auf der folgenden Seite):

- Verwenden Sie eine Hängeregistratur. Hängeregister erleichtern das schnelle Auffinden und korrekte Zurücklegen von Akten.
- Beschriften Sie die Akten eindeutig und gut lesbar. Das erleichtert das Auffinden und Zurücklegen.
- Reihen Sie Unterkategorien versetzt hinter die entsprechenden übergeordneten Kategorien ein. Das vereinfacht den Überblick und das schnelle Finden der gesuchten Akte. Farbetiketten für die Kategorien erleichtern das Überfliegen zusätzlich. (Aber nur, wenn es nötig und nützlich ist. Es wurde einmal von einer Sekretärin berichtet, die einen ganzen Tag damit verbracht hat, die Akten Ihres Chefs farbig zu kennzeichnen, nur um hinterher zu erfahren, dass er farbenblind ist.)

- Nachschlageakten sollten der gleichen Ablagelogik wie Arbeitsakten folgen. Das verringert Suchzeiten. Durch ein solches System können Akten auch aus anderen Bereichen genutzt werden. Somit verhindern Sie doppelte Aktenführung und koordinieren die gemeinsame Verwendung von Akten.

Abbildung 2.7
Tipps für die Ablage

- ❑ Benutzen Sie Hängeregistraturen

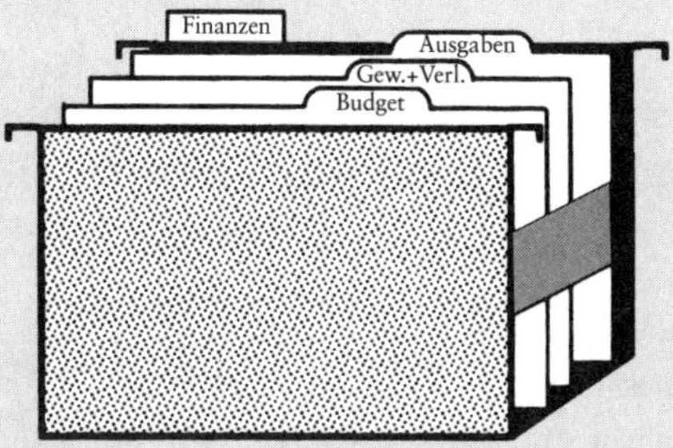

- ❑ Beschriften Sie sie mit großen, klaren Buchstaben
- ❑ Reihen Sie Unterkategorien versetzt hinter die entsprechenden übergeordneten Kategorien ein

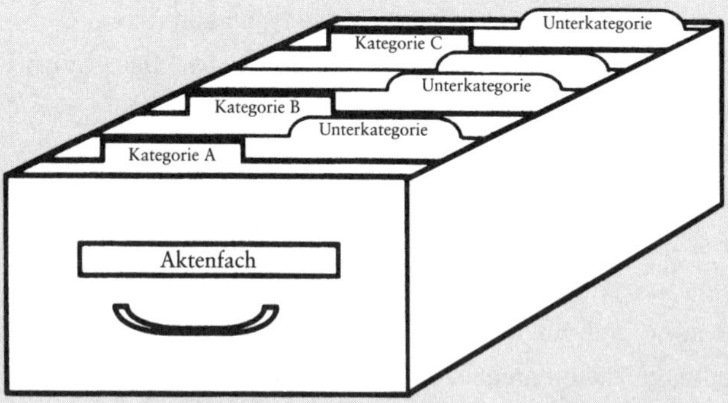

- ❑ Führen Sie für umfangreiche Nachschlageakten ein Indexsystem als Benutzungshilfe für Ihren Chef ein

Ablage und Beschriftung

Ablagen dienen hauptsächlich dem Zweck, etwas wieder zu finden. Die einfachste Methode ist, mit umfassenden Allgemeinkategorien zu arbeiten, die für sich selbst sprechen und auch von anderen leicht verstanden werden. Halten Sie sich bei der Einrichtung des Ablagesystems an die Faustregel, dass nicht nur Sie, sondern auch andere etwas wieder finden können müssen. Dafür gibt es zwei Gründe: Erstens muss vielleicht gelegentlich jemand anderes in Ihren Akten etwas finden, und zweitens tun Sie sich, wenn die Benutzung für andere einfach ist, wahrscheinlich auch leicht damit. Innerhalb einer breiteren Kategorie können Sie immer Unterkategorien bilden, aber hauptsächlich sollte mit umfassenden Kategorien gearbeitet werden. Beschriften Sie sowohl Ihre Fächer als auch die darin abgelegten Akten und benutzen Sie dazu leicht lesbare, große Buchstaben. Außerdem ist eine klare transparente Ablagestruktur das Rückgrat Ihrer Abteilung. Suchzeiten reduzieren sich, und neue Mitarbeiter, Stellvertreter oder Aushilfskräfte arbeiten sich schnell und sicher in Ihren Arbeitsbereich ein, wenn die Ablagestruktur einfach zu verstehen ist.

Elektronische Ablagesysteme

Noch vor nicht allzu langer Zeit mussten Sie sich nur um Ihren Papierkram kümmern (als ob das nicht Arbeit genug gewesen wäre). Mittlerweile sind die meisten von uns am Arbeitsplatz von einem Rechner abhängig, da viele Dokumente in elektronischer Form verfügbar sind. Dazu gehören Konzepte, Präsentationen, Briefe, E-Mails, Internetsites und vieles mehr, die man im eigenen PC speichert. Da es ein Kinderspiel ist, digitale Dokumente zu erzeugen, die meistens auch praktischerweise keine sichtbare Unordnung verursachen, und elektronischer Speicherplatz relativ billig ist, lassen sich viele Gigabyte an Daten bequem speichern und aufheben. Das Problem besteht jedoch darin, die gespeicherten Dokumente auch wieder zu finden.

Glücklicherweise erleichtert uns der technische Fortschritt das Wiederauffinden von Dateien, doch das war nicht immer so. Diejenigen unter uns, die noch mit dem Betriebssystem MS-DOS arbeiten mussten, können sich sicherlich noch daran erinnern, wie schwierig es damit war, die Dateien auf der Festplatte zu verwalten. Am lästigsten war es, dass Dateinamen auf höchstens acht Zeichen begrenzt waren. So war es unter MS-DOS ganz normal, auf Dateien mit so eigenartigen Namen wie 4Q99KFR.txt zu stoßen (was für Kapitalflussrechnung viertes Quartal stand) und kein Mensch mehr wusste, was sich dahinter verbarg.

Heutzutage kann leichter auf Dateien zugegriffen werden, da zum einen Dokumente mehrfach in anderen Verzeichnissen gespeichert (kopiert oder als Verknüpfung) werden können und es mehrere Möglichkeiten gibt, eine Datei zu suchen.

Bei der Organisation Ihres Dateiablagesystems sollten Sie an die folgenden Punkte denken, damit Sie später keine Arbeitszeit mit der unnötig langen Suche nach bestimmten Dokumenten vergeuden.

Ein Computer gleicht in vielerlei Hinsicht einem leeren Aktenschrank. Sie können Ihre Anwendungen und Daten dort einfach wahllos ablegen oder, ähnlich wie Sie es mit Ihren papierenen Akten tun würden, sie gruppieren, allgemeine Kategorien bilden und sie in getrennten Fächern aufbewahren, innerhalb derer Sie sie nach Unterkategorien weiter klassifizieren. Die Festplatte, der Desktop-Bereich (ein bei Windows verwendeter Begriff, der den Hintergrund beschreibt, auf dem die Objekte oder Icons genannten grafischen Symbole abgelegt sind), die Menüs (die Liste der Befehle, die verfügbar sind, wenn Sie ein Symbol anklicken) und die Dateien (elektronische Dokumente, die unter einem bestimmten Namen in Ihrem Computer gespeichert sind) können und sollten organisiert werden.

Bei der Organisation und Verwaltung Ihrer Dateien am Rechner empfiehlt sich folgende Vorgehensweise:

- Erstellen Sie analog Ihres Ablagesystems in Papier Ihre Oberbegriffe auf der ersten Ordnerebene Ihres PC.
- Erstellen Sie Unterordner für die einzelnen Bereiche.
- Ihr Ablagesystem im Rechner sollte genauso ganzheitlich sein wie in Papier. Das heißt, sollten Sie bisher Ordner geführt haben, die Briefe oder Faxe heißen, verzichten Sie in Zukunft auf diese Begriffe. Ordnen Sie diese Dokumente demnächst den einzelnen Projekten/Themen zu, sodass Sie zu einem Projekt zum Beispiel die entsprechenden Word-, Excel, Powerpoint-Dateien und den Schriftverkehr am gleichen Ort im PC speichern.
- Verschieben Sie jetzt sämtliche Dateien, die Sie aufbewahren möchten, in die entsprechenden Ordner.
- Gestalten Sie den Desktop übersichtlich, sodass Sie auf alle Dateien und Anwendungen mühelosen Zugriff haben.

Am Anfang steht das Betriebssystem

Das Betriebssystem (DOS, Windows, Mac oder wie sie sonst noch alle heißen mögen) Ihres Computers legt den Zugriff auf Programme und Dateien fest. Jedes Betriebssystem hat seine eigenen Befehle und Icons, mit deren Hilfe Sie Ihre Programme und Dateien verwalten und aufrufen können. Der erste Schritt zur ordentlichen Organisation der Daten auf Ihrem Computer besteht darin, dass Sie sich mit Ihrem Betriebssystem und der Dateiverwaltung auseinander setzen. Rufen Sie die entsprechenden Hilfemenüs auf, oder lesen Sie in der Bedienungsanleitung nach. Geht es Ihnen so wie vielen Anwendern, dass Sie in technischen Dingen unbeholfen oder ängstlich sind und nur wenig Ahnung von den ganzen Fachbegriffen haben, sollten Sie sich um kompetente Unterstützung bemühen. Sorgen Sie dafür, dass Sie ein Computerexperte durch Ihren gesamten Lernprozess begleitet. In größeren Unternehmen können Sie sich mit Sicherheit an jemanden aus dem Rechenzentrum oder der Support-Abteilung wenden. Die goldene Regel für den Umgang mit Computern lautet: Bevor Sie mit den Dateien auf Ihrem Computer »herumspielen«, müssen Sie sicher wissen, was Sie tun, oder einen Experten zur Seite haben.

Eine Sicherungskopie Ihrer Festplatte erstellen

Selbst wenn Sie sich gut mit der Dateiverwaltung auskennen, ist es immer eine gute Idee, eine Sicherungskopie (Backup) Ihrer Festplatte zu erstellen, bevor Sie Dateien löschen oder verschieben. In den aktuellen Windows-Versionen lässt sich das Backup ganz einfach erstellen: Klicken Sie auf Start, dann Programme, Zubehör, Systemprogramme, wählen dann Backup aus und folgen den Anweisungen. Natürlich stehen Ihnen auch andere Möglichkeiten der Datensicherung offen, Sie können sie zum Beispiel auch auf eine CD brennen. Gewöhnen Sie sich an, Ihre Daten regelmäßig zu sichern, denn das kann Sie vor einem erheblichen Datenverlust schützen. Bevor Sie mit dem nächsten Schritt weitermachen, sollten Sie zunächst eine Sicherungskopie erstellen.

Tipp: Wenn möglich, sollten Sie eine Sicherheitskopie Ihrer gesamten Festplatte, einschließlich aller Programme, auf einem externen Laufwerk anlegen. Es ist immer eine kluge Entscheidung, seine Dateien doppelt zu sichern, denn wenn Ihre Festplatte den Geist aufgibt, müssen Sie nicht alle Programme neu installieren.

Abspeichern und Benennen von Dateien

Wie bereits festgestellt, sollte das Dateiablagesystem auf Ihrem Computer ebenso organisiert sein wie das Ablagesystem in Ihrem Aktenschrank. Nachfolgende Softwareanwendungen sind typisch für einen

Arbeitsplatz-Computer, und mit allen werden Dokumente erzeugt, die ordentlich organisiert werden sollten:

- Textverarbeitungsprogramm mit allen abgespeicherten Dateien,
- Tabellenprogramm mit allen erzeugten Tabellen und Kalkulationen,
- Internetbrowser, abgespeicherte E-Mails und vom World Wide Web heruntergeladene Dokumente,
- Fax-Software und abgespeicherte Faxnachrichten,
- Terminverwaltungssoftware mit Kalender und Erinnerungsfunktionen,
- Netzwerkanwendungen und zugehörige Datenbanken,
- Finanzdienstprogramme einschließlich abgespeicherter Dateien,
- Software zur Projektplanung einschließlich zugehöriger Dateien,
- elektronisch gespeicherte Fotos,
- Grafikprogramm mit abgespeicherten Grafiken, Folien und ähnlichen Dateien.

Mit all diesen Programmen können Sie Dateien erzeugen, die den Kategorien Ihrer Ablagestruktur zugeordnet werden können. Wir möchten noch einmal darauf hinweisen, dass es wichtig ist, das gleiche Ordnungssystem in Papier und EDV zu nutzen.

Gehen Sie unter Verwendung der entsprechenden Befehle Ihres Betriebssystems wie folgt vor:

- Erstellen Sie den Ordner »Eigene Dateien« (sofern nicht bereits vorhanden). Erzeugen Sie in diesem Ordner drei weitere Ordner (Unterverzeichnisse). Nennen Sie diese Ordner »1Arbeitsdaten«, »2Nachschlagdaten« und »3Archivdaten«. Nun können Sie Ihre Dateien ebenso wie in Ihrem Aktenordner verwalten. Durch die Eingabe der Ziffer vor dem Namen Ihres Verzeichnisses ist dafür gesorgt, dass die wichtigen Arbeitsdaten an erster Stelle, die Nachschlagedaten an zweiter und die Archivdaten an dritter Stelle dieses Verzeichnisses erscheinen.
- Nehmen Sie die Oberbegriffe Ihrer Ablagestruktur zur Hand und erstellen Sie am Rechner die entsprechenden Unterverzeichnisse in

den unter Punkt 1 erstellten Ordnern »1Arbeitsdaten«, »2Nachschlagdaten« und »3Archivdaten« (siehe Abbildung 2.8). Die Verzeichnisse und Unterverzeichnisse auf Ihrem Computer könnten in etwa so aussehen wie in Abbildung 2.9 auf der übernächsten Seite.

- Nachdem Sie nun die elektronischen Datenverzeichnisse angelegt und benannt haben, können Sie sämtlichen Dateien der verschiedenen Softwareanwendungen in die entsprechenden Verzeichnisse verschieben. Wenn Sie Ihre Dateien jetzt ordnen und aufräumen, müssen Sie die drei folgenden Punkte berücksichtigen:
- Löschen Sie alle Dateien, die Sie nicht mehr benötigen (wenn Sie unsicher sind, erstellen Sie eine Kopie auf Diskette und löschen die Datei von der Festplatte).
- Benennen Sie Dateien, die Sie speichern möchten, gegebenenfalls um.
- Verschieben Sie die Dateien in Ihre Verzeichnisse »1Arbeitsdaten«, »2Nachschlagdaten« und »3Archivdaten«.

Dank einer transparenten Ablagestruktur finden Sie Ihre Daten automatisch.

Unsere Methode zur systematischen Dateiverwaltung nimmt zwar einige Zeit in Anspruch, aber Sie werden sehen, dass sich die Mühe lohnt. Auf diese Weise gewöhnen Sie sich an, Ihren Dateien sinnvolle Namen zu geben und unnötige Dateien zu löschen, und vielleicht stoßen Sie auf nützliche Ressourcen, die schon längst in Vergessenheit geraten sind. Natürlich könnten Sie sich diese Mühe sparen und stattdessen ein Suchprogramm wie Enfish Onespace verwenden.

Sollten Sie sich für Enfish Onespace entscheiden, hier einige Hintergrundinformationen: Das Programm funktioniert gewissermaßen wie eine aufmerksame Sekretärin. Damit lässt sich fast alles an Ihrem Computer organisieren, und Sie finden genau das, was Sie suchen im richtigen Moment. Sie müssen lediglich das Programm öffnen und den Namen eines Projekts, einen bestimmten Begriff, eine Nachnamen, eine Firma, ein Thema oder Ähnliches eingeben. Nun sucht das Programm nach dem entsprechenden Begriff und listet die Suchergeb-

Abbildung 2.8

Dateiverwaltung mit dem Windows Explorer

1. Ebene	2. Ebene	3. Ebene	4. Ebene
Hauptverzeichnis/ Verzeichnisstruktur Bei den Namen dieser Ordner/Verzeichnisse steht als erstes Zeichen eine Ziffer, damit sie an erster Stelle der Verzeichnisstruktur Ihrer Festplatte angezeigt werden	**Arbeitsbereiche** In dieser Verzeichnisebene sollten Sie für die Ordner oder Verzeichnisse die Oberbegriffe Ihrer Papierablage wählen (siehe Abb. 2.5). Spezielle Daten haben darin nichts verloren	**Unterverzeichnisse mit deutlicher Benennung** Die Namen dieser Ordner sollten nicht zu spezifisch sein, sondern jede weitere Verzeichnisebene enthält die immer spezifischer werden- den Informationen über die darin gespeicherten Dateien. Sammeln sich in einem Ordner zu viele Dateien an, sollten Sie weitere Unterverzeichnisse erstellen	**Dateien** Die Namensvergabe für eine Datei will gut überlegt sein. Verwenden Sie nur Abkürzungen, die Ihnen geläufig oder auf den ersten Blick verständlich sind
Arbeitsakten *(Ordner oder Verzeichnis)* ***1Arbeitsakten***	**Zum Beispiel:** **Kunden** **Lieferanten** **Unternehmen** **Personal** **Projekte**	Kunden-Lieferantennamen alphabetisch Ausgabenberichte Budgets Namen der Angestellten oder Personalakten Unterbegriffe zu Projekten	
Nachschlageakten *(Ordner oder Verzeichnis)* ***2Nachschlageakten***	**Grafiken/Tabellen** **Kalkulationen** **Abgeschlossene Projekte** **Ausgabenbericht** **Berichte** **Auswertungen** **(et cetera)**		
Archivakten *(Ordner oder Verzeichnis)* ***3Archivakten***	**Steuererklärungen der letzten Jahre** **Aufbewahrungspflichtige Dokumente**		

Abbildung 2.9
So könnte Ihr Dateiverzeichnis im Windows Explorer aussehen

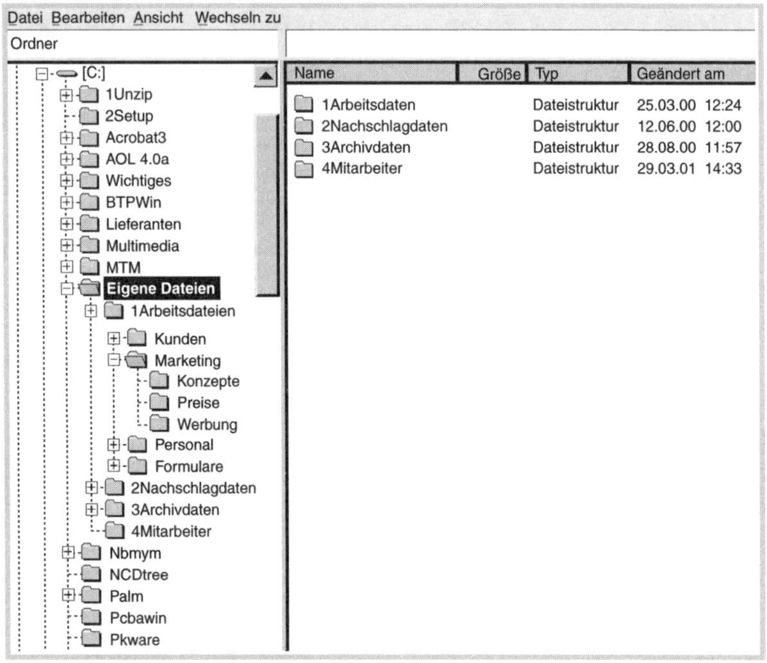

nisse (Dateien, E-Mails oder sonstige Dokumente, die den Suchbegriff enthalten) auf. Sie können sich die jeweiligen Dateien aus dieser Liste anzeigen lassen, ohne das Programm öffnen zu müssen, in dem sie erzeugt wurden. Auf diese Weise finden Sie schnell, was immer Sie auch suchen.

Wir benötigen diese Hilfsprogramme in unseren Büros allerdings nicht, weil unsere Ablagestruktur selbsterklärend ist und für jeden Mitarbeiter selbstverständlich ist, dass er seine Dokumente klar und unmissverständlich benannt dort ablegt. Durch Suchprogramme werden viele Menschen dazu verleitet, eher chaotisch abzulegen, und sie verlieren den Überblick über Ihr Ablagesystem.

Organisation allgemein zugänglicher Daten

Im Prinzip ist es ein Kinderspiel, seine Daten auf dem Computer mit System zu verwalten. Viele von uns sind jedoch mit anderen Rechnern vernetzt und müssen auch schnell und problemlos auf deren Daten zugreifen können.

Die Personalabteilung einer internationalen Großbank – einer unserer Kunden – hatte Probleme mit dem Kundenservice, da es nicht einfach für sie war, auf die Dateien von anderen Mitarbeitern zuzugreifen. Es passierte häufig, dass einer ihrer Kunden um eine telefonische Auskunft bat, sein zuständiger Sachbearbeiter jedoch gerade nicht an seinem Platz war. Zwar bemühte sich in so einem Fall ein Kollege redlich, die benötigten Daten im Rechner des abwesenden Sachbearbeiters zu finden – meist jedoch vergeblich. Unser Kunde beschloss daher, seine Dateiverwaltung so umzustrukturieren, dass jeder einfach und schnell auf alle Daten zugreifen konnte und bat dafür IBT um Hilfe.

Als Erstes kümmerte sich IBT um die Papierberge der gesamten Gruppe. In dieser Phase bestand die Hauptaufgabe von IBT darin, Standards und Kategorien für die gesamte Personalabteilung zu entwickeln, damit sichergestellt war, dass jeder Mitarbeiter ein und dasselbe System verwendet.

Als nächstes befasste sich IBT mit den elektronisch gespeicherten Daten, die von allen Mitarbeitern der Bank genutzt wurden. Die Personalabteilung wünschte sich ein transparentes System, mit dem sich die benötigten Unterlagen rasch finden ließen. Außerdem sollte künftig vermieden werden, dass derselbe Vorgang mehrmals kopiert und archiviert wurde.

Wenn auch Sie ein transparentes System für Ihr Netzwerk einrichten wollen, um schnell auf sämtliche Daten zugreifen zu können, müssen Sie sich als Faustregel merken, dass Sie immer als erstes das Okay der IT-Abteilung (und eventuell der Rechtsabteilung) einholen müssen, bevor Sie irgendetwas am Server ändern. Insbesondere sollten Sie folgende Punkte im Vorfeld abklären:

- *Gelten in Ihrem Unternehmen irgendwelche Vorschriften hinsichtlich der Aufbewahrung der Unterlagen?* Was muss aufbewahrt werden? Und wie lange?
- *Wie ist der Server derzeit organisiert?* In manchen Unternehmen steht den Mitarbeitern Speicherplatz für persönliche Daten zur Verfügung. Mitunter wird dafür sogar die Festplatte partitioniert, und die Partitionen werden dann den einzelnen Mitarbeitern zugewiesen. Dieses Laufwerk kann mit einem beliebigen Buchstaben gekennzeichnet sein, je nachdem, wie das Netzwerk aufgebaut ist.
- *Gibt es ein Laufwerk für die gesamte Abteilung oder Firma?* Das heißt, gibt es bereits ein Laufwerk, auf das alle Mitarbeiter einer Abteilung Zugriff haben? Man kann dort Dateien speichern, obwohl es kein explizit privater Bereich ist. Ihre IT-Abteilung informiert Sie bestimmt gerne darüber, welche Vorschriften beachtet werden müssen, wenn so ein Verzeichnis erstellt werden soll, und was getan werden muss, damit sämtliche Kollegen auf eine bestimmte Verzeichnisstruktur zugreifen können, um ihrerseits Dateien lesen, bearbeiten oder kopieren zu können.
- *Welche Dokumente befinden sich auf dem Server, zum Beispiel auf einem Teamlaufwerk oder einem übergreifenden Firmenlaufwerk?* Auf dem Teamlaufwerk sollten alle Dateien gespeichert sein, mit denen Ihr Team intern arbeitet, auf dem übergreifenden Firmenlaufwerk hingegen alle Dokumente, die auch für weitere Gruppen zur Verfügung stehen sollen.
- *Was darf auf der eigenen Festplatte gespeichert werden? Wofür sollte das persönliche Laufwerk genutzt werden?* Wir empfehlen, Daten nur auf dem eigenen Laufwerk C: zu speichern, wenn Sie C: auch regelmäßig sichern. Auf Ihrem persönlichen Laufwerk sollten Sie nur Dateien abspeichern, die privater Natur sind. Alle anderen Daten sollten zentral im Teamlaufwerk abgelegt werden.

Sobald Sie sich mit der IT-Abteilung geeinigt haben und sich der Unterstützung sicher sein können, können Sie mit Ihrem Team einen Plan erstellen, wie Sie die gemeinsam genutzten Dateien ablegen. Um noch mal auf unseren Bankkunden zurückzukommen: Dort wurde ein Laufwerk für die Personalabteilung eingerichtet, auf das nur diese spezielle Usergruppe zugreifen konnte.

Nachdem sich das gesamte Team in PEP eingearbeitet hatte, war es ein Leichtes, die gesamten Papierunterlagen zu kategorisieren und das Gleiche auch auf dem Server mit dem Teamlaufwerk durchzuführen – in Form von Verzeichnissen und Ordnern.

Aufgrund dieser systematischen Vorgehensweise fiel es den Mitarbeitern leichter zu entscheiden, wie die Informationen transparent und leicht auffindbar auf dem Server gespeichert werden können. Außerdem listeten sie – wie bereits beschrieben – die Verantwortungsbereiche für jeden einzelnen Angestellten auf, was die strukturierte Aufrechterhaltung und Pflege der Verzeichnisse noch einfacher machte. Diese Struktur spiegelte die Verantwortungsbereiche der ganzen Abteilung, und nicht der einzelnen Mitarbeiter, wider. Für jeden Tätigkeitsbereich wurde ein Ordner angelegt. Normalerweise braucht eine Abteilung acht bis zwölf solcher Ordner für die Hauptkategorien – natürlich werden diese dann noch durch Unterverzeichnisse ergänzt.

Denken Sie bitte daran, sämtliche Daten, auf die auch Ihr Team zugreifen muss, von Ihrem Rechner oder einem anderen Laufwerk am Server in diese neu angelegten Verzeichnisse und Unterverzeichnisse zu kopieren oder zu verschieben.

Damit jeder auf den ersten Blick erkennen kann, dass diese Ordner und Verzeichnisse neu angelegt wurden, sollten Sie vor dem Namen ein Sternchen (*) oder ein anderes Symbol eingeben. Alle so benannten Dateien werden auf diese Weise in der Dateienhierarchie ganz oben angezeigt und sind damit für alle Nutzer eindeutig zuzuordnen.

Da in jedem Unternehmen ein unüberschaubarer Wust an Ordnern und unzählige Dateien vorhanden sind, empfiehlt IBT, bestimmte Bereiche der alten Dateistruktur einigen ausgewählten Mitarbeitern zuzuweisen, die dann für die erfolgreiche Überführung der Daten verantwortlich sind. Damit man auf den ersten Blick erkennen kann, wer für welche Ordner verantwortlich ist, können die Verzeichnisse beispielsweise mit den Initialen des jeweiligen Mitarbeiters beginnen, sodass alle Ordner nach diesen Kürzeln sortiert werden.

Die Aufgabe dieser Mitarbeiter besteht nun darin, die alte Dateistruktur durchzusehen und festzulegen, welche Ordner gelöscht oder umbenannt werden müssen. Allerdings sollte diese Entscheidung mit dem ganzen Team abgesprochen werden. Sobald alle Ordner gelöscht beziehungsweise umbenannt wurden, können die Initialen wieder aus den Verzeichnisnamen herausgenommen werden.

Wenn auch Sie vorhaben, die Dateiverwaltung Ihrer Abteilung umzustrukturieren, sollten Sie folgende Grundregeln beherzigen:

- Alle Mitarbeiter einer Abteilung müssen umfassend über die neue Dateistruktur informiert werden.
- Ein Mitarbeiter muss die Verantwortung für das neue Datenverwaltungssystem übernehmen.
- Für das Löschen, Umbenennen und Speichern von Dateien müssen eindeutige Anweisungen bestehen.

Die Organisation und Umsetzung eines solchen Vorhabens ist ohne Aktionsplan kaum denkbar. Was es noch dafür braucht, sind engagierte Mitarbeiter, die die Verantwortung für dieses Projekt übernehmen.

Viele unserer Kunden haben von dieser Umstellung enorm profitiert. Ein besserer Kundenservice ist einer der Vorteile, der sich als Erstes bemerkbar macht. Außerdem sparen sich alle Mitarbeiter viel Zeit dadurch, dass sie nun schnell auf bestimmte Daten zugreifen können.

Sicherlich ist es viel aufwändiger, in Absprache mit der IT-Abteilung ein neues Dateiverwaltungssystem für eine ganze Abteilung einzuführen, als Ordnung auf dem eigenen Rechner zu schaffen. Außerdem müssen bestimmte Regeln aufgestellt und dafür gesorgt werden, dass sich alle daran halten. Trotz all dieser Hürden waren alle Klienten von uns einstimmig der Meinung, dass sich dieser Aufwand für sie mehr als gelohnt hat.

Organisation von E-Mails

Über manche Menschen rollt täglich eine Lawine von über 200 E-Mails hinweg. Wie Sie dieser Informationsflut Herr werden, erfahren Sie weiter hinten in diesem Buch. In diesem Kapitel geht es vielmehr darum, wie Sie die Mails, die Sie aufbewahren möchten, am besten organisieren, um später schnell auf sie zurückgreifen zu können.

Wie Ihr Eingangskorb für Post kann sich auch Ihre Mailbox schnell füllen. Bei einigen Systemen ist es möglich, dass sich Hunderte von Nachrichten anhäufen, was rasch zum Chaos führt und die Leistung Ihres Computers verringert. Eine der wichtigsten Tasten auf Ihrer Tastatur ist die Löschtaste! Es liegt auf der Hand, dass Sie umso weniger organisieren und ablegen müssen, je mehr Mails Sie löschen. Aber Sie können selbstverständlich nicht alles löschen, was reinkommt. Nachrichten, die Sie behalten wollen, sollten in den entsprechenden Verzeichnissen oder Ordnern abgelegt werden.

Bei vielen E-Mail-Programmen ist es möglich, Ordner anzulegen, um die Mitteilungen zu speichern, die Sie zwar aufheben möchten, die sie aber gleichzeitig nicht länger im Posteingang behalten wollen. Es kann allerdings auch von der Firmenpolitik Ihres Unternehmens abhängen, welche Mails gelöscht werden können oder aufbewahrt werden müssen. Die jüngsten Entwicklungen zeigen, dass manche große Unternehmen in den USA von rechtlicher Seite einen wahrhaftigen Albtraum erleben, weil sie bestimmte Mails (nicht) gelöscht haben, was deutlich macht, welch wichtige Rolle dieses Thema mittlerweile einnimmt. In rund 90 Prozent aller Unternehmen gibt es Vorschriften über die Archivierung von E-Mails und Schriftstücken. Leider wird die große Mehrheit der Angestellten nicht darin geschult oder weiß gar nicht, dass es ein solches Regelwerk gibt – und hält sich deshalb natürlich auch nicht daran. Bevor Sie also Ihre E-Mails löschen, sollten Sie sich vergewissern, dass Sie damit nicht gegen die Vorschriften Ihres Unternehmens verstoßen.

Sobald Sie wissen, welche Mitteilungen gelöscht werden können und welche aufbewahrt werden müssen, ist es nur noch eine Frage der richtigen Umsetzung einer transparenten E-Mail-Organisation, damit Sie Ihre gespeicherten E-Mails in Zukunft leichter wieder finden können.

Am einfachsten ist es, wenn Sie das gleiche Prinzip anwenden wie bei der systematischen Ablage Ihrer Schriftstücke. Erstellen Sie also in Ihrem E-Mail-Programm Ordner mit denselben Bezeichnungen, die auch Ihre Akten und Ihre EDV-Ablage tragen.

Neben allen inhaltlichen E-Mail-Ordnern, die Sie erstellen wollen, können Sie analog zu Ihrer Schreibtischorganisation einen Ordner mit der Bezeichnung »Nachfassen« erstellen. In diesen Ordner können Sie alle empfangenen oder gesendeten E-Mails abspeichern, bei denen noch Punkte geklärt werden müssen – von Ihnen oder einem Dritten. Auf diese Weise können Sie solche E-Mails aus Ihrem Posteingang entfernen und woanders ablegen, die ansonsten auf unabsehbare Zeit in Ihrem Posteingang blieben und Sie permanent von Ihrer eigentlichen Arbeit ablenken würden. Das Wichtigste an diesem Ordner ist jedoch, dass Sie ihn routinemäßig überprüfen, damit sichergestellt ist, dass Sie an der jeweiligen Sache auch dran bleiben.

Wie sich E-Mails am besten organisieren lassen:

1. Machen Sie sich mit den Funktionen Ihres E-Mail-Programms vertraut. Nutzen Sie die Hilfefunktion, um herauszufinden, wie man Verzeichnisse und Ordner anlegt.
2. Richten Sie elektronische Verzeichnisse ein, die Ihren Arbeits- und Nachschlageakten entsprechen.
3. Wenn Sie Ihre E-Mails der Reihe nach durchgehen, entscheiden Sie als Erstes, was damit geschehen soll:
   - Löschen?
   - Speichern? Entweder in Ihrem persönlichen Ordner, der von der IT gesichert wird, oder am besten natürlich auf dem Teamlaufwerk auf dem gemeinsam genutzten Server.
4. Soll die Mitteilung auf dem Server abgespeichert werden, sollten Sie darauf achten, dass der Dateiname intuitiv ist, sodass Sie die Datei später auch sicher wieder finden.

5. Bearbeiten Sie grundsätzlich nur eine Mail und kümmern sich erst dann um die nächste, wenn Sie die erste komplett abgeschlossen haben.
6. Wenn Sie den Entschluss gefasst haben, System in Ihre Mailverwaltung bringen zu wollen, und nun mit Tausenden von ungeordneten Mitteilungen zu kämpfen haben, sollten Sie in dieser Reihenfolge vorgehen: Als Erstes erstellen Sie Ihre Ordnerstruktur, dann legen Sie ein »Verfallsdatum« für eingegangene Mails fest (zum Beispiel Anfang des laufenden Jahres), erstellen ein Archivverzeichnis und verschieben alle Mitteilungen, die älter als das Verfallsdatum sind, auf einmal dorthin. Nun können Sie diese Mails getrost vergessen. Für den Fall, dass Sie doch einmal eine ältere Mail aufrufen müssen, öffnen Sie Ihr Archiv und gehen über die Suchfunktion oder Sie legen dort dieselbe Struktur an wie beim Posteingang (siehe Abbildung 2.10).

Abbildung 2.10
Ordnerstruktur für E-Mails

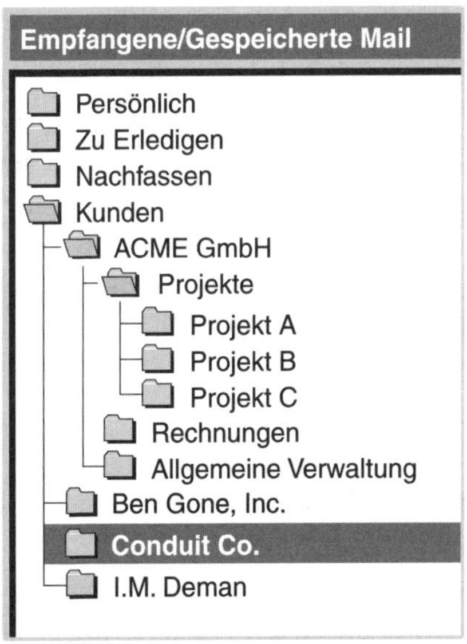

Drucken Sie eine E-Mail aber nur dann aus, wenn es absolut notwendig ist! Ihr Papierkram darf sich nicht unnötig aufblähen, und es wäre unverantwortlich und unnütz, ein oder zwei Zeilen auf ein ansonsten leeres Blatt Papier zu drucken. Wenn sich die Mitteilung auf ein laufendes Projekt bezieht, für das Sie bereits eine Akte angelegt haben, notieren Sie die paar einschlägigen Sätze per Hand auf eines der Blätter darin und bringen Sie sie so auf den neuesten Stand. Besser ist es noch, Aktualisierungen gleich mit extra dafür vorgesehener Software elektronisch vorzunehmen.

Erstellen und Verwalten Ihres E-Mail-Adressbuchs

Das E-Mail-Programm kann Ihre gesamten E-Mail-Adressen in einem Adressbuch speichern. Bei den meisten E-Mail-Anwendungen werden die Adresseinträge alphabetisch geordnet, doch man kann auch allgemeine Kategorien (Gruppen) innerhalb des Adressbuchs erzeugen und die jeweiligen Adressen entsprechend verwalten. Kategorien können sein: Kollegen, Kunden, Privat. Durch die Anzahl an E-Mail-Adressen wird festgelegt, wie spezifisch man bei ihrer Organisation und Verwaltung vorgehen muss. Es macht natürlich keinen Sinn, für ein paar wenige E-Mail-Adressen viele verschiedene Ordner anzulegen.

Durch die Organisation von E-Mail-Adressen nach Gruppen lässt sich jede E-Mail-Adresse nicht nur einfach auffinden, sondern macht es auch weniger aufwändig, ein und dieselbe E-Mail an mehrere Empfänger zu versenden.

Strukturieren Sie Ihren Desktop

Das Erste, was Sie sehen, wenn Sie Ihren Computer einschalten, ist der Desktop. Er entspricht gewissermaßen Ihrem Schreibtisch und lässt sich deshalb genauso organisieren. Sämtliche Dokumente, Dateien und laufenden Projekte, die Sie ständig benötigen, können dort als Verknüpfung abgelegt werden.

Bei den meisten Windows-Programmen ist es zum Beispiel möglich, Kategorien zu erstellen und damit Anwendungen zusammenzufassen, wodurch ein schnellerer Zugriff gewährleistet ist. So könnten sich zum Beispiel in der Kategorie »Finanzen« die Programme Quicken (für private Abrechnungen), Lotus 1–2-3 für Tabellenkalkulationen und QuickBooks für die Buchhaltung befinden.

Dokumente, auf die Sie oft zugreifen müssen, können gruppiert und entsprechend benannt werden, das Icon erscheint dann auf dem Desktop. Ein Klick auf das Icon – und das jeweilige Programm sowie die entsprechende Datei werden geöffnet. Es lohnt sich wirklich, sich eine Organisation Ihres Desktops zu überlegen, sodass Sie schnellen Zugriff auf Ihre Programme und Dateien haben.

Organisation anderer Medien

Andere Medien wie Bücher, Regale, Aktentasche, Adresskarteien, Visitenkarten und Disketten müssen ebenfalls gut organisiert sein. Einige Richtlinien sind in Abbildung 2.11 auf der folgenden Seite wiedergegeben.

Für die Organisation anderer Medien gelten folgende Regeln:

- Fassen Sie ähnliche Dinge in Gruppen zusammen.
- Geben Sie ihnen einen eigenen Platz.
- Beschriften Sie sie eindeutig.

Verwenden Sie zur Aufbewahrung von Heftklammern, Kugelschreibern, Post-it-Notizblöcken, Heftzwecken und Briefmarken dafür vorgesehene Einlegefächer aus Kunststoff, die im Schreibwarenladen erhältlich sind. (Übrigens, auch Ihr Geschäftswagen muss gut organisiert sein, wenn Sie beruflich viel auf Achse sind.)

Abbildung 2.11
Übertragung der Organisationsprinzipien auf andere Medien

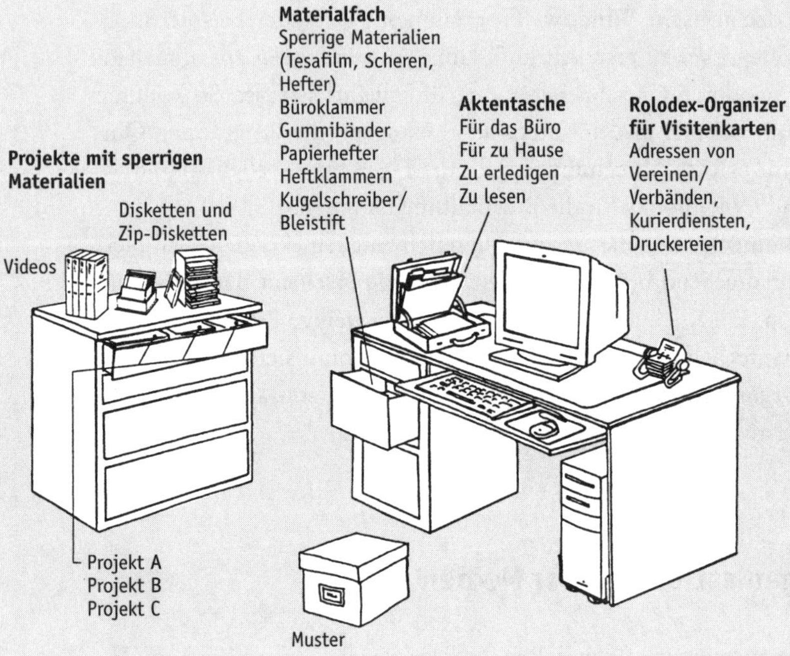

Kurz gesagt: Sich zu organisieren ist nicht einfach. Die Aufgabe erscheint zunächst gar nicht zu schaffen oder langweilig. Sicherlich spielen auch Sie mit dem Gedanken, diese leidige Aufgabe auf einen späteren Zeitpunkt zu verschieben.

Bei unseren Seminaren sehen wir uns oft in der Rolle derjenigen, die den Stein ins Rollen bringen, das heißt, wir ermutigen unsere Klienten dazu, System und Ordnung in ihre Angelegenheiten zu bringen. Die Entscheidung, wann Sie damit anfangen, liegt jedoch ganz bei Ihnen, und es ist höchst unwahrscheinlich, dass wir zu diesem Zeitpunkt bei Ihnen sind. Bitte versuchen Sie immer daran zu denken, dass sich Ihre Mühe auszahlt und Sie Ihre Arbeit viel schneller zu Ende bringen können, wenn Sie Ordnung halten.

Je genauer Sie unser Trainingsprogramm befolgen, umso mehr werden Sie davon profitieren. Auf die Frage, ob unsere Teilnehmer beispielsweise bei einer Verkaufspräsentation Wert aufs Detail legen, lautet die Antwort so gut wie immer: »Aber sicher doch!« Unser Rat lautet dann, sich auch bei der Organisation Ihres Arbeitsplatzes und Ihrer Arbeit aufs Detail zu konzentrieren. Sie werden sehen: Die Mühe lohnt sich!

Zusammenfassung

1. Arbeiten Sie Rückstände auf und organisieren Sie Ihren Arbeitsbereich. Sehr wahrscheinlich werden Sie dazu einen oder mehrere Tage benötigen. Wenn irgend möglich, planen Sie im Voraus eine gewisse Zeit dafür ein, sodass Sie ungestört arbeiten können.
2. Legen Sie sich zumindest drei Ablagen zu, und kennzeichnen Sie sie mit »Ein« und »Aus« und »Rückantwort«. Alles Neue kommt in Ihren Eingangskorb. Ihre Ablage für »Rückantwort« ist für jene Arbeiten gedacht, bei denen Sie auf Rückantwort von Kollegen, Mitarbeitern und/oder Vorgesetzten warten und die Sie im Augenblick nicht beeinflussen und somit nicht sofort erledigen können. In Ihren Ausgangskorb wandern die Papiere, die erledigt sind.
3. Räumen Sie alle Papiere oder Dokumente aus Ihren Schubladen, Ablagen, Regalen und Ihrer Aktentasche aus, und legen Sie sie auf Ihren Schreibtisch. Schauen Sie auch unter oder hinter den Schreibtisch, aufs Fensterbrett, hinter den Vorhang, unter die Bücher. Sparen Sie kein einziges Papier aus!
4. Nehmen Sie das oberste Blatt zur Hand, und bearbeiten Sie es sofort! Sie sollten
   a. die Angelegenheit abschließend erledigen;
   b. sie so weit bearbeiten, wie Sie können, und sie dann entweder in die Wiedervorlagemappe unter dem entsprechenden Datum legen, falls Sie auf Antwort warten, oder in eine Rücksprachemappe, falls Sie sie besprechen wollen;

c. die Angelegenheit delegieren;
d. einen Stapel auf dem Boden für die Unterlagen bilden, die Sie für Ihre laufenden Arbeiten benötigen oder die zu Projekten gehören und die in Ihren Arbeitsakten abgelegt werden sollen;
e. einen anderen Stapel auf dem Boden für Papiere einrichten, die Sie benötigen, mit denen Sie aber im Moment nicht direkt arbeiten und die in die Nachschlageakten wandern sollen;
f. einen Stapel auf dem Boden für die Akten bilden, die im Archiv abgelegt werden sollen;
g. das Papier in den Papierkorb werfen! Werfen Sie alles weg, was belanglos, bereits bearbeitet, veraltet oder anderswo vorhanden ist.

5. Verwenden Sie die Ablagestruktur (siehe Abbildung 2.4), um festzulegen, wo die Dokumente gespeichert werden sollen.
6. Richten Sie danach Ihre Arbeitsakten ein. Legen Sie Hängeregistraturen für jedes Arbeitsprojekt und jede allgemeine Kategorie an und beschriften Sie sie. Verfahren Sie gleichermaßen mit Ihren Nachschlage- und Archivakten.
7. Legen Sie für jeden Ihrer Mitarbeiter und Ihren Chef oder die Kollegen, mit denen Sie regelmäßig Kontakt haben, eine Rücksprachemappe an. Bezeichnen Sie die Akten namentlich und notieren Sie dort alles, was Sie im Rahmen laufender, langfristiger Projekte mit diesen Personen besprechen müssen.
8. Richten Sie sich eine Wiedervorlagemappe ein. Diese ist Teil Ihrer Arbeitsakten. Wenn Sie eine Sekretärin haben, sollte die Wiedervorlagemappe in deren Schreibtisch aufbewahrt werden.
9. Legen Sie fest, ob Ihre Dateien auf Ihrem Laufwerk C: oder auf einer gemeinsam genutzten Partition abgespeichert werden sollen.
10. Wurden Ihre Dateien auf Laufwerk C: abgespeichert, erstellen Sie die Verzeichnisse »1Arbeitsdaten«, »2Nachschlagedaten« und »3Archivdaten«, um dort Ihre Dateien abzuspeichern.
11. Ihre Dateiverwaltung sollte der systematischen Ablage Ihrer Schriftstücke entsprechen. Erstellen Sie also Verzeichnisse und Ordner mit derselben Bezeichnung wie auf Ihren Akten und verwenden Sie dieselben Kategorien.

12. Machen Sie jetzt den Anfang und überprüfen Sie alle Dateien, um zu entscheiden:
    - Arbeiten Sie mit dieser Datei – derzeit oder später einmal?
    - Gibt es diese Datei bereits in elektronischer Form?
    - Muss die Datei aufgehoben werden? Wenn ja, wo?
    - Soll die Datei umbenannt werden?
    - Soll die Datei gelöscht werden?
13. Listen Sie fehlende Materialien und Hilfsmittel auf, die Sie für Ihre Arbeit benötigen: Tesafilm, Heftklammern, zusätzliche Aktenordner, Aufkleber, Kugelschreiber, formatierte Disketten, Scheren, Umschläge, Briefmarken und alles, was Sie sonst noch brauchen könnten. Sorgen Sie dafür, dass Sie alles zur Hand haben und alles funktioniert.

Und nun setzen Sie Ihre Entscheidungen in die Tat um! ■

Bauen Sie Routinen auf

Wir sind, was wir immer wieder tun.
Aus diesem Grund ist Exzellenz keine große
Sache, sondern reine Gewohnheit.

Aristoteles

Überblick: In diesem Kapitel lernen Sie,

- Ihre Zeit und Arbeit so einzuteilen, dass Sie länger am Stück arbeiten können;
- Ihre Arbeit zu bündeln und so zu planen, dass Sie Ihre Post und Betriebsmitteilungen in einem Zug erledigen, und mit Telefonaten, E-Mail-Nachrichten und so weiter in gleicher Weise verfahren;
- belanglosere Informationen auszusortieren und vor allem zu verhindern, dass sie überhaupt eingehen;
- zeitraubende und unnötige Störungen auszumerzen;
- planmäßig wöchentliche Einzelgespräche mit Ihren direkten Untergebenen zu führen, um die Kommunikation zu verbessern und die Arbeit effektiv voranzutreiben.

Sie werden Ihre Effektivität und Effizienz erhöhen, wenn Sie geschickter an den richtigen Dingen arbeiten. Entscheidend für die persönliche Produktivität ist, viele Arbeiten routinemäßig hintereinander zu erledigen. Es kommt darauf an, für die relativ unwichtigen Dinge so wenig Zeit wie möglich zu verwenden, sodass man für die wichtigen Aufgaben ein Maximum an Zeit zur Verfügung hat.

Natürlich müssen Sie zunächst bestimmen, was bedeutsam ist – was Sie zuerst in Angriff nehmen sollten –, und anschließend Methoden finden, diese Arbeiten effizienter und effektiver zu erledigen.

Zu diesem Zweck sollten Sie sich als Erstes anschauen, wie Sie gegenwärtig Ihre Zeit verwenden. Fragen Sie sich dann: »Käme mehr dabei heraus, wenn ich stattdessen etwas anderes täte?« und »Wie könnte ich das wirklich Wichtige und Schwierige häufiger und effizienter in Angriff nehmen?«

Führen Sie ein Aktivitätsprotokoll

Führen Sie ein Aktivitätsprotokoll, um genau zu bestimmen, was Sie wann wie lange tun. In seinem richtungsweisenden Buch *Die ideale Führungskraft* sagt Peter Drucker, dass wir unsere Zeit nie unter Kontrolle bringen werden, solange wir nicht wissen, wo sie bleibt. Selbstverständlich glauben wir, es zu wissen, aber meistens stimmt das nicht. Drucker schreibt:

»Ich bitte manchmal Führungskräfte, die auf ihr Gedächtnis stolz sind, niederzuschreiben, wie sie ihrer Meinung nach ihre Zeit verbringen. Dann schließe ich diese Mutmaßungen für ein paar Wochen oder Monate fort. In der Zwischenzeit lassen die Führungskräfte tatsächlich Zeitaufschreibungen über sich machen. Es besteht niemals viel Ähnlichkeit zwischen der von diesen Männern vermuteten Zeitverwendung und den tatsächlichen Aufschreibungen.« (S. 49)

Nur wenn Sie ein Aktivitätsprotokoll führen, werden Sie eine genaue Vorstellung davon erhalten, womit Sie Ihre Zeit verbringen. Wir setzen diese Technik oft bei besonders beschäftigten Klienten ein. Sie haben so viel zu tun, dass sie über die Art ihrer Arbeitsbelastung gar nicht richtig im Bilde sind und sie daher auch nicht effektiv angehen können. Ein Protokoll verdeutlicht ihnen nicht nur, was sie wann und wie lange tun, sondern auch, wer ihnen möglicherweise etwas unterjubelt, ob es Aufgaben gibt, um die sie sich nicht kümmern, und wie sie vielleicht anderen Leuten Zeit stehlen.

Damit das Aktivitätsprotokoll nicht zu einer bürokratischen Last wird, legen Sie sich einfach ein Blatt Papier auf den Schreibtisch. Bei allem, was Sie tun, notieren Sie, was es war, wie lange es gedauert hat

Abbildung 3.1
Beispiel für ein Aktivitätsprotokoll

	Tätigkeit	Person	Thema
7:00			
:15			
:30			
:45			
8:00			
:15			
:30			
:45			
9:00			
:15			
:30			
:45			
10:00			
:15			
:30			
:45			
11:00			
:15			
:30			
:45			
12:00			
:15			
:30			
:45			
13:00			
:15			
:30			
:45			
14:00			
:15			
:30			
:45			
15:00			
:15			
:30			
:45			
16:00			
:15			
:30			
:45			
17:00			
:15			
:30			
:45			
18:00			
:15			
:30			
:45			

und wer sonst noch beteiligt war. Abbildung 3.1 zeigt ein Beispiel für ein Aktivitätsprotokoll.

Nachdem Sie ein paar Wochen Protokoll geführt haben, rechnen Sie alles auf, und Sie bekommen eine ziemlich gute Vorstellung davon, wo Ihre Zeit bleibt. Sie können dann Unproduktivität und Zeitverschwendung konkret angehen.

Ihr Aktivitätsprotokoll im Rechner

Vielleicht ist es für Sie sinnvoller, mithilfe Ihres Rechners ein exaktes Protokoll Ihrer Aktivitäten in Tabellenform zu erstellen und auszuwerten. Das Beste daran ist jedoch, dass nicht nur Sie selbst genau wissen, womit Sie Ihre Zeit verbringen, sondern dieses Protokoll in der gesamten Abteilung oder im ganzen Unternehmen einsetzen können.

Mit solchen Excel- oder Word-Dokumenten wissen Sie nicht nur ganz genau, welche Projekte Sie an einem beliebigen Arbeitstag erledigt haben, sondern Sie können auch Projekte, die auf Stundenbasis abgerechnet werden, einfacher und wesentlich genauer in Rechnung stellen.

Auch hier lautet die Regel: Wer Herr über seine Zeit sein möchte, muss wissen, womit er sie verbringt.

Als Hilfsmittel für die Planung lässt sich zum Beispiel auch Microsoft Project einsetzen (siehe auch Kapitel *Planen Sie sofort, Projektplanung* ab Seite 147.) Wählen Sie aber keine technische aufwändige Lösung, wenn Sie das Problem mit Word oder Excel lösen können. Beachten Sie, dass Sie sich in jedes neue Softwareprogramm erst einmal einarbeiten müssen, bevor Sie die Anwendungsmöglichkeiten effektiv nutzen können.

Dämmen Sie die Informationsflut ein

Die täglich auf uns einströmenden Informationen können uns so überschütten, dass wir blind werden für das, worauf wir uns eigentlich konzentrieren sollten. In dem heutigen Informationszeitalter müssen wir unterscheiden lernen, welche Informationen wir benötigen und welche nicht.

Die moderne Technik eröffnet immer neue Möglichkeiten, uns aus allen möglichen Quellen mit Arbeit und Informationen zu überhäufen. Vorbei sind die Zeiten, wo im Büro nur das Telefon läutete und die Post einmal am Tag zugestellt wurde. Nun müssen wir auf Faxe, E-Mails, Handys und Pager reagieren, und Postboten, Kurierfahrer und Fahrradkuriere gehen in unseren Büros ein und aus.

Die beste Methode, der Informationsflut Herr zu werden, ist, zu verhindern, dass belanglose Informationen und Aufgaben überhaupt erst bis zu uns vordringen. Abbildung 3.2 verdeutlicht unterschiedliche Vorgehensweisen, um Informationen zu filtern. Die am wenigsten effektive Methode zur Kontrolle des Informationsflusses ist das nachgeschaltete Filtern. Alle Informationen landen ungefiltert bei Ihnen und werden erst danach von Ihnen durchsortiert. Besser wäre es, wenn die Informationen schon gefiltert bei Ihnen ankämen, und noch besser, wenn Ihre Mitarbeiter dies tun würden! Die ideale Lösung ist allerdings, alle Informationsquellen sorgfältig zu prüfen und die unwesentlichen Informationen gleich von vornherein auszuschalten, indem Sie sich von Verteilern streichen lassen, das Abonnement abbestellen und so weiter.

Zum Thema Eingangskorb

Schriftstücke in Ihrem Eingangskorb, Voicemail- und E-Mail-Nachrichten, Telefonanrufe und Ihre Kunden und Mitarbeiter verlangen allesamt heftig nach Ihrer Aufmerksamkeit. Zählen Sie noch die gan-

Abbildung 3.2
Drei Methoden zum Filtern von Informationen

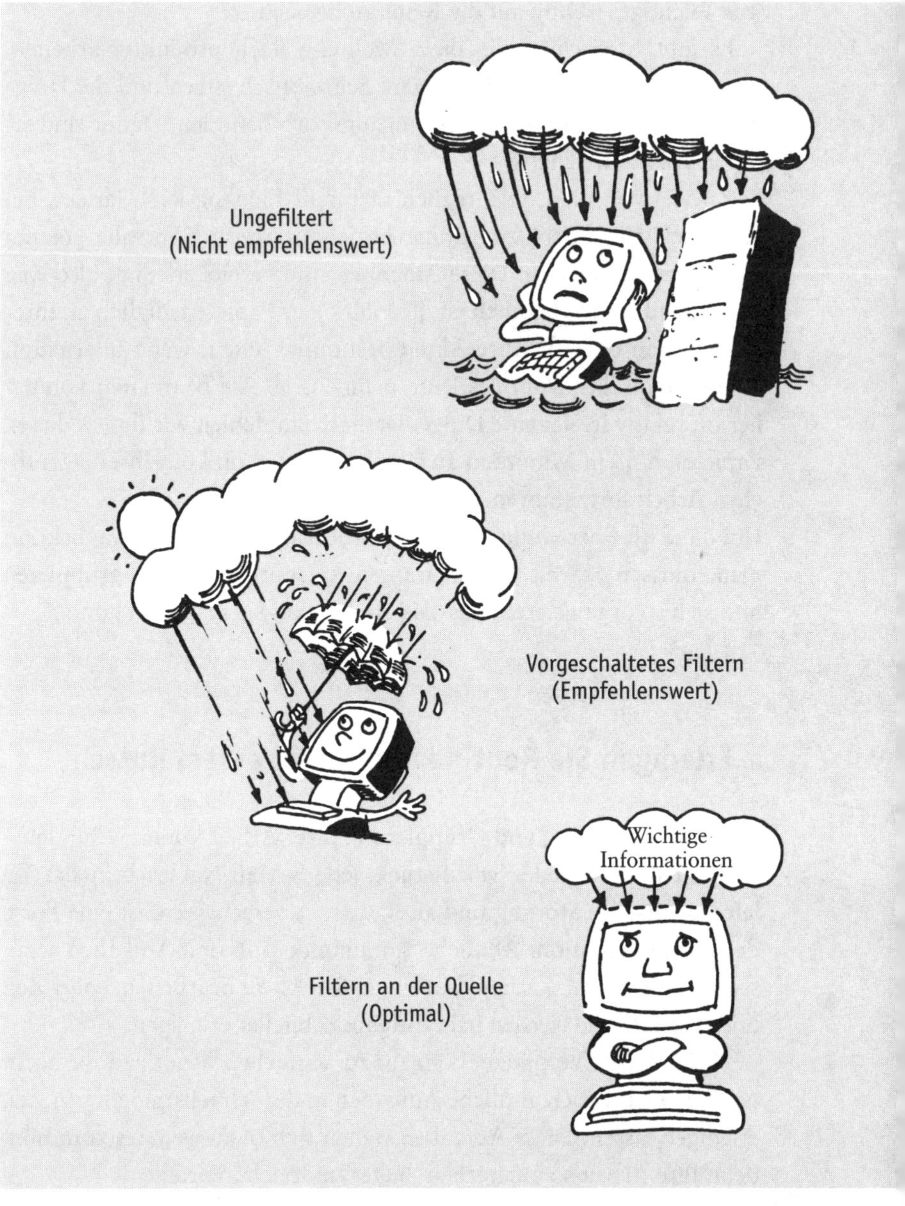

zen Besprechungen hinzu, an denen Sie teilnehmen müssen, und Sie brauchen sich nicht zu wundern, dass Sie das Gefühl haben, kaum etwas Wichtiges richtig auf die Reihe zu bringen.

Es gibt Menschen, die ihrer Meinung nach produktiv arbeiten, wenn sie den ganzen Tag an ihrem Schreibtisch sitzen und die Dinge durchsehen, die sich in ihrem Eingangskorb befinden. Damit sind sie schon vollauf beschäftigt.

Zu viel von dem, was täglich in Ihrem Eingangskorb landet, bezieht sich auf die Nachprüfung beziehungsweise Kontrolle getaner Arbeiten von anderen. Diese Aufgaben sind bereits erledigt, also weg damit, und wahrscheinlich ist die Hälfte der Papiere lediglich zu Ihrer Information oder für Ihre Akten bestimmt. Selten, wenn überhaupt, hängt davon das Wohl des Unternehmens ab. Sie bearbeiten von daher oft relativ irrelevante Dinge. Deshalb empfehlen wir Ihnen, diesen Papieren nur ein Minimum an Zeit zu widmen und mit Ihrer eigentlichen Arbeit fortzufahren.
Um diese oft überwältigende Informationsflut in den Griff zu bekommen, müssen Sie die Informationen kategorisieren und gruppieren und sich so organisieren, dass Sie effektiv auf sie reagieren können.

Erledigen Sie Routinearbeiten in einem Rutsch

Die Kategorisierung und Gruppierung Ihrer Arbeit könnte »Bündeln« genannt werden. Jedes Schriftstück, jede E-Mail-Nachricht, jeder Telefonanruf, jede Störung und alles, was Sie verschicken, ist eine Form der Kommunikation. Ähnliche Kommunikation und Aufgaben sozusagen zu bündeln, das heißt, in einem Rutsch zu bearbeiten, spart Zeit und Lauferei. Sie werden jede Aufgabe schneller erledigen.

Viele Arbeitsvorgänge können zu einfachen Routinen gemacht werden, sodass sich ähnliche Aufgaben in der schnellstmöglichen Zeit erledigen lassen. Diese Aufgaben eignen sich ohne weiteres zum Bündeln. Ihre Arbeit so anzugehen, bietet zahlreiche Vorteile:

- Es ist effizienter, wenn Sie Ihre E-Mails regelmäßig zu bestimmten Tageszeiten bearbeiten – ungefähr zwei- oder dreimal am Tag. Damit vermeiden Sie, sich durch Dinge ablenken zu lassen, die Sie von Ihren geplanten Aktivitäten abbringen, und Sie lernen, sich ein Zeitlimit zu setzen und sich auch daran zu halten.
- Legen Sie täglich eine bestimmte Uhrzeit fest, zu der Sie Ihre Voicemail prüfen und tätigen Sie alle Rückrufe auf einmal. Diese Vorgehensweise schützt Sie wiederum vor Ablenkung und hält Sie an, Ihre Telefonate effizient und effektiv zu erledigen.
- Reservieren Sie regelmäßig Zeit zum Lesen. Das Lesen von Fachzeitschriften und ähnlichen wichtigen Informationsquellen ist zugleich nützlich und wertvoll – möglicherweise auch für Sie und Ihre Tätigkeit. Selbstverständlich gehen dringende Aufgaben vor!
- Es ist einfacher, ein Bündel erledigter Arbeiten aus dem Ausgangskorb zu nehmen und sie gemeinsam zu verteilen, als jedes Mal vom Schreibtisch aufzustehen, wenn ein Papier abgearbeitet ist.
- Es spart Zeit, alle Schreibarbeiten am Computer auf einmal zu erledigen, anstatt die verschiedenen Programme neu aufzurufen und wieder zu schließen – jedes Mal wenn Sie etwas schreiben müssen.
- Es macht weniger Mühe, alle Papiere zusammen abzulegen als jedes Stück einzeln.
- Wenn Sie ähnliche Arbeiten in einem Rutsch erledigen, werden Sie feststellen, dass Sie die Arbeit nur einmal organisieren und vorbereiten müssen, anstatt viele Male, falls Sie einfach so drauflos arbeiten.

Planen Sie und vermeiden Sie ständige Entscheidungszwänge

Es ist wichtig, zwischen dem sofortigen Erledigen von eingehenden Dingen und dem ständigen Hinausschieben von Angelegenheiten zu jonglieren. Dafür gibt es eine Methode, die man als »Tun Sie's später sofort« bezeichnen kann. Terminieren Sie bestimmte Aufgaben (wie beispielsweise das Öffnen und Lesen Ihrer Post), und führen Sie sie sofort aus, sobald die Zeit dafür gekommen ist. Schauen Sie sich die Arbeiten erst an, wenn Sie dafür bereit sind, und bearbeiten Sie sie dann gleich. Tun Sie's später sofort.

Planen Sie alles, was Sie zuwege bringen wollen. Die Aufgaben in Ihrem Eingangskorb stellen kaum den wichtigsten Teil Ihrer Arbeit dar, weshalb ihnen selten eine hohe Priorität eingeräumt wird und sie nicht erledigt werden.

Ist Ihnen auch schon aufgefallen, dass die Punkte, die auf Ihrer To-do-Liste ganz unten stehen, scheinbar nie erledigt werden? Dringende Aufgaben scheinen die Erledigung von »nur« wichtigen Aufgaben regelrecht zu verdrängen und lassen Sie nicht dazu kommen, sich um Ihren Papierkram und Ihre E-Mails zu kümmern. Solange Sie ständig nur Angelegenheiten von oberster Priorität erledigen, werden Sie nie Zeit dafür finden, sich um die oft weniger dringenden Aufgaben zu kümmern. Irgendwie ein Teufelskreis, denn wenn Sie die Routineaufgaben, Schriftverkehr und Ihre E-Mails nicht bewältigen, kommt es zwangsläufig dazu, dass Sie eher früher als später vor einem Riesenberg unerledigter Aufgaben stehen.

Das Chaos in Ihrer Ablage und die Unmenge an Informationen verlangsamen versteckt die Bearbeitung Ihrer wichtigen Aufgaben. Falls Sie wählen könnten, einen Kunden anzurufen oder Ihren Eingangskorb durchzusehen, was würden Sie tun? Sie würden wahrscheinlich, wie die meisten Menschen auch, den Anruf vorziehen. Aber auf diese Art und Weise werden die anderen Sachen nie erledigt! Bringen Sie sich nicht in die Lage, pausenlos zwischen Dingen entscheiden zu müssen. Dadurch wird Ihr Leben schwieriger, als es sein müsste. Legen Sie stattdessen Zeiten fest, in denen Sie Ihren Eingangskorb durchsehen und andere Routineaufgaben hintereinander weg erledigen. Wenn dann die angesetzte Zeit für die spezielle Aufgabe gekommen ist, tun Sie sie, und gehen Sie anschließend wieder an die wichtigen Arbeiten.

Auf die Frage, ob Sie morgens Ihre Zähne putzen, werden Sie sicherlich mit »Ja« antworten. Denken Sie jemals darüber nach? Steht das Zähneputzen auf irgendeiner Prioritätenliste? Fragen Sie sich, ob Sie Ihre Zähne sofort putzen oder zuerst eine Tasse Kaffee trinken sollten? Wahrscheinlich nicht. Sich morgens die Zähne zu putzen gehört zu einer von Ihnen aufgebauten Routine. Sie haben es sich angewöhnt und denken überhaupt nicht darüber nach. Durch die Macht der Gewohnheit müssen Sie sich nicht mehr bewusst dafür entscheiden. Sie machen es einfach routinemäßig. Und genauso sollten Sie leichte Aufgaben in einem Rutsch erledigen.

Parkinsons Gesetz und Zeiteinteilung

Parkinsons Gesetz besagt, dass Arbeit tendenziell die für sie verfügbare oder angesetzte Zeit ausfüllt oder sich ihr anpasst. Wenn Sie sich nur eine Stunde Zeit für eine bestimmte Aufgabe nehmen, sind die Chancen viel größer, dass Sie sie auch in dieser Zeit erledigen. Wenn Sie sich einen Stichtag für den Abschluss eines Projekts setzen, werden Sie sich wahrscheinlich ausrechnen, wie Sie es innerhalb der vorgesehenen Zeit schaffen.

Zeitblöcke

Längere Zeit am Stück zu arbeiten ist effizienter und effektiver, als alles scheibchenweise zu erledigen. Dieses Prinzip lässt sich nicht nur auf das Bündeln von ähnlichen Aufgaben wie Telefonaten oder auf die Bearbeitung der Eingangspost, sondern auch auf Projektarbeit, Vertreterbesuche oder eine Werbekampagne anwenden. Nach Peter Drucker ist es ideal, anderthalb Stunden am Stück zu arbeiten. Sie erledigen mehr, wenn Sie sich 90 Minuten konzentriert einer Sache widmen, als wenn Sie doppelt so lange an der gleichen Aufgabe sitzen, dabei aber dauernd gestört werden. Zeiten für ungestörtes Arbeiten festzulegen wird Ihre Produktivität enorm steigern. Wenn Sie es schaffen, die zahlreichen kleinen Aufgaben zuerst aus dem Weg zu räumen, können Sie sich während der Zeit, in der Sie ungestört sind, besser konzentrieren. Sie werden sich gut fühlen in dem Wissen, sich um alle wichtigen Angelegenheiten gekümmert und Ihre Zeit und Arbeit so organisiert zu haben, dass Sie die relevanten Dinge tun können. Genug Zeit zur Verfügung zu haben, um zum Kern einer Sache vorzustoßen, ist weit produktiver, als von der Arbeit ständig durch andere Aufgaben abgelenkt zu werden, die plötzlich auftauchen und Ihre Aufmerksamkeit fordern.

Wer kein eigenes Büro besitzt, muss kreativer sein, um in den Genuss zu kommen, eine Zeit lang ungestört arbeiten zu können. In dem Unternehmen eines Klienten arbeiteten die Finanzleute alle zusammen in einem lauten Großraumbüro, wo dauernd das Telefon klingelte, weil Kunden Termingeschäfte abwickeln wollten. In einem Teil des Gebäudes gab es jedoch mehrere kleine Interviewräume. Wenn ein Mitarbeiter einmal längere Zeit ungestört an einem Angebot arbeiten wollte, zog er sich in einen dieser Räume zurück, und ein Kollege übernahm seine Vertretung.

Ein anderer Klient pflegte immer einen Tag pro Woche zu Hause zu arbeiten. Dort, so fand er, hatte er die nötige Zeit und Ruhe für die strategische Planung und Prüfung neuer Geschäfte.

Telefonate hintereinander weg erledigen

Durch die Handys ist es heutzutage ein Kinderspiel, miteinander in Kontakt zu bleiben. Doch genau das ist auch das Dilemma an ihnen! Es ist noch nicht allzu lange her, da blieb man zumindest auf dem Heimweg oder nach Dienstschluss von Anrufen ungestört. Doch heute ist man praktisch rund um die Uhr erreichbar. Was können Sie tun, damit Sie Ihr Handy kontrollieren und nicht umgekehrt?

Nehmen Sie es nicht länger hin, während des ganzen Arbeitstags willkürlich von Telefonanrufen gestört zu werden. Erwidern Sie stattdessen die Anrufe (je nach Art Ihres Jobs) vielleicht ein- oder zweimal am Tag. Teilen Sie Ihrem Mitarbeiter einfach mit, dass Sie Telefonate nur noch zwischen beispielsweise 11.30 Uhr und 12.00 Uhr sowie 16.00 Uhr und 17.00 Uhr entgegennehmen werden. Das heißt nicht, dass Sie möchten, dass Ihr Assistent Ihnen Anrufe vom Leibe hält, sondern dass Sie eine Routine aufbauen: Sie nehmen Telefonate nur noch zu festgesetzten Zeiten an, außer in ganz besonderen Fällen. Natürlich müssen Sie diese Ausnahmebedingungen definieren. Darunter fallen wahrscheinlich Anrufe von einem wichtigen Kunden oder Ihrem unmittelbaren Vorgesetzten; auch sollten Sie bezüglich dringender Notfälle klare Vorgaben machen.

Ihre Mitarbeiter müssen das neue Verfahren begreifen und wissen, wer und was die Ausnahmen sind und wie Mitteilungen entgegengenommen werden sollen. Denn Sie müssen, wenn Sie zurückrufen, verstanden haben, um was es geht.

Eine Auskunft wie »Müller hat angerufen« genügt einfach nicht. Bitten Sie die Mitarbeiter, die Mitteilungen vollständig und richtig in Empfang zu nehmen. Bringen Sie Ihren Mitarbeitern bei, wie sie herausfinden, was Müller möchte und wann er erreichbar ist, um die Angelegenheit zu besprechen: »Müller hat angerufen, um einen Termin für ein Treffen mit dem Vertriebsteam in München festzulegen. Er ist den ganzen Nachmittag unter der und der Nummer zu erreichen.« Aufgrund dieser Informationen können Sie sich auf den Anruf vorbereiten. Sie wissen, worum es geht und wann Sie Müller telefonisch antreffen werden. Wenn Sie zurückrufen, liegt Ihr Kalender geöffnet vor Ihnen, und Sie können verschiedene Termine für ein Treffen anbieten. Sie werden Müller beeindrucken und das Telefonat in Minimalzeit abwickeln.

Wenn Sie mit Voicemail oder einem Fernsprechauftragsdienst arbeiten, könnten Sie eine Mitteilung hinterlassen, die die gleichen Informationen enthält:

»Guten Tag, hier ist Frank Müller. Ich kann Ihren Anruf im Moment leider nicht entgegennehmen. Wenn Sie eine ausführliche Nachricht hinterlassen, werde ich mich auf unser Gespräch vorbereiten und Sie sobald wie möglich zurückrufen. Ich beantworte Telefonate gewöhnlich zwischen 11.00 Uhr und 12.00 Uhr mitteleuropäischer Zeit. Bitte teilen Sie mir mit, ob es Ihnen zu diesem Zeitpunkt passt. Falls nicht, bitte ich um einen anderen Vorschlag.«

Wichtig ist es, dieses neue Verhalten durchzuhalten. Machen Sie es sich zur Routine, alle Anrufe zu einer gegebenen Tageszeit zu erwidern und zu anderen Zeiten (im Rahmen der von Ihnen aufgestellten Richtlinien) zurückzuweisen.

Auf diese Weise sind Sie auf Ihre Rückrufe vorbereitet und können sich entsprechend organisieren. Bevor Sie den Anruf erwidern, können Sie in Ihren Akten oder Dokumenten nachschlagen und das einschlägige Material heraussuchen, sodass Sie keine Zeit verschwenden. Arbeiten Sie Ihre Telefonate genauso ab wie die Papiere in Ihrem Eingangskorb – eines nach dem anderen, bis alle erledigt sind. Indem Sie Ihre Anrufe planen, sind Sie auch flexibel genug, sich auf unterschiedliche Zeitzonen, dringende Notfälle und andere besondere Umstände einstellen zu können.

Und noch etwas!

Wir empfehlen Ihnen dringend, Ihr Handy pünktlich zum Feierabend auszuschalten und erst am nächsten Morgen zum Arbeitsbeginn wieder einzuschalten. Viele von Ihnen werden sich sicherlich dagegen sperren, zu bestimmten Zeiten einfach nicht erreichbar zu sein. Es ist auch klar, dass sich dieser Tipp in manchen Branchen einfach nicht umsetzen lässt. Ein Hausarzt sollte jederzeit erreichbar sein – ebenso wie ein Immobilienmakler. Doch die Mehrzahl von uns arbeitet in einem Job, wo der Arbeitstag eigentlich zu einer bestimmten Uhrzeit endet. Wenn Sie Ihr Handy rund um die Uhr eingeschaltet lassen, wird man Sie auch zu Zeiten anrufen, zu denen Sie sich besser um Ihr Privatleben kümmern sollten. Sie werden überrascht sein, was passiert, wenn Sie Ihr Handy zum Feierabend ausschalten! Dadurch lernen Sie nämlich, wie Sie Ihre Arbeit in der Zeit erledigen, die Sie dafür eingeplant haben. Und all diejenigen, die Sie telefonisch erreichen wollen, werden schon bald merken, dass sie das etwas geschickter anstellen müssen und berücksichtigen sollten, dass Sie nur zu den üblichen Geschäftszeiten erreichbar sind. Denken Sie immer daran: Es hat nur derjenige die Kontrolle über sein Handy, der es auch ausschalten kann.

E-Mail

Wenn Sie die Verwaltung Ihrer elektronischen Dokumente systematisch strukturiert haben, ist bereits ein großer Schritt getan, der elektronischen Informationsflut Herr zu werden. Für die meisten Menschen ist die wichtigste Quelle elektronischer Informationen, die in Form von E-Mails versendet und erhalten werden, ein unternehmensinternes Intranet. E-Mails sind eine feine Sache und ihre Vorteile offensichtlich:

- Die Kommunikation ist stark vereinfacht.
- E-Mails sind kostengünstiger als die Normalpost.
- Die Wahrscheinlichkeit, dass eine E-Mail ihren Empfänger nicht erreicht, ist äußerst gering.
- Ein einziger Tastendruck oder Mausklick genügt, und schon wird eine Nachricht an viele Empfänger gleichzeitig verschickt.
- Man kann seine Mails von jedem Rechner aus abholen.
- Empfangsbestätigungen sind ohne Aufwand möglich.
- Die Dokumente lassen sich einfach verwalten.
- Die Dokumente lassen sich ohne Mühe bearbeiten und neu organisieren.
- Die Übertragung von Dateien ist kinderleicht.
- Die Kommunikation per E-Mail geht viel schneller als mit den meisten anderen Kommunikationsmitteln.
- An eine E-Mail lässt sich die gesamte vorherige Korrespondenz anhängen, sodass der gesamte Vorgang auf einen Blick verfügbar ist.

- Bei manchen E-Mail-Programmen ist es möglich, sich selbst eine Nachricht zu schicken, um sich zum Beispiel an einen Termin erinnern zu lassen.
- Bei vielen Programmen lassen sich mehrere Funktionen zeitsparend in einem Makrobefehl zusammenfassen (zum Beispiel bei der Kalenderfunktion, beim Löschen und Ähnlichem).
- Auch eine Besprechung lässt sich mithilfe von E-Mails vorbereiten. Jedem Teilnehmer wird vorab die Tagesordnung per E-Mail zugeschickt, sodass keine wertvolle Besprechungszeit dafür vergeudet werden muss.

Leider haben E-Mails auch folgende Nachteile:

- Da die Kommunikation per E-Mail ein Kinderspiel ist, wird man des Öfteren mit E-Mails überhäuft, und dann besteht die Gefahr, dass Nachrichten ignoriert werden, weil sie fälschlicherweise als unwichtig erachtet werden.
- E-Mail-Systeme können privat zweckentfremdet werden.
- E-Mails können sich zur bevorzugten Art der allgemeinen Informationsweitergabe entwickeln, um sich im Voraus gegen den möglichen Vorwurf abzusichern, man hätte es versäumt, die Kollegen auf dem Laufenden zu halten, oder um – wie sich ein befreundeter Banker auszudrücken pflegte – seinen Allerwertesten ins Trockene zu bringen.
- Bei manchen E-Mail-Programmen gibt es befremdliche Einschränkungen, wie zum Beispiel, dass eine Nachricht nicht einfach gelöscht werden kann, sondern erst geöffnet und eine Reihe von Befehlen ausgeführt werden muss.
- Manche Mitarbeiter haben sich noch nicht an das papierlose Büro gewöhnt und drucken unnötigerweise sämtliche E-Mails aus.
- Das System kann aufgrund der Datenflut überlastet werden. Systemadministratoren in den IT-Abteilungen begrenzen deshalb die Anzahl der zulässigen E-Mails je Arbeitsplatz.

Trotz dieser Nachteile sind E-Mails ein ausgezeichnetes Medium, um die Produktivität am Arbeitsplatz zu steigern. Denken Sie jedoch immer daran, E-Mails regelmäßig zu beantworten und systematisch zu verwalten, sodass Sie von dieser Datenflut nicht überwältigt werden.

Der richtige Umgang mit E-Mails

Für den Umgang mit E-Mails gilt das Prinzip »Tun Sie's sofort« ebenso wie für die Beantwortung von Briefen, Faxen oder Voicemails. Viele der Probleme, mit denen Sie konfrontiert sind, weil Sie sich tagein, tagaus mit einer Unmenge an Korrespondenz befassen müssen, lösen sich von selbst, wenn Sie nach dem PEP-Prinzip »Tun Sie's sofort« vorgehen. Wichtig ist dabei jedoch, »sofort« nicht wörtlich zu nehmen, sondern den richtigen Zeitpunkt zu finden, zu dem Sie sich um Ihre Mails kümmern.

Bei manchen E-Mail-Anwendungen gibt es eine akustische oder optische Alarmfunktion, wenn eine neue Nachricht ankommt, die Sie gewissermaßen dazu auffordert, die eingegangene E-Mail zu lesen. Wenn Sie aber gerade mitten in einer anderen Arbeit stecken oder keine Zeit für die Beantwortung haben, stört Sie diese Ankündigung und Sie werden eventuell sogar die Bearbeitung der E-Mail sofort erledigen. Doch dies ist nicht die richtige Methode. Wir empfehlen Ihnen: Schalten Sie die Alarmfunktion ab, und reservieren Sie sich in Ihrem Terminplaner feste Zeiten, zu denen Sie sich um Ihre E-Mails kümmern. E-Mails nur einmal am Tag abzurufen und zu beantworten reicht heutzutage nicht mehr aus, da sie Telefongespräche und persönliche Treffen mehr und mehr ersetzen. Selbstverständlich sollten Sie zügig auf E-Mails reagieren, aber in den meisten Fällen sind E-Mails nicht so dringend zu erledigen wie ein Anruf.

Was also sollen Sie tun? Bündeln Sie Ihre Mailabrufe oder Mailbearbeitung auf drei- bis viermal täglich. Nur in den seltensten Fällen wird von Ihnen erwartet, dass Sie eine Mail sofort beantworten.

Normalerweise reicht es völlig aus, wenn Sie Ihre Mails zu Beginn Ihres Arbeitstags, vor der Mittagspause und kurz vor Feierabend abrufen und beantworten. Tragen Sie diese Termine in Ihren Terminplaner ein und versuchen Sie, sich daran zu halten. Wenn das nicht möglich ist, sollten Sie sich überlegen, wie sich die Bearbeitungsdauer oder die Anzahl von E-Mails reduzieren lässt (mehr davon später).

Bitte denken Sie daran, dass Sie Ihre Mails nicht nur lesen, sondern dann auch sofort erledigen. Ist dies nicht möglich, stellen Sie die Bearbeitung so weit wie möglich fertig, notieren sich, was in diesem Zusammenhang noch alles zu erledigen ist und tragen in Ihren Kalender ein, wann Sie diese Punkte erledigen. Nimmt die Beantwortung einer Mail sehr viel Zeit in Anspruch, sollten Sie sich einen bestimmten Termin dafür setzen und die entsprechende Mail abspeichern.

X **Tipp:** Unsere IBT-Niederlassung in Kanada empfiehlt ihren Kunden, den Arbeitstag nicht damit zu beginnen, E-Mails abzurufen. Erledigen Sie stattdessen die dringlichsten Dinge. Erst wenn Sie damit fertig sind (oder die Angelegenheiten auf den gewünschten Stand gebracht) haben, sollten Sie sich um die Mitteilungen in Ihrer Mailbox kümmern. E-Mails können Sie von weitaus wichtigeren Aufgaben ablenken – also erledigen Sie immer das Wichtigste zuerst! ■

Die Bearbeitungsdauer und die Anzahl von E-Mails reduzieren

Wenn Sie E-Mails erhalten, müssen Sie natürlich auch auf sie reagieren. Allerdings sollten Sie sich fragen, ob Sie tatsächlich alle E-Mails, die bei Ihnen eingehen, überhaupt erhalten möchten. Sobald Sie nämlich über einen Internetzugang und eine E-Mail-Adresse verfügen, werden Sie vermutlich auch mit elektronischer Werbung, der so genannten Junk-Mail, überhäuft, da manche Provider Ihre E-Mail-Adresse an Marketingunternehmen weitergeben, sofern Sie dies nicht ausdrücklich untersagen. Sie können sich aber folgendermaßen von den Verteilerlisten streichen lassen:

Bei den meisten Junk-Mails ist eine Antwortadresse angegeben, an die Sie schreiben können, dass Sie keine weitere Werbung erhalten möchten. Nutzen Sie diese Möglichkeit!

Erhalten Sie daraufhin dennoch weitere Werbeschreiben, beschweren Sie sich bei dem so genannten Postmaster des Servers, von dem aus diese Mails verschickt werden. Sie kennen dessen E-Mail-Adresse nicht? Kein Problem – Sie müssen lediglich den ersten Teil der Absenderadresse löschen und durch »Postmaster« ersetzen. Haben Sie also zum Beispiel Junk-Mail von der Firma Kaufjetztxxx.net erhalten, lautet die Adresse des Postmasters »Postmasterxxx.net«. Selbst wenn diese Adresse nicht gestimmt hat, erhalten Sie vermutlich eine E-Mail mit der korrekten Adresse des Postmasters, den Sie dann darum bitten können, aus dem Verteiler gestrichen zu werden.

Selbst wenn diese Vorgehensweise nichts genutzt hat und Sie weiterhin Junk-Mail erhalten, gibt es keinen Grund zur Panik. Bei vielen E-Mail-Anwendungen können Sie unerwünschte Post herausfiltern. Sobald dann Mails von Kaufjetztxxx.net bei Ihnen ankommen, werden sie automatisch gelöscht, ohne dass Sie es merken.

Goldene Regeln für die Bearbeitung von E-Mails

Mit einem unserer Klienten, SmithKline Beecham aus Philadelphia, haben wir einige praktische Tipps für den Umgang mit E-Mails erarbeitet. Wir haben diese Vorschläge um ein paar weitere ergänzt, sodass Sie sich eine Menge Kopfschmerzen und Überstunden sparen können, wenn Sie sich an die folgenden Regeln halten:

- Nennen Sie in der Kopfzeile (»Betreff«) klipp und klar das Thema Ihrer Mitteilung.
- Beschreiben Sie bereits im ersten Satz Ihrer E-Mail, worum es geht.
- Beschränken Sie sich pro E-Mail auf ein Thema.
- Verschicken Sie die Nachricht nur an die Personen, die sie wirklich benötigen. Lassen Sie die Finger von dem Befehl »Antwort an alle«!
- Arbeiten Sie mit Absätzen, und achten Sie auf korrekte Rechtschreibung! Legen Sie alle Mails, die Sie bearbeitet haben, sofort im zugehörigen Ordner ab. Lesen Sie Ihre Mail nochmals durch, bevor Sie sie absenden. Aktivieren Sie die Rechtschreibprüfung.
- Empfehlen Sie in Ihrer Mail eine bestimmte Web-Site, schreiben Sie die Web-Adresse vollständig, einschließlich »www« und so weiter, da es dann bei vielen Programmen möglich ist, die entsprechende Homepage über diesen Link zu besuchen. Schreiben Sie unter »An« die Namen all derjenigen, die Ihre Mail bearbeiten sollen, und unter »CC« nur diejenigen, die Sie lediglich auf dem Laufenden halten wollen. So wissen die Empfänger auf einen Blick, ob sie nun handeln müssen oder lediglich über den aktuellen Stand der Dinge informiert werden.
- Nummerieren Sie Ihre Fragen, Aufzählungen und unterschiedlichen Themen durch.
- Arbeiten Sie in Ihrem Unternehmen über ein Netzwerk, sollten Sie besser einen Link zu der Datei erstellen, auf die Sie sich beziehen, anstatt sie an Ihre Mail anzuhängen, sofern das möglich ist.
- Wenn Sie ein Attachment an Ihre Mitteilung anhängen wollen, sollten Sie es in einem Format erstellen, das der Empfänger aller Wahrscheinlichkeit nach auch benutzt. (Microsoft Word ist beispielsweise ein solches Standardprogramm.)
- Erstellen Sie Verteilerlisten in Ihrem E-Mail-Programm. Das vereinfacht das Versenden von Mitteilungen.
- Überprüfen Sie Ihren Ordner »Nachfassen« mindestens einmal in der Woche. Ein guter Zeitpunkt dafür ist, wenn Sie wöchentlich Ihre Termine und Ihre Arbeitseinteilung planen.

- Tragen Sie in Ihren Terminkalender ein, wann Sie nachfassen müssen.
- Versenden Sie keine privaten Mails von Ihrem Arbeitsplatz aus.
- Drucken Sie Mails nur aus, wenn es unbedingt sein muss. Speichern Sie sie stattdessen im entsprechenden Ordner. Wenn Sie eine Mail mit einem Anhang erhalten, den Sie abspeichern müssen, tun Sie das sofort – am besten im Teamlaufwerk –, und löschen Sie die entsprechende Mail aus Ihrem Eingangsordner.
- Vermeiden Sie Akronyme und/oder ungeläufige Ausdrücke und Fachbegriffe.
- Kopieren Sie lieber den Text aus einer Datei, anstatt die ganze Datei anzuhängen.
- Heben Sie Änderungen hervor, wenn Sie eine Nachricht zum zweiten Mal verschicken, damit der Empfänger auf den ersten Blick sieht, was sich geändert hat.
- Müssen Sie eine Mail ändern oder kommentieren, schreiben Sie Ihren Namen vor die Änderung beziehungsweise den Kommentar.
- Lesen Sie zunächst die Kopfzeile der eingegangenen E-Mail, und entscheiden Sie dann, ob Sie den Inhalt wirklich kennen müssen oder sie an einen Kollegen weiterleiten oder löschen sollten – jetzt sofort!
- Schalten Sie die Alarmfunktion Ihrer E-Mail-Anwendung aus. Es macht keinen Sinn, wenn Sie durch E-Mails ständig in Ihrer Arbeit gestört werden. Planen Sie feste Zeiten ein, zu denen Sie Ihre Nachrichten abholen und beantworten.
- Bleiben Sie immer höflich und ärgern Sie sich nicht über diejenigen, die es nicht sind.

Externe und interne Post

Bearbeiten Sie Ihre externe und interne Post ein- bis zweimal täglich zu festgelegten Zeiten, zum Beispiel morgens und frühnachmittags, bevor die normalen Besprechungen und Aktivitäten beginnen. Widmen Sie, je nach Art Ihres Jobs, der Post, die sich in Ihrem Eingangskorb ansammelt hat, eine festgesetzte Zeit, zum Beispiel eine Stunde. Wenn Sie eine Assistentin haben, lassen Sie den Posteingang prinzipiell über sie laufen. Bitten Sie sie, das Material sinnvoll vorzusortieren, damit die Bearbeitung für Sie einfach ist. Beauftragen Sie sie, Unwichtiges auszumustern, die Sie betreffenden Schriftstücke in Ihren Eingangskorb und das, was andere Leute angeht, in deren Fächer zu legen. Auf diese Weise müssen Sie nicht Post durchsehen, die für andere bestimmt ist. Die Post, die Sie durch Ihre Sekretärin bekommen, schließt auch Schriftstücke aus Ihrer Wiedervorlagemappe ein, die zur Bearbeitung auf den betreffenden Tag terminiert worden sind.

Wir empfehlen, dass Manager ihre Sekretärinnen/Assistenten zu Beginn der Zusammenarbeit bitten, gemeinsam mit ihnen die eingehende Post durchsehen. Der Manager erklärt die Zusammenhänge bestimmter Unterlagen, die Sekretärin notiert sich Aufträge und nutzt diese Wissensvermittlung, um zukünftige Post besser einschätzen und zuordnen zu können. Diese Methode empfiehlt sich übrigens nicht nur bei der Einarbeitung neuer Assistenten. Auch bei neuen Projekten sollte der Manager diese Zusammenkunft nutzen, Zusammenhänge zu erklären, damit der Mitarbeiter ein Gefühl dafür bekommt, wie der Manager mit bestimmten Dingen umgeht, was ihm wichtig ist, was er sehen oder nicht sehen möchte. Ein solches Training über ein paar Wochen besitzt häufig den gleichen Stellenwert wie die in einer einjährigen Zusammenarbeit gemachten Erfahrungen.

Ob Sie nun einen Assistenten haben oder nicht – sichten Sie Ihre Papiere nicht nur einfach so. Erledigen Sie alle Angelegenheiten in einem Arbeitsgang eine nach der anderen, lesen Sie sie, antworten Sie, leiten Sie sie weiter, und legen Sie sie ab. Wenn ein Papier zu einem Arbeitsprojekt gehört, dem Sie sich zu einem späteren Termin widmen werden, legen Sie es sofort in Ihre Arbeitsakte. Verweist ein Papier auf eine Angelegenheit, die unverzüglich bearbeitet werden muß, tun Sie's sofort. Wenn eine Sache mit einem Mitarbeiter oder Ihrem Chef besprochen werden sollte, aber nicht eilt, legen Sie das Papier in die für diese Person eingerichteten Rücksprachemappe, um es beim nächsten regulären Treffen zu diskutieren. Wenn es etwas ist, das gelesen werden muss, lesen Sie es.

Machen Sie keine Ausnahmen von der Regel. Falls ein Papier zwei oder drei Stunden Arbeit benötigt, planen Sie einen Termin für die Erledigung ein, machen Sie einen elektronischen Vermerk oder legen Sie es in Ihre Wiedervorlagemappe für den entsprechenden Tag. Aber wann immer möglich, tun Sie's sofort. Bearbeiten Sie alles, auch wenn manches im Moment nicht ganz so wichtig erscheint.

Manchmal hören wir den Einwand, dass es nicht ausreicht, sich ein- bis zweimal am Tag die Papiere anzuschauen, da viele Dinge ganz dringend sind. Die wirklich sehr wichtigen Angelegenheiten finden normalerweise sehr schnell ihren Weg zu uns, sei es in Form von Anrufen, persönlichen Besuchen oder E-Mail-Mitteilungen. Im normalen Tagesgeschäft ist es in der Regel völlig ausreichend, wenn Sie Ihre Vorgänge täglich vollständig abarbeiten.

Auf Informationssuche im Internet

Finden Sie, dass Sie schon viel Zeit damit verschwendet haben, nach Akten zu suchen? Da können wir Sie beruhigen: Im Internet können Sie noch viel mehr Zeit mit der Suche nach bestimmten Informationen vergeuden. Die Informationssuche im Internet ist inzwischen so zeitaufwändig geworden, dass selbst geübte Internet-User mittlerweile einfach darauf verzichten und sich stattdessen eine Sammlung an Favoritenseiten anlegen, die sie regelmäßig besuchen. Trotz alledem: Unsere Arbeitgeber erwarten von uns, dass wir diese Informationsquelle nutzen, und es gibt Mittel und Wege, die Suche nach bestimmten Informationen weniger zeitintensiv zu gestalten. Halten Sie sich dabei an folgende Tipps:

- Notieren Sie sich interessante und nützliche Websites. In vielen Artikeln wird auf die Homepage und die URL (Uniform Resource Locator – die Adresse der Site) verwiesen. Auf diese Weise kommen Sie schnell und einfach an hilfreiche Informationen.

- Machen Sie sich mit den unterschiedlichen Suchmaschinen vertraut, die Sie im Internet finden. Eine Suchmaschine ist ein Programm, das fast das gesamte Internet nach bestimmten, von Ihnen eingegebenen Begriffen durchsucht. Dies ist normalerweise die beste Methode, Informationen zu einem bestimmten Thema zu erhalten. Unterschiedliche Suchmaschinen finden üblicherweise auch unterschiedliche Informationen, weshalb Sie herausfinden müssen, welche Suchmaschine am besten für Ihre Anfragen geeignet ist. Es gibt auch Programme, die gleichzeitig mehrere Suchmaschinen aktivieren, wie zum Beispiel Copernicus oder BullsEye (www.intelliseek.com/prod/bullseye.htm) Bei BullsEye geben Sie den gewünschten Suchbegriff ein, woraufhin das Programm auf über 450 Suchmaschinen, Newsgroups, Newswires, Mailing-Listen, Stellenangebote, kommerzielle Homepages und eine Vielzahl von Sites zugreift. Deutsche Suchmaschinen mit ähnlichen Funktionen sind beispielsweise Lycos, Apollo 7 und Metacrawler.
- Üben Sie den Umgang mit Suchmaschinen. Bei jeder Suchmaschine gibt es eine Hilfe, die Ihnen nützliche Tipps zur Verwendung der Suchfunktion gibt. Das Ergebnis Ihrer Suche wird weitgehend davon bestimmt, wie Sie den Suchbegriff formulieren.
- Zu guter Letzt noch folgender Rat: Versuchen Sie erst gar nicht, alles im Internet zu finden. Das kann Sie viel zu viel Zeit kosten – also halten Sie sich zurück. Setzen Sie sich ein zeitliches Limit, bevor Sie die Internetsuche beginnen, und halten Sie sich daran, anstatt sich von dem immensen Angebot ablenken zu lassen.

Zu Lesendes

Sie sollten bei den Dingen, die Sie lesen müssen, gleichermaßen vorgehen. Am besten ist, eine bestimmte Zeit dafür zu reservieren und es dann zu tun. Einiges werden Sie gleich lesen, wenn Sie Ihre Post und Aktennotizen bearbeiten. Denken Sie daran, sich mit jedem Schriftstück, das Sie zur Hand nehmen, unverzüglich zu befassen. Manche Menschen lesen am Morgen im Bus oder Zug auf der Fahrt zur Arbeit; manche im Flugzeug; andere nehmen sich am Ende des Arbeitstags dafür ein paar Minuten Zeit und organisieren sich für den kommenden Tag. Wichtig ist, eine geeignete Zeit dafür zu finden und es zur Routine werden zu lassen. Bestimmen Sie eine Zeit, planen Sie sie fest ein und lesen Sie.

Wann Sie lesen, ist die eine Sache, wie Sie lesen, eine andere. Ihre Lesezeit kann durch Schnelllesen um die Hälfte verkürzt werden, indem Sie trainieren, das Material nicht Wort für Wort anzuschauen, wie es die meisten von uns gelernt haben, sondern sich an Begriffen, Sätzen, Abschnitten oder Seiten zu orientieren. Das bedeutet keinen Verlust an inhaltlichem Verständnis. Sie erfassen einfach mehr und schneller!

Wöchentliche Einzelgespräche

Auch die wöchentlichen Einzelgespräche zwischen dem Chef und seinen direkten Mitarbeitern laufen unter dem Schlagwort Routine.

Einzelgespräche dienen dem effizienten Kontakt zwischen viel beschäftigten Mitarbeitern, die bei ihrer Arbeit eng zusammenarbeiten müssen.

Falls es für Ihre Kollegen und Mitarbeiter nur möglich ist, Sie zu sprechen, wenn sie immer mal wieder ihren Kopf bei Ihnen zur Tür hereinstecken, werden Sie zwangsläufig dauernd gestört werden. Ihre Mitarbeiter werden zwar ein schlechtes Gewissen haben, müssen es aber trotzdem tun, wollen sie ihre Arbeit auf die Reihe bekommen. Sie selbst sind bei einem solchen Vorgehen nicht auf das Thema und schon gar nicht auf dessen Diskussion vorbereitet. Oder Ihre Mitarbeiter oder Kollegen werden genauso auf dem falschen Fuß erwischt, wenn Sie derjenige sind, der stört.

Sie argumentieren vielleicht, dass Sie kein anderes Treffen organisieren können. Viele Manager sind jedoch nur dem Namen nach Manager. Aufgrund des Stellenabbaus zwingen Unternehmen ihre Manager, viel mehr Pflichten zu übernehmen, als einfach nur zu managen. Sie benötigen eine effiziente Methode, um mit den Personen Kontakt zu halten, die Ihnen rechenschaftspflichtig sind und die Arbeit erledigen.

Dafür sind keine Gruppenbesprechungen, sondern nur Einzelgespräche geeignet. Führen Sie eine Rücksprachemappe für jede Person, mit der Sie Einzelgespräche abhalten, und sammeln Sie im Verlauf der Woche alle nicht vordringlichen Themen, die Sie diskutieren müssen. Dasselbe sollte umgekehrt auch jeder Ihrer Mitarbeiter tun.

Beraumen Sie für die Einzelgespräche feste wöchentliche Termine an. Sonst können sich die Mitarbeiter nicht darauf verlassen und werden wieder in ihre alte Gewohnheit verfallen, Sie zu jeder beliebigen Tageszeit aufzusuchen. Wenn Sie oft verreisen oder die Besprechungstermine aufgrund der Urlaubszeit nur schwer einzuhalten sind, machen Sie es sich zum Prinzip, das nächste Treffen am Ende Ihres Einzelgesprächs und unter Berücksichtigung der Umstände zu terminieren.

Denken Sie daran, dass diese Gespräche für nicht vordringliche Themen da sind, die sich ansammeln und ein paar Tage warten können, und nicht für Angelegenheiten, die eine sofortige Regelung erfordern.

Effizientere Besprechungen

Bei unseren Umfragen unter den Angestellten unserer Klienten über Zeitverschwendung stehen Besprechungen meist an erster Stelle. Besprechungen werden häufig mehr schlecht als recht geplant und abgehalten.

Die sorgfältige Planung von Besprechungen sollte ein absolutes Muss in jeder Firma sein, zugegebenermaßen jedoch keine einfache Sache. Neben dem Schwerpunkt des PEP-Programms auf Verbesserungen der persönlichen Arbeitsweise, auf die jeder Einzelne Einfluss hat, sind Gruppenthemen, wie zum Beispiel Besprechungen, Bestandteil des Trainingsprogramms. Logischerweise schließen Treffen immer mehrere Personen ein – einschließlich des Vorgesetzten. Ein Fokus unseres Trainings ist es, nicht nur Sie als Einzelperson zu unterstützen, sondern auch Gruppen zu bewegen, sich anders zu verhalten. Deshalb haben wir Methoden entwickelt, mit deren Hilfe sich Besprechungen effizienter organisieren lassen. Die Erfahrung hat uns gelehrt, dass folgende Punkte zu beachten sind:

1. Bestimmen Sie den Zweck der Besprechung. Bei einem unserer Klienten war die Teilnahme an den Managementbesprechungen mehr als dürftig – viele Führungskräfte erschienen zu spät oder gar nicht, weil sie das Treffen für sinnlos und überflüssig hielten.

Die Führungskräfte in diesem Unternehmen hatten vorher nie geklärt, welchem Zweck die regelmäßigen Besprechungen dienen sollten. Ein Teil unserer Aufgabe, die Besprechungen effizienter zu gestalten, bestand deshalb darin, gemeinsam zu klären, dass der Zweck der Besprechungen lautete, die Abteilung zu führen und weiterzuentwickeln. Als den Managern der Zweck der Besprechungen klar war, wurden die Besprechungen regelmäßig und pünktlich besucht, weil es darin um Angelegenheiten oberster Priorität ging.

2. Bereiten Sie die Besprechung gut vor. Einem anderen Managementteam gelang es auf unsere Vorschläge hin, die Dauer ihrer Besprechungen um die Hälfte zu kürzen, da vorab deren Sinn und Zweck geklärt und besprochen wurde, welche Informationen dafür notwendig waren. Die Folge war, dass ein großer Teil der Informationen, die von den Teilnehmern üblicherweise aufwändig zusammengetragen und ausführlich diskutiert wurden, sich als überflüssig erwies. Nützliche Informationen wurden bereits vor der eigentlichen Besprechung über das Intranet des Unternehmens an die Mitarbeiter verteilt, sodass jeder ausreichend Zeit hatte, sich damit zu beschäftigen. Während der Besprechung konnte die Zeit daraufhin viel sinnvoller für die Diskussion und Lösung neuer Themen und Probleme verwendet werden.

3. Halten Sie sich an die festgelegte Planung für die Besprechung. Wir alle saßen wahrscheinlich schon in Besprechungen, die endlos dauerten. Meist erweckt der Diskussionsleiter einen planlosen Eindruck, oder er verliert vielleicht die Kontrolle über die Gesprächsführung, weil ein Teilnehmer seine Meinung besonders lautstark vertritt. Der Diskussionsleiter sollte die Besprechung moderieren, den Zeitplan einhalten, die Kommunikation leiten und darauf achten, dass der Zweck der Besprechung erfüllt wird.

4. Sie müssen in Besprechungen zu Entscheidungen kommen. Am Schluss jeder Besprechung muss eine Entscheidung gefällt und die weitere Vorgehensweise festgelegt werden. Folgende Punkte müssen geklärt sein:

- Was ist als Nächstes zu tun;
- wer ist dafür zuständig;
- wann muss es erledigt sein.

Vorsicht: Wir haben es schon oft erlebt, dass nicht alle Unklarheiten über die weitere Vorgehensweise ausgeräumt wurden und die Planung der Zeitvorgaben völlig in Vergessenheit gerät.

5. Verteilen Sie das Besprechungsprotokoll umgehend, und halten Sie sich an die getroffenen Entscheidungen. Wir kennen ein Unternehmen, in dem die Protokolle erst etwa drei bis fünf Tage im Anschluss an die Besprechung an die Teilnehmer verteilt wurden und viele der Beschlüsse nur noch wenig Ähnlichkeit mit den Entscheidungen aufwiesen, die gemeinsam getroffen worden waren. Der Firmenchef war gleichzeitig der Diskussionsleiter, der die Besprechungsprotokolle vorbereitete und ergänzte, oder er änderte sie nach Belieben ab, sodass sich die Teilnehmer fragten, weshalb überhaupt eine Besprechung abgehalten wurde. Nach unserem Seminar wurde eine Sekretärin damit beauftragt, die Besprechung auf einem Laptop mitzuschreiben und dieses Protokoll direkt im Anschluss daran an die Anwesenden zu verteilen. Auf diese Weise konnten die Teilnehmer die Beschlüsse sofort nachlesen und eventuelle Unstimmigkeiten klären.

Weitere Hinweise, wie Sie Ihre Besprechungen noch effizienter gestalten können, finden Sie im Anhang unter *Checkliste für effizientere Besprechungen.*

Doch selbst wenn Sie Ihre Besprechungen bis ins letzte Detail planen, werden Sie über kurz oder lang in Situationen geraten, die völlig absurd sind und jeder Logik entbehren. Einer unserer Kunden befragte uns, wie er dafür sorgen könnte, dass in seiner Abteilung nicht zu viele Überstunden anfallen. Auf Nachfragen erklärte er, dass seine Abteilung für viele Dinge zuständig sei, und er selbst müsse des Öfteren die Filialen in Deutschland, England und Amerika besuchen. Außerdem sei gerade ein Umzug geplant. Nach einer kurzen Pause fiel ihm noch ein: »Und außerdem muss ich jede Woche noch auf verschiedene Besprechungen, die insgesamt so an die 50 Stunden dauern.« 50 Stunden! Moment mal, allein die Besprechungen dauern länger als eine normale Arbeitswoche! In diesem Fall war es völlig unerheblich, ob diese Besprechungen effizient waren oder nicht – es gab nur eine Lösung: Weniger Besprechungen ansetzen und die Besprechungszeiten drastisch verkürzen.

> Zeit ist die Währung unseres Lebens und die einzige, die wir besitzen. Nur wir selbst bestimmen, wofür wir sie ausgeben. Das sollten wir gut überlegen, es sei denn, wir wollen zulassen, dass andere sie für uns ausgeben.
>
> *Carl Sandburg*

Mit Störungen umgehen

Störungen sind natürlich nicht generell schlecht. Es gibt sogar wirklich gute. Es wäre zum Beispiel eine erwünschte Störung, wenn Ihr

Kollege seinen Kopf zu Ihrer Tür hereinsteckt und sagt: »Hör mal, mir kam gerade eine tolle Idee, wie wir einen Verkauf perfekt machen könnten, ich würde dies gern zehn Minuten mit dir besprechen.«

Um ungewollte Störungen zu verringern, gibt es bestimmte Methoden. Hier sind ein paar, die sich in der Praxis bewährt haben und mit denen Sie vertraut sein sollten:

Tun Sie's sofort!

- Arbeiten Sie Rückstände auf, sodass Sie sich nicht mit deren Folgen herumschlagen müssen.
- Halten Sie verabredete Termine ein, um Forderungen nach Zwischenberichten zu umgehen.

Tun Sie's sofort und richtig!

- Erledigen Sie alles vollständig und korrekt, sodass Sie die Arbeit nicht noch einmal tun müssen.
- Instruieren Sie Ihre Mitarbeiter eindeutig und umfassend, sodass sie nicht um eine nochmalige Klärung des Sachverhalts bitten und Sie nicht frustriert darüber sein müssen, dass die Dinge beim ersten Anlauf nicht richtig gemacht worden sind.
- Denken Sie daran, dass es Ihre Aufgabe ist, Ihren Mitarbeitern beizubringen, wie Sie Routine- und auch größere Arbeiten erledigen.

Teilen Sie alles sofort und richtig mit!

- Teilen Sie alle Informationen mit, wenn Sie Nachrichten hinterlassen, um telefonische Nachfragen einzudämmen.
- Verlangen Sie, dass Mitteilungen vollständig entgegengenommen werden, wenn andere Sie anrufen.

- Benutzen Sie Kommunikationsmittel, die keine laufende Arbeit unterbrechen und mit denen Mitteilungen vollständig herübergebracht werden können, wie E- und Voicemail.

Beziehen Sie sofort Stellung!

- Begegnen Sie Störungen durch Artikulation Ihrer Zeitzwänge: »Ich habe genau 20 Minuten, um diesen Bericht für eine Besprechung fertig zu machen. Ich werde nach dem Treffen bei dir vorbeikommen, und wir werden über die Angelegenheit reden. Ich schätze, das wird so gegen 14.30 Uhr sein, passt dir das?«
- Unterstreichen Sie dieses Verhalten, indem Sie sich gegen hereinkommende Störenfriede ebenso zur Wehr setzen.
- Treten Sie aktiv für die Entwicklung von Umgangsformen ein, durch die es generell zu weniger Unterbrechungen kommt.
- Fangen Sie an, Ihre Kommunikation mit anderen in einem Rutsch zu erledigen.
- Indem Sie Arbeiten bündeln, können Sie Störungen einschränken (siehe Abbildung 3.3 auf der nächsten Seite) und sich besser auf die Aufgabe vor Ihnen konzentrieren.

So funktioniert es

Sie denken vielleicht: »Ich möchte mein Leben nicht bis auf die Minute verplanen« oder »Das mag vielleicht in einer idealen Welt funktionieren, mein Büro ist aber weit von diesem Ideal entfernt«. Allgemein sollten die fest geplanten Aktivitäten nicht mehr als 20 Prozent Ihres Arbeitstags ausmachen.

Kaum einer kann es leiden, wenn sein Tag bis auf die Minute verplant ist. Aber es geht im Grunde darum, die geistlosen und langweiligen Aufgaben effizient und routinemäßig anzupacken. Wir müssen

Abbildung 3.3
Die Kommunikation mit anderen gebündelt zu erledigen, reduziert Störungen

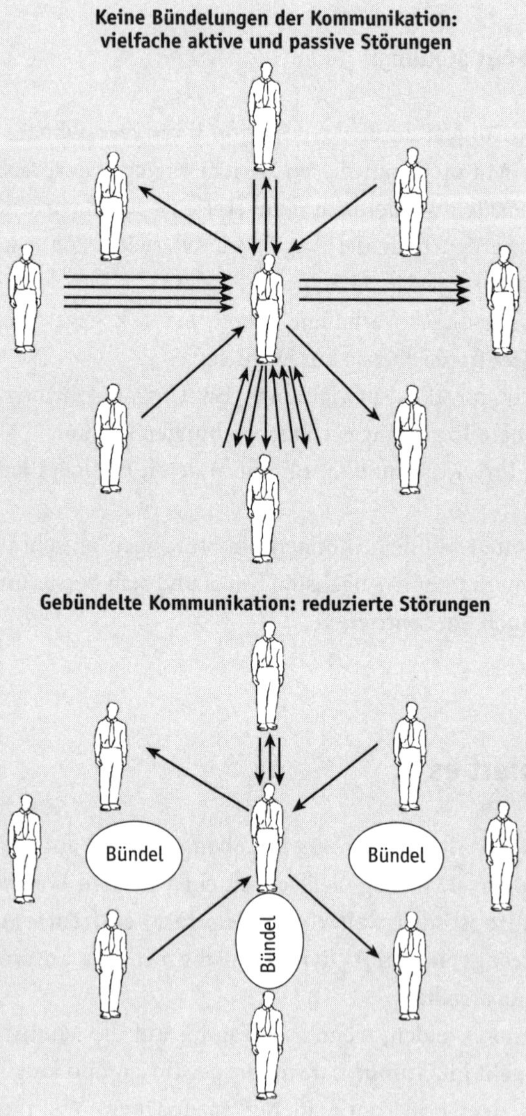

diesen Alltagskleinkram tun, wollen wir uns auf die Dinge konzentrieren, für die wir eigentlich bezahlt werden. Warum stellen wir uns ihm deshalb nicht einfach und erledigen ihn? Bringen wir ihn so schmerzlos wie möglich hinter uns. Der Rest des Tages kann dann in Zeitblöcke eingeteilt werden, in denen man sich auf seine bedeutsamen beruflichen Arbeiten konzentrieren kann.

Fallstricke

Ein Problem, dem sich Menschen anfangs manchmal gegenübersehen, wenn sie lernen, nach den PEP-Prinzipien zu arbeiten, ist, dass sie für die Erledigung bestimmter Dinge die falsche Zeit wählen: Sie legen ihre telefonischen Rückrufe vielleicht auf eine regelmäßige Uhrzeit fest, zu der in anderen Zeitzonen niemand zu erreichen ist. So sollte man sich beispielsweise für Telefonate in die USA logischerweise eine bestimmte Zeit am Nachmittag reservieren. Nichts spricht dagegen.

Oder Sie entscheiden sich dafür, Ihre interne und externe Post ausnahmslos einmal pro Tag um 10.00 Uhr zu beantworten. Das ist aber vielleicht genau die Zeit, in der regelmäßig Besprechungen stattfinden, oder Ihre Post wird seit neuestem immer erst um 15.00 Uhr ausgeliefert. So ist es, aus welchen Gründen auch immer, ziemlich wahrscheinlich, dass Ihr neuer Plan schon am ersten Tag scheitert. Und deswegen nehmen Sie an, dass er generell ein Fehlschlag ist. Sie geben Ihre Bemühungen auf, anstatt zu überprüfen, woran es gelegen hat, und zu versuchen, Ihre Aktivitäten neu zu planen, sodass sie zur Realität passen. Vielleicht finden Sie heraus, dass es günstiger ist, Betriebsmitteilungen zwischen 11.45 Uhr und 12.15 Uhr oder sogar noch eine Viertelstunde später abzuzeichnen, da Sie sowieso vorher selten in die Mittagspause gehen, und die Beantwortung Ihrer Tagespost auf 15.30 Uhr bis 16.00 Uhr zu legen. Sie müssen möglicherweise einiges ausprobieren, bis Sie den für Sie geeignetsten Zeitplan gefunden haben.

Den Job auf die Reihe zu bekommen und neue Arbeitsmethoden zu erlernen, geht oft nicht ohne Versuch und Irrtum. Beispielsweise müssen Sie vielleicht andere Leute zur Vertretung heranziehen, während Sie bestimmte Aufgaben gebündelt erledigen. Oder wenn Sie im Kundendienst tätig sind, können Sie wahrscheinlich Ihr Telefon nicht abstellen. Ihre Arbeit mag auch von Laufkundschaft abhängig sein, und Sie wissen nie genau, wann ein Kunde kommen wird. Wenn Kunden eintreffen, möchten Sie natürlich mit ihnen sprechen und auf ihr Anliegen eingehen.

Ein Klient hatte fünf Angestellte, die 3 000 Kunden betreuten. Die meisten Angelegenheiten wurden über Telefon und Fax abgewickelt. Trotzdem konnte man davon ausgehen, dass täglich etwa zehn Kunden unangekündigt im Büro erschienen, um mit ihrem Versicherungsagenten zu sprechen. Die Besuche waren hauptsächlich sozialer Natur und wurden mehr oder weniger als Zeitverschwendung angesehen. Aber es handelte sich eben um Kunden, und die Mitarbeiter wollten nicht unfreundlich sein. Das verursachte ein echtes Problem. Einerseits wollte man einen guten Kundenservice anbieten, andererseits brachten die unangekündigten Besuche die Zeitpläne und Arbeiten durcheinander. Dieses Problem bestand über Jahre und ließ sich anscheinend nicht lösen. Schließlich organisierten die Mitarbeiter die Abteilung so um, dass jeder Agent einen Tag in der Woche dafür abgestellt wurde, sich um die hereinschneienden Kunden zu kümmern. Somit hatte jeder vier Tage pro Woche, um mit seiner eigenen Arbeit voranzukommen. Ich kann Ihnen nicht sagen, wie viele andere Lösungen sie ausprobierten, bevor sie auf diese relativ einfache stießen und herausfanden, dass sie funktionierte.

Das Umsetzen dieser Prinzipien in die Praxis wird auch bei Ihnen nicht ganz ohne Versuch und Irrtum vonstatten gehen. Ausdauer zählt. Wenn Sie an dem Problem arbeiten, werden Sie nicht nur irgendeine Lösung finden, sondern eine, die gut funktioniert.

Wir alle wissen, wie schwierig es ist, Gewohnheiten und konditionierte Verhaltensmuster abzulegen. Ein Verhalten, das wir uns angewöhnt haben, verändert sich in der Regel nicht über Nacht.

Die ersten 14 Versuche scheitern möglicherweise. Aber dann macht es beim 15. plötzlich klick – und alles fügt sich wie von selbst zusammen. Aber selbst wenn Sie sich die neue Gewohnheit schließlich zu Eigen machen, fallen Ihnen unangenehme oder langweilige Aufgaben dadurch nicht zwangsläufig leichter. Es kann beispielsweise jedes Mal hart sein, um 5.30 Uhr aufzustehen, um zu joggen. Aber das Joggen routinemäßig fest einzuplanen, hilft, es auch wirklich zu tun. Wenn man es sich nicht zur Gewohnheit gemacht hätte, würde es bestimmt noch mühsamer sein und eines Tages einschlafen. Geplante und einfache Angewohnheiten erleichtern Ihnen das Leben.

Zusammenfassung

1. Arbeiten Sie intelligenter. Sie können Ihre Effizienz und Effektivität steigern, indem Sie geschickter arbeiten. Sie allein bestimmen, was Ihre Aufmerksamkeit erfordert und verdient. Was es auch sein möge, Sie haben mehr Zeit für diese Dinge, wenn Sie alles klug in Angriff nehmen. Einfache Routinen für die Bewältigung der Alltagsaufgaben helfen Ihnen dabei.
2. Analysieren Sie Ihre Zeit. Das kann, falls Sie noch nie untersucht haben, mit was und wie Sie Ihre Zeit verbringen, sehr nützlich sein. Führen Sie ein Aktivitätsprotokoll, um über das, was Sie tun und wie lange es dauert, auf dem Laufenden zu bleiben. Sie werden erstaunt sein, wie viel Zeit Sie mit bestimmten Dingen zubringen und wie wenig mit anderen. Wenn Sie erst einmal wissen, was Sie tun, können Sie daran arbeiten, wie Sie es tun.
3. Lassen Sie es nicht zu, dass minderwertige Aufgaben oder Informationen überhaupt bis zu Ihnen vordringen. Beide behindern Sie in Ihrer Fähigkeit, produktiv zu arbeiten. Filtern Sie sie gänzlich heraus. Delegieren Sie Aufgaben in geeigneter Weise. Richten Sie die Aufmerksamkeit anderer auf Informationen, die Sie nicht brauchen. Verwenden Sie auf Routinearbeiten, wie die Bearbeitung der eingehenden Post, ein

Minimum an Zeit. Kümmern Sie sich unverzüglich und routinemäßig darum und machen Sie sich dann wieder an die wichtigen Aufgaben.

4. Lernen Sie, wie man Arbeiten in einem Rutsch erledigt. Erwidern Sie Telefonate ein- oder zweimal täglich, anstatt sich dauernd bei der Arbeit unterbrechen zu lassen. Behandeln Sie Ihre eingehende Post auf die gleiche Weise. Planen Sie eine bestimmte Zeit pro Tag ein, um alle Sachen vollständig durchzuarbeiten, oder setzen Sie sich geeignete Termine, um Dinge in absehbarer Zeit zu erledigen. Wenn Sie Ihre Arbeit bündeln und nicht zulassen, dass unwichtige Aufgaben Ihren Tag beherrschen, werden Sie merken, dass Sie ungefähr 25 Prozent mehr Zeit für die wichtigen Arbeiten haben. Rückrufe, die Bearbeitung von Betriebsmitteilungen oder E-Mail-Nachrichten sind alles Aufgaben, die in einem Rutsch erledigt werden sollten.
5. »Tun Sie's später sofort« heißt, einen festen Zeitplan einzuhalten. Wenn Sie mitten in einem Bericht sind, während Ihre Post ausgeliefert wird, fahren Sie mit Ihrer Arbeit an dem Bericht fort. Planen Sie jeden Tag eine bestimmte Zeitdauer für die Bearbeitung Ihrer Post ein, und tun Sie es dann. Unterbrechen Sie eine Aufgabe nicht wegen einer anderen. Wenn Sie das tun, werden wahrscheinlich beide nicht abgeschlossen, weil die zweite Aufgabe infolge einer dritten liegen bleibt.
6. Terminieren Sie Aufgaben (und Sie müssen sich weniger damit herumquälen). Erledigen Sie eine Arbeit, sobald die Zeit dafür gekommen ist, und gehen Sie zur nächsten über. Wenn Sie für eine bestimmte Aufgabe eine Stunde angesetzt haben, werden Sie sie wahrscheinlich auch in dieser Zeit fertig stellen. Falls Sie einen Tag dafür einplanen, brauchen Sie vielleicht auch den ganzen Tag.
7. Setzen Sie wöchentliche Einzelgespräche mit Ihren direkten Mitarbeitern an, um die betreffenden Routineangelegenheiten zu besprechen. Das vermeidet Störungen und ermöglicht Ihnen, in regelmäßigen Abständen miteinander in Verbindung zu treten, um über laufende Projekte und Personalfragen zu reden. Sie sollten für jeden Ihrer Mitarbeiter eine Rücksprachemappe führen und es sich angewöhnen, dort festzuhalten, was auf Ihrer nächsten Besprechung diskutiert werden muss. Ihre Mitarbeiter sollten ebenfalls eine Rücksprachemappe für Sie

besitzen, damit die Besprechung zügig über die Bühne gehen kann. Vergessen Sie nicht, dass diese Treffen für nicht vordringliche Angelegenheiten da sind, deren Regelung eine Woche warten kann – nicht für dringende Notfälle.

8. Kopieren Sie die *Checkliste für effizientere Besprechungen* im Anhang dieses Buches, und verteilen Sie die Kopien an Ihre Kollegen, die an den Besprechungen teilnehmen. Überlegen Sie gemeinsam mit dem Diskussionsleiter und anderen Teilnehmern, welche Verbesserungen Sie für Ihre Besprechungen einführen könnten.
9. Überprüfen Sie, was Sie unternehmen können, um Störungen abzustellen, und setzen Sie es in die Praxis um. ■

Planen Sie sofort

Eine Gesetzmäßigkeit der Psychologie besagt, dass ein klares geistiges Bild dessen, was man sein möchte, letztendlich in Erfüllung geht, wenn man an diese Vorstellung glaubt und an ihr festhält.

William James

Überblick: In diesem Kapitel lernen Sie,

- dass die Zeit rast, wenn Sie in Gedanken vertieft sind. Wenn Sie stundenlang darüber nachdenken, was Sie eigentlich tun müssen, anstatt Ihre Tätigkeiten effizient zu planen, vergeuden Sie wertvolle Zeit;
- dass sich Handeln aus einer klaren Vorstellung ergibt; wenn Sie ein deutliches Bild von dem haben, was Sie tun müssen, werden Sie es in Angriff nehmen, dagegen zögern, wenn die Vorstellung verschwommen ist; Planung schafft Klarheit;
- das einzurichten, was für Sie wichtig ist;
- Ihre Ziele zu formulieren (diejenigen, die definieren, was für Sie von Wert ist);
- effizient zu planen, indem Sie sich jede Woche etwas Zeit dafür nehmen, Ihre Ziele und Pläne zu überprüfen und die nächste Woche zu planen.

Vielleicht überrascht es Sie, aber Planung steht innerhalb des Persönlichen Effektivitäts Programms unter dem Motto »Planen Sie sofort!«

Planen dient dem Zweck, Klarheit zu schaffen, das heißt zu wissen, was man täglich und langfristig tun soll. Zu viele Menschen planen sehr wenig, besonders wenn es um ihre eigene Arbeit geht. Der persönliche Terminkalender, Planer oder Organizer schlug bei seiner Einführung auf dem Markt in den achtziger Jahren unter anderem deshalb so ein, weil die Menschen in ihm ein Werkzeug und endlich die Chance sahen, sich zu organisieren, Dinge im Voraus zu planen und sich über die getane Arbeit auf dem Laufenden zu halten.

Manche Menschen denken fälschlicherweise, dass ihre geistigen Aktivitäten auf der Fahrt zur Arbeit oder beim Duschen einem »Planen« für die Arbeit entsprächen. Sie mögen zwar über die Arbeit nachdenken, eine Planung kann man diese Gedanken aber kaum nennen. Stattdessen ist es eine ineffiziente Form des Denkens, die wenig oder gar nichts klärt.

Manche Menschen glauben auch, dass Planen an und für sich pure Zeitverschwendung sei und nicht viel bringe. Wenn Sie ineffektiv planen und das, was Sie geplant haben, nicht tun, ist Planen tatsächlich für die Katz. Ein aufgestellter Plan ist nur gut, wenn er in die Tat umgesetzt wird – und nur dann ist Planen sinnvoll.

Wenn Sie spüren, dass Sie bei der Arbeit unter Druck sind, dass Sie zu viel zu tun und zu wenig Zeit dafür haben, dass Sie außer Kontrolle geraten sind oder einfach die wichtigsten Dinge nicht auf die Reihe bekommen, liegt es oft an einer schlechten oder fehlenden Planung. In diesem Fall werden Sie feststellen, dass das, was bei Ihrer Arbeit herauskommt, eine Ähnlichkeit mit dem Sticker »Plane im Voraus« aufweist, wobei das Wort »Voraus« ganz an die rechte Seite gequetscht ist.

Das ist typisch und in erster Linie deshalb so, weil die Menschen Planen nicht mit ihrem persönlichen Tun verbinden. Wenn sie an Planen denken, haben sie das riesige Projekt im Kopf, das ihre Abteilung in den nächsten drei Monaten durchführen wird – ein Projekt, das so gewaltig ist, dass sich alle Beteiligten zu einer gemeinsamen Besprechung treffen und ausknobeln werden, was zu tun ist. Geht es dagegen um ihre tägliche Arbeit, messen sie dem Planen keine große Bedeutung bei.

Der Zweck des Planens

Planen dient dem Zweck, eine klare Vorstellung von dem zu bekommen, was man tun muss. Die Planung kann nur dann als effektiv angesehen werden, wenn sie ein klares Bild vermittelt, weil man ohne ein solches nicht handeln kann. James T. McCay schreibt in seinem Buch *Von Terminen gejagt oder Die Kunst, Zeit zu haben:*

»... unsere geistigen Bilder bestimmen unsere Handlungen. Wenn wir kein Bild haben, wenn wir nicht feststellen können, was los ist, handeln wir nicht. Wenn unsere Bilder wolkig und wirr sind, handeln wir zögernd. Wenn unsere Bilder klar und genau sind, handeln wir bestimmt und nachdrücklich.« (S. 43)

Planung schafft diese klaren Vorstellungen. Wenn nicht, verfehlt sie ihren Zweck und ist keine echte Planung.

Wenn wir PEP mit einer großen Gruppe durchführen, beginnen wir gewöhnlich mit einer allgemeinen Gruppeneinführung. Wir fragen die Teilnehmer oft, wie viele von ihnen einen täglichen Handlungsplan aufstellen. Die Hälfte streckt vielleicht die Hand hoch. Der Rest hat es nicht einmal vor. Diese Menschen haben in der Vergangenheit so viele schlechte Erfahrungen mit täglichen Aufgabenlisten gemacht, dass sie sich sträuben, es noch einmal zu versuchen.

Haben Sie jemals den Tag mit einer Liste abzuarbeitender Aufgaben begonnen und am Ende des Tages keine einzige erledigt? Wenn dem so ist, wissen Sie, wie sich viele dieser Menschen fühlen. Tägliche Handlungspläne können einen deprimieren: Sie sind der Beweis für unsere unerledigten Arbeiten. Es gibt mehrere Gründe, warum Listen nicht abgearbeitet wurden. Man hat sich möglicherweise zu viel vorgenommen oder unerwartete und zeitraubende Aufgaben nicht berücksichtigt. Die Tagesliste war vielleicht viel zu allgemein gehalten. Eine richtige Planung nimmt sich erfolgreich dieser und der zahlreichen anderen Probleme an, die einen Tagesplan eher zu einer Enttäuschung als zu einem nützlichen Handwerkszeug machen. Wie sieht richtige Planung aus?

Als Beispiel wollen wir uns anschauen, was nötig ist, um einen

Film zu drehen. Die Produktion eines Films geht in drei verschiedenen Stufen vonstatten: Vorproduktion, Produktion und Nachproduktion. Am zeitraubendsten ist die Vorproduktion. Das Drehbuch ist nur der Ausgangspunkt. Die wesentlichste Planungsunterlage in der Vorproduktionsphase ist das »Regiebuch«, eine detaillierte Wiedergabe jeder einzelnen Szene, aus der sich der Film zusammensetzt.

Stellen Sie sich ein Blatt Papier vor, auf dem nur leere Kästchen sind. Diese Kästchen bilden den Rahmen für jede Szene. Die Filmemacher skizzieren in groben Strichen, was an jedem Punkt des Films zu sehen ist: wie viele Leute in einer bestimmten Szene auftreten und wer es ist; was sie sagen; ob eine Szene mit einer kurzen oder langen Blende gedreht wird; wo die Lampen stehen; welche Sequenzen von einer Einstellung zur nächsten führen; welche Aufnahmen zu einer einzelnen Szene zusammengefügt werden; alles, woraus der Film in seiner Gänze schließlich bestehen wird.

Warum so viel Zeit und Arbeit in ein Regiebuch stecken? Weil beim Filmen das Drehen vor Ort am teuersten ist. Wenn die Produktion einmal mit 200 Mitwirkenden läuft, möchte man wenig Zeit und Mühe darauf verschwenden, den Leuten zu sagen, wo sie stehen und was sie als Nächstes tun sollen, ganz zu schweigen vom Geld. Dafür ist die Vorproduktion, nicht die Produktion da. Angesichts der investierten Millionen vergeudet man einfach keine Zeit, wenn man adäquat plant und vorbereitet.

In der Filmbranche ist der Bedarf an Planung offensichtlich, und die Technik des Planens wurde kontinuierlich verfeinert, um den besonderen Bedürfnissen dieses Wirtschaftszweigs gerecht zu werden. Demgegenüber wird im Geschäftsleben und in der Industrie im Allgemeinen wenig formal geplant, besonders wenn es um die täglichen Aktivitäten geht.

Betrachten Sie Ihr Unternehmen einmal für einen Moment aus einer größeren Distanz, und Sie werden sehen, dass die meisten Menschen, mit denen Sie tagtäglich zu tun haben, ohne jede formale Planung arbeiten. Die Leute agieren ohne Regiebuch oder Vorproduktionsplanung einzig in der Hoffnung, mit den negativen Auswirkungen acht oder mehr Stunden zurechtzukommen. In der Sprache des Films sind sie jeden Tag der Arbeitswoche in der Szene, die Kameras laufen und sie wissen nicht, wo sie stehen, was sie sagen oder tun sollen.

Grundzüge der Planung

Zum effizienten Planen gehören drei Schritte: das Festlegen der Prioritäten, Zeitmanagement sowie die tatsächliche Umsetzung der Ziele. Nachdem Sie dieses Buch bis hierhin schon gelesen und (hoffentlich) einiges bereits umgesetzt haben, sollte es ein Leichtes für Sie sein, Ihre Ziele zu realisieren. Aus diesem Grund wollen wir uns nun mit den anderen beiden Punkten befassen.

Prioritäten setzen

Planung, ohne dabei Prioritäten zu setzen, macht überhaupt keinen Sinn. Sicherlich ist Ihnen beim Lesen auch schon aufgefallen, dass wir das Thema Prioritäten setzen sehr vorsichtig angehen, denn zu häufig entschuldigt man das Aufschieben von Aufgaben damit, dass andere höhere Priorität genießen. Nicht selten droht Chaos, weil unklar ist, ob nun wichtige und/oder dringende Aufgaben höhere Priorität genießen. Dennoch führt angesichts des Arbeitsaufkommens, das wir oft unter enormem Zeitdruck erledigen müssen, kein Weg daran vorbei, Prioritäten zu setzen.

Ein niederländischer Kollege hat einmal gesagt: Planen heißt nichts anderes als Prioritäten zu setzen und sich die Zeit dafür zu verschaffen, die Aufgaben der Reihe nach abzuarbeiten. Damit Sie Prioritäten setzen können, brauchen Sie eine klare Vorstellung über Ihre Ziele und den Weg, der Sie dorthin bringt. Überprüfen Sie, ob die von ihnen erwarteten Arbeiten den erforderlichen Schritten entsprechen, die Sie an Ihr Ziel bringen. Entscheiden Sie, ob gewisse Aufgaben von Ihnen selbst erledigt werden müssen oder ob es nicht besser wäre, diese zu delegieren. Falls Sie Aufgaben delegieren, sollten Sie sich aber darum kümmern, dass sie tatsächlich erledigt werden.

Das Aufgabenmanagement, auch Task Management genannt, ist vor allem für diejenigen unter uns, die ihre Arbeitszeit nicht frei planen können, besonders wichtig. Denken Sie nur an all die Mitarbeiter von Call-Centern, Banken oder Informationsständen: Sie können ihre Aufgaben zeitlich so gut wie nicht planen, da sie immer sofort auf die Anfragen der Kunden reagieren müssen. Je weniger Sie frei über Ihre Zeit verfügen können, umso klarer muss Ihnen der Unterschied zwischen dringlichen und weniger dringlichen Aufgaben sein.

Zeitmanagement

Zeitmanagement könnte definiert werden als die Kunst, sich selbst zu führen. Sobald Sie wissen, was Sie tun müssen und wie Sie es am besten erreichen (Aufgabenmanagement), müssen Sie die Ihnen zur Verfügung stehende Zeit optimal nutzen. Egal ob Sie sich gerade mit der Tages-, Wochen- oder Jahresplanung befassen: Legen Sie fest, welche Aufgaben wann erledigt sein müssen. Beachten Sie dabei bitte folgende Tipps:

- Legen Sie für jeden Tag fest, wann Sie bestimmte Routineaufgaben erledigen (täglich anfallende Aufgaben wie das Beantworten von E-Mails, wöchentliche Tätigkeiten wie die Teilnahme an Besprechungen und monatliche Aufgaben wie das Verfassen von Monatsabschlussberichten und so weiter).
- Bestimmen Sie, wann Sie gestört werden können und wann nicht.
- Berücksichtigen Sie Ihren Biorhythmus, wenn Sie kreative Arbeiten planen. Um welche Tageszeit sind Sie voller Energie und stecken voller Ideen? Wann sind Sie eher lustlos und müde und können nur Arbeiten verrichten, bei denen Sie sich nicht voll konzentrieren müssen?

- Legen Sie fest, wann Sie Ihre kurz- und langfristigen Pläne erstellen. Für die Tagesplanung brauchen Sie vermutlich nur einige Minuten, für die Wochen- und Monatspläne etwa eine Stunde, während Sie für den Jahresplan einige Tage einplanen sollten.
- Überlegen Sie sich, welche Art von Kalender Sie verwenden möchten. Einen herkömmlichen Kalender aus Papier, in den Sie Termine ausschließlich selbst eintragen, oder einen elektronischen, auf den auch Ihre Kollegen Zugriff haben und wahrscheinlich Termine eintragen. Je mehr Kollegen Zugriff auf Ihre Zeitplanung haben, umso genauer müssen Sie die Zeitplanung für Ihre eigenen Prioritäten verfolgen. Plant Ihre Sekretärin die Besprechungen für Sie? Kennt Sie Ihre Vorlieben bei der Planung von Besprechungen und Routineaufgaben? Weiß sie, wann Sie unbedingt Ihre Ruhe brauchen? Die Art der Kalendereinteilung (eine Seite pro Tag, Woche oder Monat) bestimmt in großem Maße auch Ihr Zeitempfinden und somit den Umgang mit Ihrer Zeit.
- Der letzte Punkt ist auch einer der wichtigsten für das Zeitmanagement! Sie müssen sich davor schützen, dass andere über Ihre Zeit verfügen. Vermeiden Sie die im Anhang genannten Zeitkiller.

Ist es den Aufwand wirklich wert?

Wenn Sie es sich angewöhnen, mehr Zeit für die Planung Ihrer Aufgaben zu verwenden, verkürzt sich Ihr Verwaltungsaufwand und Sie müssen Ihren Aufgaben nicht immer hinterherrennen.

Die meisten von uns arbeiten hart und lang. Weshalb klagen wir andauernd darüber, wie aufwändig der Verwaltungskram ist? Nun, zum einen mag es daran liegen, dass wir – ganz gleich, wie geschickt wir darin sind – je nach Job etwa 10 bis 25 Prozent unserer Arbeitszeit damit verbringen. Ohne PEP verbringt ein normaler Angestellter in der Regel weniger als zwei Stunden die Woche mit der Planung seiner Arbeit. Laut Adam Riese sind das also 18 Minuten täglich – was in etwa der Zeit entspricht, die Sie morgens unter der Dusche verbringen. Gut so, machen Sie weiter so. Allerdings könnten Sie ruhig noch darüber hinausgehen und noch mehr Zeit für die Planung aufwenden, um so Ihren Verwaltungsaufwand zu reduzieren und nicht andauernd von Ihrer eigentlichen Arbeit abgelenkt zu werden. Sie möchten Beweise, dass das auch wirklich etwas bringt? Okay! Wir haben die Erfahrung gemacht, dass Unternehmen, deren Mitarbeiter wöchentlich zusätzlich eine halbe bis eine ganze Stunde mehr ihrer Arbeitszeit in aller Ruhe für die Planung derselben »opfern« (also auf etwa 2,5 Stunden Planungszeit die Woche kommen), einen drastischen Rückgang von Überstunden erleben, weniger Besprechungen nötig sind, es kaum noch zu Störungen in der täglichen Arbeit kommt und mehr Arbeiten sinnvoll delegiert werden.

PEP-Planung

Im Rahmen von PEP werden sechs Formen der Planung gelehrt:

- Tagesplanung
- Wochenplanung
- Projektplanung
- Strategieplanung
- Zielsetzung
- Werte

Tagesplanung

Wie bereits erwähnt, wird allgemein geklagt, dass der Tagesplan aufgrund unerwarteter Ereignisse zu oft nur teilweise erfüllt wird und sich dann in eine große Enttäuschung verwandelt. Für manche Menschen sind Tagespläne scheinbar nur etwas, das einen höhnisch an das erinnert, was nicht getan worden ist.

Sie müssen indessen begreifen, dass es unheimlich wichtig ist, täglich einige Zeit auf die Planung Ihrer Aktivitäten zu verwenden. Einige tun dies am liebsten am Ende ihres Arbeitstags, andere morgens noch vor allem anderen. Wann auch immer – Sie können Ihren Terminkalender nutzen, um Ihre täglichen Aufgaben zu notieren.

Um die tägliche Planung effizient und schnell durchzuziehen, sollten Sie Ihren Tagesplan nach einem Wochenplan erstellen. Teilen Sie anhand dieses größeren Plans die Arbeit der Woche in täglich zu erledigende handhabbare Einheiten auf, und Sie wissen jeden Tag, dass Sie auf ein größeres Ziel hinarbeiten.

Wochenplanung

Wie in Abbildung 4.1 dargestellt wird, sollten Sie einmal pro Woche Ihre Arbeitsquellen überprüfen: Ihre Arbeitsakten einschließlich Ihrer Projekte, Ihren Terminkalender, zeitlich festgelegte Aktivitäten und Erinnerungshilfen, Ihr Wiedervorlagesystem für die Dinge, die während der kommenden Woche anfallen, Ihre laufenden Angelegenheiten (Korb und Akten für Laufendes – einschließlich Ihres E-Mail-Ordners, in dem Sie alle Mails sammeln, die Sie noch nicht beantworten können, sowie das Aufgabenbuch, das Sie vielleicht führen, um die Dinge zu notieren, die Sie tun müssen.

Nehmen wir zum Beispiel an, dass Sie gegenwärtig an acht Projekten arbeiten, wovon vielleicht zwei ziemlich viel Zeit beanspruchen und die restlichen sechs nicht so viel Aufmerksamkeit benötigen. In Ihrer Tagesbearbeitung befinden sich noch weitere Angelegenheiten, unter anderem Pläne für eine Geschäftsreise, und in Ihrem Kalender sind für diese Woche sechs Besprechungen mit verschiedenen Abteilungsleitern und Kunden eingetragen. Ihre Wiedervorlagemappe enthält Dinge, die Sie zu bestimmten Terminen überprüfen müssen, da-

Abbildung 4.1
Aufstellung eines Wochenplans

Aufgrund der sich schnell verändernden Umstände ist es meistens nicht möglich, einen ganzen Monat bis ins Einzelne im Voraus zu planen. Andererseits ist, wenn man nur einen Tag vorausplant, die Vorlaufzeit zu gering, um wichtige Dinge zu erledigen. Für die meisten Menschen ist es am effektivsten, in wöchentlichen Zeitabständen zu planen.

Aufstellung Ihres wöchentlichen Handlungsplans:

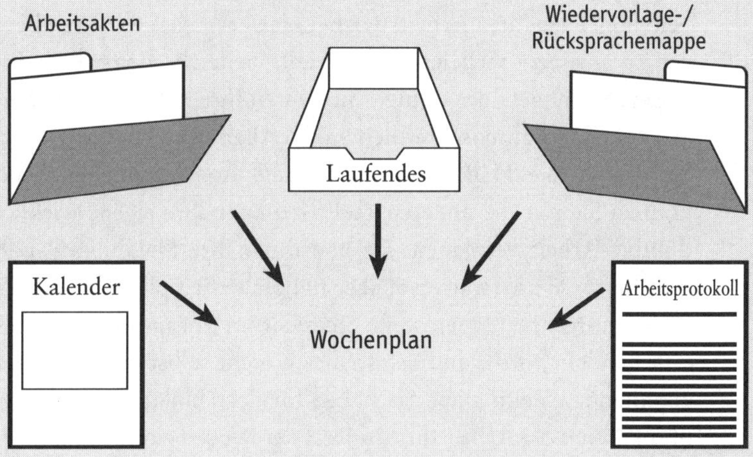

mit sie auch garantiert rechtzeitig fertig werden. Um Sie herum liegen zudem zahlreiche Zettel, die Sie an Verschiedenes erinnern, das Sie tun müssen. (Möglicherweise besitzen Sie auch ein Computerprogramm oder ein Aufgabenbuch, das als komprimierte Erinnerungshilfe dient, damit Sie nicht mit den vielen kleinen Zetteln arbeiten müssen. Das wäre besser.) Kurzum müssen Sie also ein halbes Dutzend Quellen konsultieren, um mit allem, was Sie zu tun haben, auf dem Laufenden zu bleiben. Sinnvollerweise sollten Sie alle diese Quellen einmal pro Woche durchgehen. Setzen Sie dabei Prioritäten für Ihre Arbeit, und planen Sie Ihre Woche.

Schauen Sie in Ihrem Kalender nach, wie viel Zeit in der Vergangenheit von unerwarteten, nicht geplanten Arbeiten aufgezehrt worden ist. Bei einigen wird es sich um Aufgaben handeln, die Ihnen von Ihrem Chef oder sonst einem Höhergestellten zum ungelegensten Zeitpunkt (Tag, Woche, Monat) aufs Auge gedrückt worden sind, bei anderen schlicht um unvorhersehbare Aufgaben, die Ihre Aufmerksamkeit fordern und die Zeit auffressen, die Sie einer anderen Arbeit widmen wollten. Aber was auch immer die Ursache sein mag: Sie werden nicht umhinkönnen, sich einen Teil Ihres Arbeitstags oder Ihrer Arbeitswoche mit derartigen Arbeiten beschäftigen zu müssen – vielleicht 25 Prozent, vielleicht mehr als 50 Prozent.

Sei es nun viel oder wenig – Sie sollten Ihre Arbeitswoche basierend auf der Ihnen durchschnittlich zur Verfügung stehenden Zeit planen. Sollten Sie die Hälfte für unerwartete Angelegenheiten benötigen, können Sie nur die anderen 50 Prozent für Ihre eigene wirklich produktive Arbeit verplanen. Sie bewahren Ihre Flexibilität, indem Sie Zeit für diese unerwarteten, aber mit Sicherheit plötzlich anstehenden Dinge einrechnen (auch wenn Sie nicht im Voraus wissen, um was es sich handeln wird), und belasten sich nicht selbst mit unmöglich einzuhaltenden Zeitplänen. Sie haben für das Unplanmäßige vorgeplant und können die Arbeit für den Rest der Woche eindeutig und sinnvoll festlegen.

Sie vereinfachen die Tagesplanung, indem Sie die in der nächsten Woche zu erledigenden Aufgaben bestimmen und Schwerpunkte bilden. Es wird dann auch einfacher, Prioritäten zu setzen. Wenn etwas wichtig ist, wird es auf Ihrem Wochenplan stehen, anderenfalls nicht. Sie müssen nur einmal, nämlich während Ihrer Wochenplanung, entscheiden, was vorrangig zu tun ist. Der Vorteil einer solchen Planung ist, dass Sie vieles in einem größeren Zusammenhang sehen, sodass Sie realistischer einschätzen können, wie viel Zeit Ihnen für die verschiedenen Projekte zur Verfügung steht. Sie müssen nicht jedes Mal, nachdem Sie eine Arbeit fertig gestellt haben, den ganzen Entscheidungsprozess aufs Neue durchlaufen. Allein dadurch wird Ihre Arbeit schon wesentlich stressfreier. Die Entscheidung, was jeden Tag zu tun ist, fällt leichter. Sie müssen nur in Ihren Kalender schauen und lesen, was Sie sich zur Erinnerung notiert haben, welche Besprechungen stattfinden sollen, welche Arbeiten Sie eventuell für die nächste Woche eingeplant haben. Aus der Wochenliste wählen Sie dann die Arbeiten aus, die Sie heute tun werden. Abbildung 4.2 gibt ein Beispiel für einen Wochenplan wieder.

Am Ende der Arbeitswoche einen effizienten Plan für die nächste Woche aufzustellen, macht die dafür benötigte Zeit wett. Es geht dabei nicht nur um die Feststellung, was, sondern auch, wie Sie es tun sollten. Während Sie planen, durchdenken Sie alles ausführlich, damit Sie den größeren Rahmen, das heißt das angepeilte umfassendere Ziel sehen. Mit diesem vor Augen können Sie analysieren, was Sie tun (haben oder wissen) müssen, um eine Aufgabe zu erledigen.

Zu entscheiden, was zuerst, als Zweites oder Drittes getan werden sollte, dauert nur einen Augenblick. Wenn Sie Aufgaben planmäßig

Abbildung 4.2
Beispiel für einen Wochenplan

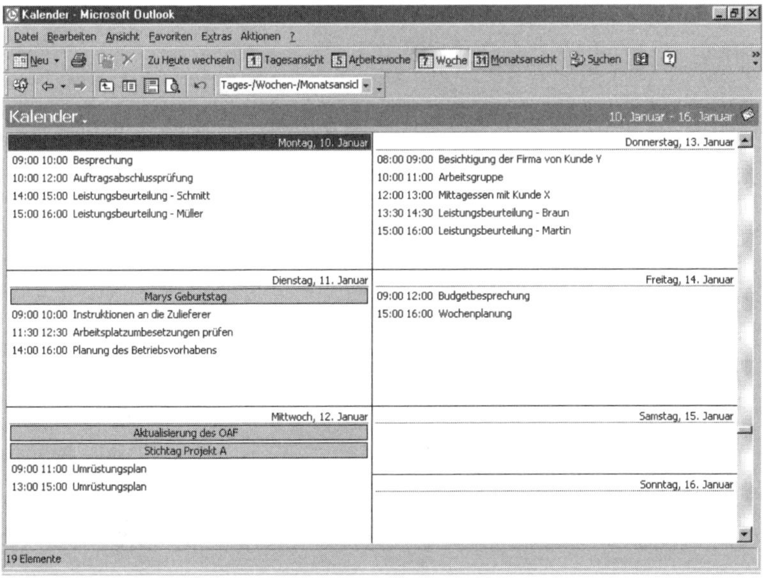

Abbildung 4.3
Beispielformular für einen Wochenplan

Name ______________

Woche vom ___________

Montag

Dienstag

Mittwoch

Donnerstag

Freitag

Samstag/Sonntag

Wochenplan
(Aus Arbeitsakten, Ablage für Laufendes, Terminkalender, Wiedervorlagemappe zu entnehmen)

1.
2.
3.
4,
5.
6.
7.
8.
9.
10.
11.
12.
13.
14.
15.

Nicht geplante Aktivitäten, die während der Woche hinzukommen

1.
2.
3.
4.
5.
6,
7.

über die Arbeitswoche verteilen und bei Ihrer Tagesplanung den größeren Rahmen berücksichtigen, müssen Sie nicht jeden Tag aufs Neue darüber nachdenken, was Sie tun müssen oder wie Sie es anpacken sollen. Sie haben das bereits als Teil Ihres Wochenplans gemacht, und nun können Sie sich stattdessen auf die zu erledigende Arbeit konzentrieren und nach Abschluss einer Aufgabe einfach mit der nächsten beginnen.

Ihr Kalender oder Planungswerkzeug sollte auf jeden Fall eine Wochenübersicht enthalten, ob es sich nun um einen normalen Terminkalender aus Papier, um ein PC-Programm, einen tragbaren elektronischen Organizer oder sonst ein heutzutage zur Verfügung stehendes System handelt. Wenn alle Aufgaben Ihres Wochenplans in die wöchentliche Kalenderübersicht hineinpassen, umso besser – die Wahrscheinlichkeit, dass wichtige Dinge übersehen werden, ist dann viel geringer. Abbildung 4.3 zeigt beispielhaft ein Formular für einen Wochenplan.

In vielen Fällen ist es hilfreich, sich im elektronischen Terminkalender die Planung für einen längeren Zeitraum als eine Woche anzeigen zu lassen. Bei Microsoft Outlook oder Lotus Notes ist das mit nur einem Klick möglich – was Ihnen dabei hilft, die optimalen Entscheidungen für Ihre Planung und auch deren Umsetzung schnell und effektiv zu treffen.

Entscheidungen hinsichtlich der Wochenplanung werden oft durch neue, für die Woche oder sogar den Tag anfallende Aufgaben beeinflusst. Deshalb sollten Sie sich die Wochen- und Monatsansicht häufiger anzeigen lassen, um sofort die optimale Entscheidung treffen zu können, wenn Sie Aufgaben verschieben müssen. Ganz gleich, ob Sie gerade Ihren heutigen Arbeitstag, die laufende Woche oder den ganzen Monat planen, nutzen Sie diese Funktion Ihres elektronischen Kalenders in vollem Umfang – denn nur so ist Ihre Planung wirklich effizient. Abbildung 4.4 auf der folgenden Seite zeigt ein Beispielformular für einen Monatsplan.

Worum geht es also bei dieser ganzen Planung? Es ist der Moment, wo Sie einen Überblick über Ihre Arbeit bekommen; wo Sie sich orga-

Abbildung 4.4
Beispielformular für einen Monatsplan

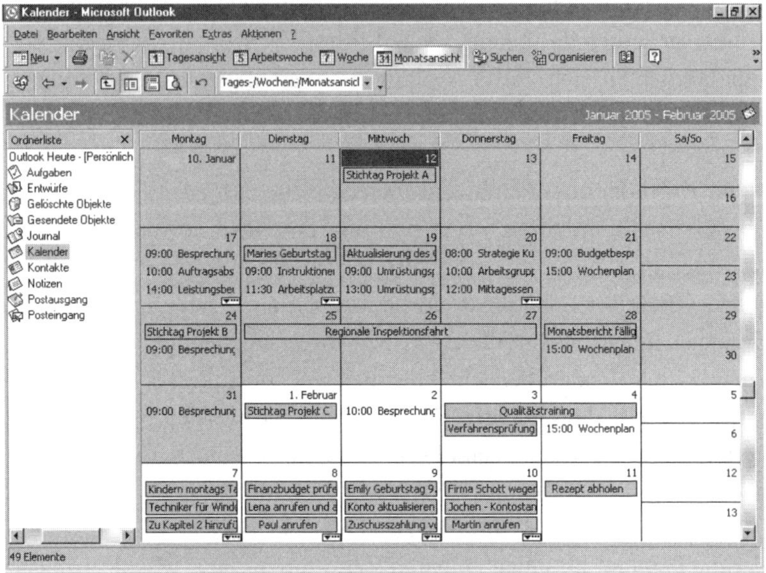

nisieren, sich auf die neue Woche vorbereiten und die Dinge im Griff behalten; wo Sie Ihre Ziele, Absichten und Träume in Handlungsschritte umsetzen.

In seinem Buch *Lebe begeistert und gewinne – das Erfolgsbuch für Verkäufer* bezeichnet Frank Bettger, einer der erfolgreichsten Verkäufer Amerikas, seine Wochenplanung als »Tag der Selbst-Organisation« und schreibt:

»Es ist erstaunlich, wie viel man erreicht, wenn man seine Arbeit organisiert und plant. Es ist aber auch erstaunlich, wie wenig herausschaut, wenn man es nicht tut. Es ist besser, nach einem genauen Plan viereinhalb Tage in der Woche angestrengt zu arbeiten und so auf einen grünen Zweig zu kommen, als die ganze Woche zu arbeiten und nichts zu erreichen.«

Den Terminkalender anpassen – eine Methode der Monatsplanung für Manager

Ein britischer IBT-Kollege, der seit Jahren erfolgreich für Topmanager zahlreicher Großunternehmen Englands tätig ist, hat eine sehr effiziente Methode der Monatsplanung entwickelt, die er als »den Terminkalender anpassen« bezeichnet. Er fordert seine Geschäftskunden auf, als Teil der Gesamtplanung ihre Terminkalender einmal monatlich, etwa in der Monatsmitte, für den Folgemonat anzupassen. Für Führungskräfte ist die Monatsplanung wesentlich sinnvoller, da sie ihre Besprechungen meist weit im Voraus planen und weniger mit den täglich anfallenden Geschäften und unerwarteten Ereignissen zu tun haben. Und so lautet seine Anweisung:

1. Nehmen Sie ein leeres Blatt Papier zur Hand, und erstellen Sie folgende Tabelle:

Tätigkeiten	Jetzt	Später

2. Tragen Sie nun höchstens acht relativ unspezifische Tätigkeiten ein, die Ihre Arbeitszeit zu 100 Prozent abdecken. Ihre Tabelle könnte zum Beispiel so aussehen:
   - Besprechung mit dem Managementteam
   - Erstellen von Berichten
   - Personalsachen
   - Budgets
   - Firmenführungen, Besuche der Zweigstellen, Kundenbesuche
   - Durchsicht des Eingangskorbs
   - Projektarbeit
   - Sonstiges

3. Nun überlegen Sie, wie viel Zeit Sie den von Ihnen eingetragenen Tätigkeiten momentan widmen. Tragen Sie die Zeit als Prozentsatz Ihrer Gesamtarbeitszeit in die Tabellenspalte »Jetzt« ein. Es ist nicht

weiter tragisch, wenn Sie beim ersten Durchgang nicht genau auf die Summe von 100 Prozent kommen, schätzen Sie die Zeiten einfach nach Gefühl ab. Wenn Sie den gefühlsmäßigen Prozentsatz an Arbeitszeit für jede Tätigkeit eingetragen haben, korrigieren Sie die Angaben nachträglich, bis sich die Summe von 100 Prozent ergibt.

4. Fragen Sie sich, ob es einen bestimmten Tätigkeitsbereich gibt, den Sie Ihrer Meinung nach vernachlässigen und der nicht in Ihrer Tabelle enthalten ist (zum Beispiel: Zeit zum Nachdenken, Überarbeiten oder Planen). Fügen Sie diese Punkte in Ihrer Tabelle ein.

5. Überlegen Sie sich, mit welchen Tätigkeiten Sie in Zukunft Ihre Arbeitszeit am liebsten verbringen würden. Folgendes Beispiel könnte Ihnen dabei helfen:
   - Gab es etwas, was Sie unter Schritt 4 ergänzt haben? Wie viel Prozent Ihrer Arbeitszeit würden Sie gern darauf verwenden? Tragen Sie diesen Wert in der Tabellenspalte »Später« ein.
   - Genauso verfahren Sie nun mit den anderen Tätigkeitsbereichen und Prozentangaben.
   - Bleiben Sie dabei auf dem Boden der Tatsachen! Verbringen Sie derzeit beispielsweise 25 Prozent Ihrer Arbeitszeit in Besprechungen, wäre es völlig unrealistisch, dafür unter der Spalte »Später« null Prozent als Ziel einzutragen. Besprechungen mit dem Managementteam gehören nun einmal zu Ihren Aufgaben, und daran wird sich auch in Zukunft nichts ändern.

6. Reservieren Sie sich nun für den nächsten Monat (oder den übernächsten, wenn Sie schon völlig verplant sind) spezielle Zeitfenster, um sich ausschließlich den Tätigkeiten zu widmen, für die in der Spalte »Später« ein höherer Prozentsatz eingetragen ist als in der Spalte »Jetzt«. Dadurch steigt die Wahrscheinlichkeit, dass Sie auch wirklich die Zeit für diese Tätigkeiten haben werden, wodurch sie eine echte Veränderung bewirken können.
   Reservieren Sie jedoch nicht für alle Tätigkeiten festgelegte Zeiten. Sie müssen flexibel genug sein, um auch auf unvorhergesehene Ereignisse reagieren zu können.

Projektplanung

Im Folgenden wird eine weitere Form des Planens, nämlich die Projektplanung, genauer unter die Lupe genommen. Wir haben bereits darüber gesprochen, dass Ihre Arbeitsakten die grundlegenden Ziele und Projekte verkörpern sollen, an denen Sie arbeiten. In jeder Akte spiegeln sich vielleicht Hunderte von Arbeitsstunden über einen langen Zeitraum wider, und sie kann daher einen kaum noch zu überschauenden Umfang haben.

Ist Ihnen die Frage »Wie essen Sie einen Elefanten?« ein Begriff? Ein Kollege erwiderte darauf: »Mit sehr viel Ketchup!« Die eigentliche Antwort lautet jedoch: häppchenweise. Und das ist eines der Geheimnisse, um die Produktivität zu erhöhen. Wenn Sie sich die Zeit nehmen, größere, komplexere Aktivitäten in handhabbare Einzelaufgaben zu zerlegen – wie beim strategischen und taktischen Planen –, werden Sie Ihre persönliche Produktivität steigern, ob es sich nun um lang- oder kurzfristige oder um multidimensionale Ziele handelt. Es kann nicht genug betont werden, wie wichtig dieses Konzept für die Produktivität und die Erreichung der Arbeits- und Lebensziele ist.

Die meisten Menschen wissen im Allgemeinen, was sie zu tun haben. Trotzdem verbringen wir einen Großteil unserer Zeit damit, darüber nachzudenken, was wir tun müssen und wie wir es tun sollten. Wir werden von den Arbeitsdetails voll in Anspruch genommen und erledigen dennoch im Endeffekt wenig.

Eine Projektplanung liefert demgegenüber die Regiebücher für Ihre Lebens- und Arbeitsziele. Wir sind alle mit Projektplanung im weiten Sinne vertraut. Dazu gehört beispielsweise die Aufstellung des Jahresbudgets für das Unternehmen oder die Abteilung und der Ziele, um es zu erfüllen. Auch die Vorproduktionsphase eines Films kann als Projektplan begriffen werden. Eigentlich setzen sich Vorproduktionsphase wie Budgetfestsetzung aus vielen einzelnen Projektplänen zusammen. All die beruflichen und persönlichen Kurz- und Langzeitziele, an denen wir täglich arbeiten, und alle unsere Handlungen, um sie zu erreichen, können Projektpläne genannt werden. Ein anderer Kollege aus Großbritannien definiert »Projekt« so:

»Eine Reihe miteinander verbundener Handlungen, die, nachdem sie alle vollzogen sind, zu einem spezifischen, erwarteten Ziel oder Ergebnis führen.«

Für jedes unserer mittel- und langfristigen Ziele sollten wir einen eigenen Projektplan besitzen. Das Regiebuch (der Projektplan) besteht aus klaren Vorstellungen über alle erforderlichen Handlungen, durch die Sie schrittweise zum Ziel kommen. Die Entwicklung eines Projektplans regt Sie an zu ermitteln, wie Sie etwas am besten bewerkstelligen, in welcher Reihenfolge, mit welchen Ressourcen, in welcher Zeit, mit wem, und welche anderen Projekte oder Aktivitäten gemeinsam damit durchgeführt werden müssen.

Wenn Ihre Arbeitsakten vollständig sind, werden sie Ihre gesamten Arbeitsziele widerspiegeln. Jede Ihrer Arbeitsakten sollte entsprechend einen eigenen Projektplan enthalten. Darin sollten sowohl die Abgabetermine für bestimmte Aufgaben als auch die Personen vermerkt sein, die für die Arbeit verantwortlich sind. Der Projektplan treibt Sie an, das zu tun, wodurch Sie Ihre Ziele erreichen, weil Sie sich diese klar vergegenwärtigt und die für ihre Umsetzung erforderlichen Arbeiten analysiert haben. Wenn die Aufgaben im Einzelnen definiert sind, können sie alle in kurzer Zeit getan werden, und durch die Erledigung jeder Aufgabe werden Sie kontinuierlich Fortschritte auf das größere Ziel hin machen.

Gehen Sie im Zusammenhang mit der Aufstellung Ihres Wochenplans die Projektpläne in jeder Arbeitsakte durch, und wählen Sie die Aufgaben für die nächste Woche aus. Sie müssen sich nicht andauernd aufs Neue überlegen, was für das Projekt getan werden muss, weil Sie diesen Teil Ihrer Planung bereits gemacht haben. Ihre Wochenplanung geht schnell und effizient vonstatten und erfüllt ihren beabsichtigten Zweck. Wir wollen ein Beispiel betrachten. Es gibt nichts Wertvolleres, als sich regelmäßig und stetig darum zu bemühen, sich selbst zu verbessern. In vielen Unternehmen spiegelt sich diese Idee in einer jährlichen oder halbjährlichen Leistungsbeurteilung wider. Von daher ist es sinnvoll, dass Sie eine entsprechende Arbeitsakte führen. Diese Akte enthält Ihre letzte Beurteilung einschließlich der Aussage Ihres Vorgesetzten, dass Sie im kommenden Jahr dieses und jenes tun müssen, um Ihre Leistung zu steigern. Sie sind die Beurteilung mit Ihrem Vorgesetzten durchgegangen und haben seinen Vorschlägen zugestimmt.

Ihre Akte mit dem Titel »Leistungsbeurteilung« sollte jedoch mehr beinhalten als nur die Aussage, dass bestimmte Dinge einer Verbesserung bedürfen. Sie sollte eine Liste von Aufgaben enthalten, die Sie tun werden, um die erwünschten und geplanten Verbesserungen zu erreichen. Dazu gehören Bücher, die Sie lesen, Seminare, die Sie besuchen werden, oder andere konkrete Vorhaben. Sie könnten auch zum Beispiel eine Checkliste vorbereiten, die Sie täglich oder wöchentlich heranziehen, um der Tendenz entgegenzuwirken, zu unregelmäßig Protokoll zu führen. Und Sie werden sich diese Aufgabenliste einmal pro Woche vornehmen und sie ganz bewusst durchlesen.

Während Sie das tun, fragen Sie sich, was Sie diese Woche oder heute oder heute Nachmittag gemacht haben, um einen bestimmten Schwachpunkt auszumerzen. Fragen Sie sich, welche Aufgabe der Liste Sie abhaken könnten. Nehmen Sie sich die nächste Woche in Ihrem Kalender vor, und listen Sie anhand des bereits aufgestellten Projektplans die spezifischen Wochenaufgaben auf, die Sie in dieser konkreten Angelegenheit ein Stück weiterbringen werden. Ein Beispiel für einen Projektplan ist in Abbildung 4.5 auf der nächsten Seite wiedergegeben.

Kriterien für die Projektplanung

Einige Kriterien, anhand derer Sie entscheiden können, ob die von Ihnen zu erledigende Arbeit einer Projektplanung bedarf, sind:

- Die Arbeit ist komplex.
- Sie erscheint schwierig.

- Es sind mehrere Mitarbeiter beteiligt.
- Sie ist neu.
- Es gibt wichtige Stichtage.
- Sie bedeutet größere Veränderungen.

Abbildung 4.5
Beispiel für einen Projektplan

Projektplanung

Projekttitel: Handbuch zum Büromanagement

Ziele: Entwicklung von Arbeitsverfahren im Büro, die vom Management und der Belegschaft im nächsten halben Jahr mitgetragen werden.

Handlungen	*Geschätzter Zeitaufwand in Stunden*	*Beteiligte Personen*	*Geplanter Stichtag*	*Fertigstellung am*
1. Aufstellung der gegenwärtigen Verfahren		Mitarbeiter	15.1.	
2. Bildung von Arbeitsgruppen zur Überprüfung der gegenwärtigen Verfahren und der notwendigen Veränderungen	4	Selbst	20.1	
3. Die Arbeitsgruppen beurteilen die Verfahren und geben Empfehlungen ab*	*	Arbeitsgruppe	5.2	
4. Abstimmung der Empfehlungen	3	Selbst	15.2	
5. Beurteilung durch den Rechtsbeistand		Anwalt	20.2	
6. Umlauf des Entwurfs zur Begutachtung durch die Manager		Manager auf der Umlaufliste	1.3	
7. Schlussredaktion		Selbst	5.3	
8. Überwachung der Umsetzung*	*	Mitarbeiter	15.3	
9. Schreiben eines Projektplans für eine interne PR-Kampagne, die zur Annahme des neuen Konzepts ermuntert	1	Selbst	20.3	
10. Verteilung des Handbuchs	2	Mitarbeiter	20.4	

Fälligkeitstermin: 1.5

Für die mit einem * gekennzeichneten Aufgaben sollte jeweils ein eigener Projektplan erstellt werden, um sie aufzugliedern.

Entwurf zur Projektplanumsetzung

Bevor Sie die konkreten Schritte zur Umsetzung eines Projektplans ausarbeiten können, ist es manchmal erforderlich, sich genauere Gedanken darüber zu machen, wie er eigentlich aussehen soll. Mithilfe eines Entwurfs (siehe Abbildung 4.6) können Sie die relevanten Elemente im Projektplan erkennen, frei fließend zweckdienliche Ideen entwickeln und Gedankengänge ankurbeln, die anderenfalls vielleicht nicht ans Tageslicht kämen.

Die entscheidenden Elemente des Projektplanentwurfs sind:

- Tragen Sie gedanklich alle Aspekte der Aufgabe zusammen.
- Bestimmen Sie, welche entscheidend für den Erfolg sind.

Abbildung 4.6
Entwurf für einen Projektplan

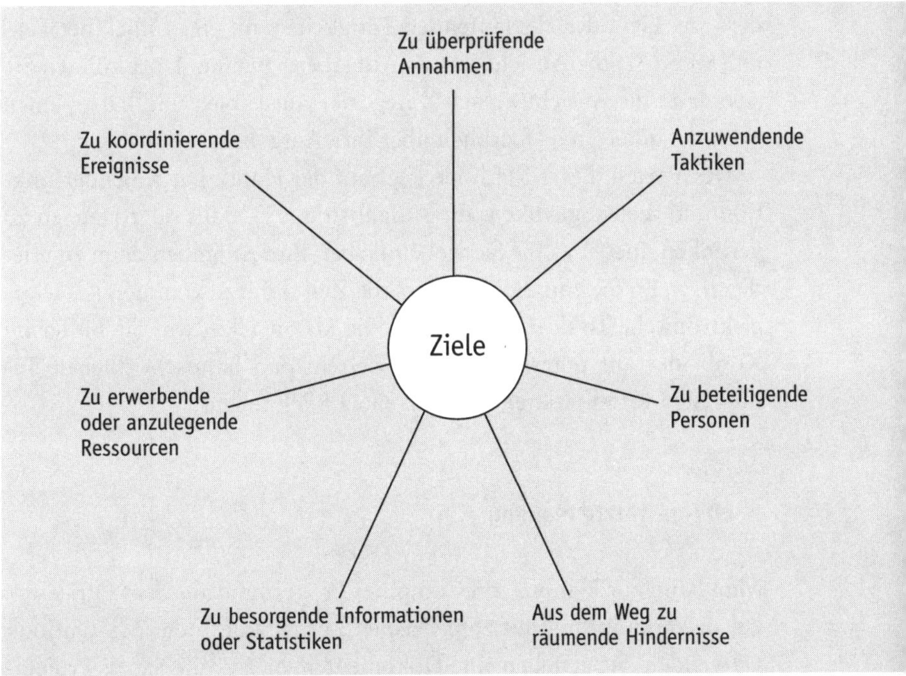

- Ordnen Sie Ihre Ideen nach Kategorien.
- Vereinigen Sie diese in einem Umsetzungsplan.

Die Planung mit Microsoft Outlook und Lotus Notes

Sowohl Outlook als auch Notes bieten die Möglichkeit der Planung komplexer Aufgaben und der persönlichen Projektplanung.

In Outlook können Sie ganz einfach eine Aufgabenliste erstellen, die mit der Kalenderfunktion gekoppelt ist. Sie können eine neue Kategorie einrichten, der Sie den Namen Ihres Projekts geben. Anschließend stellen Sie Ihre Aufgaben zusammen, wobei die jeweiligen Fristen in Ihren Terminkalender eingetragen werden. Somit verfügen Sie über ein hervorragendes Mittel, Ihr Projekt Phase für Phase zu verfolgen.

Sie können Ihre Aufgaben entweder über die Anzeige des Kalenders ansehen oder alle laufenden Tätigkeiten auf einen Blick betrachten, wenn Sie die Ansicht unter »Aufgaben« nutzen. Dort können Sie sich dann die Ansicht »Nach Kategorie« auswählen und haben einen noch detaillierteren Überblick über Ihre Aufgaben.

Der Vorteil dieser Methode liegt auf der Hand: Die Kalenderfunktion und die Möglichkeit, die Aufgaben mit E-Mails oder Dateien zu verlinken, macht es für Sie viel einfacher, Ihre Aufgaben dann zu erledigen, wenn Sie entscheiden, dass die Zeit dafür gekommen ist. Diese elektronische To-do-Liste entlastet Sie, da Sie alles, was Sie bisher im Kopf oder auf unterschiedlichen Zetteln und handschriftlichen To-do-Listen verteilt hatten, nun auf einen Blick sehen.

EDV-gestützte Planung

Man kann zur Planung am Computer Programme aus dem Office-Paket in Verknüpfung mit zum Beispiel Lotus Notes oder MS Outlook verwenden. Sie erstellen eine Dokumentenvorlage, die Sie als Projektplan verwenden wollen. Alle benötigten Formulare lassen sich mithilfe eines Makros schnell in dem gewünschten Format erzeugen, und man kann seine Aufgaben und die dafür notwendigen Informationen mit dem Drücken weniger Tasten nach vielen unterschiedlichen Gesichtspunkten einfach auf den Bildschirm holen.

So ist es jederzeit möglich, eine neue Aufgabe samt Stichtag und der dafür verantwortlichen Person in einen Projektplan aufzunehmen – und diese Informationen werden automatisch im Kalender angezeigt. Man muss somit die Informationen nur einmal notieren, kann sie jedoch auf mehrere Arten abrufen – anhand des Stichtags, der Projektplankennung, des Namens der verantwortlichen Person oder was im Augenblick am geeignetsten ist.

Man ist in der Lage, seine Wochenpläne schnell zu erstellen, und kann mittels eines Computerbefehls die Aufgaben innerhalb des Projektplans, die man in der nächsten Woche erledigen möchte, markieren.

Manche Menschen stellen sich immer noch auf die Hinterbeine, bereit, sich der Idee zu widersetzen, den Computer für die Planung und Abwicklung ihrer eigenen Arbeit und der ihrer Gruppe zu nutzen. In ein paar Jahren wird es allerdings ohne Wenn und Aber soweit sein, dass man entweder den Computer optimal einsetzt oder nicht mehr wettbewerbsfähig ist. Wir haben faktisch keine andere Wahl. Man muss lernen, den Computer genauso als Hilfsmittel anzunehmen wie einen Bleistift oder einen Kugelschreiber, und begreifen, dass man mit dem Computer Dinge viel besser kontrollieren, überwachen und herstellen kann als ohne. Zweifellos können Sie bestätigen, dass die Technologie unser Privat- und Berufsleben tiefgreifend beeinflusst und weiterhin beeinflussen wird. Sie können jedoch nicht erwarten, die Möglichkeiten zu erkennen, die Ihnen die Technologie persönlich und beruflich bringen könnte, wenn Sie sie nicht einsetzen. Sie werden merken, dass Sie mit der entsprechenden Technologie nicht nur mehr und besser planen, sondern auch zusätzliche geschäftliche Einsatzbereiche ausmachen können.

Aber wozu der ganze Aufwand? Weil wir alle erfolgreich sein wollen. In seinem Buch *Denke nach und werde reich* analysiert Napoleon Hill berühmte Persönlichkeiten wie Andrew Carnegie, Henry Ford und andere. Alle diese erfolgreichen Menschen hatten eines gemeinsam: Sie waren akribische Planer. Sie wussten genau, was sie erreichen wollten, nahmen sich die Zeit, genau auszuarbeiten, wie sie an das gesetzte Ziel kommen, und arbeiteten anschließend zielstrebig darauf hin, bis sie es erreicht hatten. Diesem Beispiel sollten wir alle folgen.

Die Kalenderfunktion in Microsoft Outlook und Lotus Notes

Die Kalenderfunktionen dieser beiden Programme sind sehr vielseitig: So lassen sich Routineaufgaben und ständig wiederkehrende Tätigkeiten planen, und man verliert nicht so schnell den Überblick, weil sich alle eingegebenen Termine nach unterschiedlichen Prioritäten geordnet anzeigen lassen. Je nach Einstellung wird man aber auch durch ein akustisches Signal an seine Termine erinnert.

Es ist möglich, sowohl Aufgaben als auch Anhänge mit der Kalenderfunktion zu verlinken. Außerdem können Sie sich in beiden Programmen auch die Kalenderfunktion Ihrer Kollegen anzeigen lassen, was mit einem herkömmlichen Kalender aus Papier nicht ohne weiteres möglich wäre. Diese Funktion ist besonders hilfreich, wenn Sie eine Besprechung planen.

Wie Sie Outlook oder Notes als Terminkalender, für die Aufgabenverwaltung und als Planungshilfe nutzen können, erfahren Sie in dem Kapitel *Halten Sie alles sofort in Schuss.*

Strategieplanung

Mit dem Tages-, Wochen- und Projektplan haben wir die taktischen Schritte festgestellt, die notwendig sind, um Aufgaben zu erledigen. Allerdings bleibt die Frage, ob die Dinge, die Sie machen, auch wirklich die sind, die Sie tun sollten. Arbeiten Sie an den richtigen Projekten? Denken Sie langfristig? Liegt den Projekten eine richtige Beurteilung Ihrer Ziele zugrunde? Realisieren Sie Ihre Ziele mit diesen Projekten am effektivsten und effizientesten? Besitzen Sie die Ressourcen, um diese großen Pläne zu verwirklichen, oder könnten die Ressourcen sinnvoller eingesetzt werden?

Die Strategie hängt ganz von den Zielen und letztendlich von dem ab, was für Sie oder Ihre Arbeit wichtig ist. Ohne eine klare Langzeitvision kommen Sie mit dem, was Sie in einem Tag, einer Woche, einem Jahr oder Ihrem Leben erledigen können, möglicherweise nicht viel weiter.

Sie müssen an der richtigen Sache arbeiten. IBT hat im Laufe der Jahre mit Hunderten von Unternehmen zu tun gehabt, und obgleich einige von ihnen durchaus Firmenstrategien entwickelt hatten, wusste die Belegschaft nur in den seltensten Fällen über die Pläne Bescheid. Die Strategien, die verfolgt werden sollen, zu definieren und sie der Belegschaft bekannt zu geben ermöglicht allen Mitarbeitern, ihre eigenen individuellen Handlungen besser mit den wichtigen Gruppenzielen abzustimmen.

Wie entwickeln Sie eine Strategie? Das wäre für sich schon das Thema eines eigenen Buches. Als Erstes müssen Sie die Ziele aufstellen, die Sie erreichen wollen. Diese Ziele richten sich natürlich nach Ihrer Vision und den Bedürfnissen Ihrer Kunden. (Mehr davon in den Abschnitten »Zielsetzung« und »Werte«.) Wo stehen Sie im Moment im Hinblick auf diese Ziele? Welcher Weg führt zu ihnen? Mit welchen Ressourcen müssen Sie arbeiten (Finanzen, Menschen, Zeit, Wissen, Erfahrung, Kontaktpersonen, die die Probleme für sich bereits gelöst haben, denen Sie bei der Verwirklichung Ihrer Ziele gegenüberstehen, und so weiter)? Wie verwenden Sie die vorhandenen Ressourcen am besten, um Ihre Ziele zu verwirklichen? Entscheiden Sie sich für eine Richtung. Ziehen Sie die Unwägbarkeiten in Betracht. Denken Sie alles so weit durch, wie Sie irgend können.

Bei einigen Unternehmen ist die Entwicklung der Strategie Teil der jährlichen Budgeterstellung. Das ist aber möglicherweise zu eng gedacht. Die Finanzen sind natürlich eine entscheidende Ressource (und Beschränkung). Finanzielle Ziele und die strategische Planung zu ihrer Verwirklichung sind aber nur ein Teil des Prozesses. Wenn Sie die Strategiediskussion so eng mit der des Budgets verknüpfen, erkennen Sie möglicherweise nicht den Wert und die Bedeutung der Strategieplanung für andere Aspekte des Geschäfts.

Strategieplanung, so wie IBT sie versteht, ist ein allgemeines, nicht an eine Position gebundenes Hilfsmittel. Für die Verwirklichung jedes größeren oder kleineren Ziels sollte eine eigene Strategie entwickelt werden. Die übergeordnete Handlungsstrategie sollte dazu genutzt werden, das Individuum bei der Entwicklung seiner eigenen Strategien zu leiten. Wenn man eine gute Strategie hat, ist es viel leichter, Prioritäten zu setzen und die Arbeitsinstrumente festzulegen – welche Arbeitsakten eingerichtet werden müssen und für welche Arbeiten ein Projekt erforderlich ist. Es stellt sich nun die Frage, wofür Strategien aufgestellt werden sollten.

Zielsetzung

Strategien werden entwickelt, um bestimmte Ziele zu erreichen. Doch wer sich kein Ziel setzt, kann sich natürlich auch keine sinnvolle Strategie dafür überlegen. Ziele könnten definiert werden als allgemeine Vorstellungen oder Vorhaben, zu deren Verwirklichung bestimmte Bemühungen und Handlungen erfolgen müssen.

Es gibt die unterschiedlichsten Zielsetzungen, manche bedeutend, manche weniger bedeutend. Vielleicht träumen Sie ja davon, in Ihrem Tennisclub die Nummer eins zu werden, doch dieses Ziel ist nicht ganz so bedeutend wie beispielsweise den Kampf gegen den Krebs zu gewinnen und Medizingeschichte zu schreiben. In den folgenden Abschnitten wollen wir uns mit unseren Lebenszielen – langfristige Ziele, die unserem Leben Sinn geben – befassen.

Zielsetzungen sind sehr wichtig, denn sie ziehen unsere Aufmerksamkeit auf sich und lassen uns konzentrierter handeln. Aufmerksames und konzentriertes Arbeiten erhöht wiederum Leistungsfähigkeit und Produktivität, was zur Folge hat, dass wir viel mehr der wichtigen Angelegenheiten erledigen können.

Ziele müssen gut definiert sein und sollten am besten schriftlich ausgearbeitet werden. Das Schreiben zwingt Sie dazu, Ihre Gedanken zu klären.

Die Zielsetzung ist ein wichtiger Bestandteil des PEP-Planungsprozesses. Als Verkäufer verfolgen Sie vermutlich finanzielle Ziele und möchten einen bestimmten Umsatz erreichen. Natürlich können Sie auch noch weitere Ziele haben: Zum Vertriebsleiter aufzusteigen, zu den Topverkäufern Ihres Unternehmens zu zählen und so weiter. Sie müssen jedes Ihrer Ziele festlegen, entsprechende Strategien ausarbeiten, einen Projektplan erstellen und täglich oder wöchentlich überprüfen, ob Sie noch auf dem richtigen Weg zu Ihrem Ziel sind.

Vermutlich nehmen Sie in Ihrem Unternehmen die unterschiedlichsten Rollen ein – vom Marketingleiter, Vorsitzenden des Kreditausschusses, Aufsichtsratmitglied bis zum Teamleiter. Mit jeder Rolle, die Sie spielen müssen, sind jeweils eigene Ziele verbunden. Angesichts der Vielzahl der Ziele, die so gesehen ins Spiel kommen, ist es nicht verwunderlich, dass Menschen Schwierigkeiten haben mögen, sie zu erreichen, besonders wenn man nicht das zu ihrer Verwirklichung erforderliche System besitzt.

Am besten überlegen Sie sich gleich jetzt, welche Rollen Sie in Ihrer Firma innehaben, welche Ziele damit verbunden sind und ob diese Ziele zu Ihren eigenen passen.

Für die meisten von uns ist es riskanter, zu niedrig gesetzte Ziele tatsächlich zu erreichen, als ein Ziel zu hoch zu setzen und es deshalb nicht zu erreichen.

Michelangelo

Persönliche Ziele

Wir alle kennen jemanden, der über Jahre hinweg fantasiert, dass er am liebsten alles hinschmeißen und beispielsweise nach Tahiti gehen würde, im Grunde aber nie ernst macht. Es ist zu teuer; er hat nie die Zeit oder das Geld; oder sein Job frisst ihn ganz auf. Es ist traurig, dass so viele Menschen ihre Träume nie realisieren.

Die Person im obigen Beispiel hatte aber zumindest einen Traum, wenngleich sie nicht wusste, wie sie ihn verwirklichen sollte. Vielleicht war der Traum zu fantastisch – aus ihm wurde nie ein klar definiertes Langzeitziel mit identifizierbaren kurz- und mittelfristigen Zielen, die auf die konkrete Zeit abgestimmt werden konnten.

Zufriedenheit mit dem eigenen Leben hängt zu einem Großteil davon ab, ob man sich persönliche Ziele setzt und daran arbeitet, sie zu verwirklichen.

In unserem Beruf machen wir immer wieder die Erfahrung, dass sich Menschen viel häufiger berufliche als private Ziele setzen. Das mag damit zusammenhängen, dass bei vielen der Vorgesetzte die Ziele festlegt oder die Erfahrung gelehrt hat, dass ohne konkrete Vorstellungen über die erforderlichen Arbeitsschritte niemand die von ihm erwartete – und bezahlte – Arbeitsleistung liefern kann. Im Allgemeinen fehlt es jedoch im Privatleben an dieser Disziplin. Eigentlich schade, denn wir arbeiten doch um zu leben und nicht umgekehrt, oder ...?

Möchten Sie sich Klarheit über Ihre privaten Ziele verschaffen? Dann sollten Sie sich das Buch von Stephen Covey *Die sieben Wege zur Effektivität* besorgen und – wie darin beschrieben – Ihre persönlichen Rollen – Mutter, Schwester, Ehefrau, Leiterin des Elternverbands, Künstlerin, beste Freundin und so weiter – definieren. Sehr wahrscheinlich besitzt jede dieser Rollen ihre eigenen Zielsetzungen, von denen manche sehr wichtig, andere eher unbedeutend, einige kurzfristig oder aber höhere Lebensziele sind. Sobald Sie sich mit diesem Thema auseinander setzen, werden Sie merken, wie komplex das Leben ist. Es ist schon eine beachtliche Leistung, wenn Sie es schaffen,

Ihre Ziele nicht aus den Augen zu verlieren. Über die unzähligen notwendigen Details, ohne die wir unsere Ziele niemals erreichen können, wollen wir lieber gar nicht erst sprechen.

Werte

Während die meisten geschäftlichen Unternehmungen auf Profit abzielen, ist für den langfristigen Erfolg mehr vonnöten. Sie könnten zum Beispiel den momentanen Gewinn dadurch steigern, dass Sie zukunftsträchtige Investitionen streichen oder durch Einschränkung des Kundendienstes Kosten senken, aber beides könnte den geschäftlichen Kollaps bedeuten.

Dem oberen Management obliegt die Verantwortung, zu definieren, was wirklich wichtig fürs Geschäft ist. Das ist keine PR-Übung, sondern ein ernsthaftes strategisches Vorgehen. Sie müsssen sich deshalb die Fragen stellen: Warum besteht unser Geschäft? Nach welchen Prinzipien lebt es? Welche unternehmerische Vision haben Sie? Was sind die Leitwerte des Unternehmens?

Oft werden Unternehmenszweck und Unternehmensprinzipien auf einem Blatt Papier festgehalten und die Mitarbeiter aufgefordert, Lang- und Kurzzeitziele zu entwickeln, die damit in Übereinstimmung stehen.

Als Manager könnten Sie Ihr Team zusammenrufen, um die wichtigsten Probleme zu skizzieren, denen Ihre Abteilung (Gruppe oder Unternehmen) gegenübersteht, um zu schildern, was Ihr Unternehmen in den nächsten paar Jahren erreichen soll und was es davon abhalten könnte. Sie könnten Ihre ganze Belegschaft in den Prozess einbeziehen. Das Endergebnis wäre Übereinstimmung bei den wichtigsten Themen, die angegangen werden müssten, um die geschäftlichen und beruflichen Ziele zu realisieren.

Persönliche Werte

Sie sollten sich unbedingt fragen: »Was bedeutet mir wirklich etwas? Nach welchen Prinzipien will ich leben?« Wenn Sie Ihre Prinzipien bestimmen – jene Ideale, die Sie mehr schätzen als alles andere –, werden Ihnen Ihr Lebenszweck und Ihre Lebensaufgabe viel klarer werden. Wenn Sie wissen, was wichtig für Sie ist, können Sie Ziele zu dessen Verwirklichung aufstellen. Diese Ziele werden sinnvoll sein, weil ihre Erreichung Ihnen das gibt, was Sie wirklich schätzen.

Hinter dieser Lebenseinstellung verbirgt sich viel Kraft und Stärke. Charles R. Hobbs spricht in seinem Buch *Time Power – Zeit gewinnen mit System* davon, eins mit sich selbst zu werden:

»Wenn Ihr Handeln kongruent ist mit Ihrer Überzeugung und wenn sich Ihre Überzeugung auf die höchsten Wahrheiten gründet, erreichen Sie die schönste Form persönlicher Produktivität, erleben Sie die befriedigendste Form der Selbstachtung.« (S. 39)

Indem Sie Ihre wichtigsten Lebensprioritäten aufstellen, können Sie das erreichen, was Charles R. Hobbs als eine Konzentration von Stärke beschreibt: »Die Fähigkeit, sich auf Ihre wichtigsten Prioritäten auszurichten und diese zu erreichen.« (S. 39)

Die eigenen Werte zu bestimmen geht nicht im Handumdrehen. Sie lesen dieses Buch, weil für Sie Zeit ein wertvolles Gut ist. Sie möchten Ihre Zeit zweifellos stärker kontrollieren und besser nutzen können. Es wäre schade, am Lebensende angekommen zu sein und erkennen zu müssen, nicht das getan zu haben und das geworden zu sein, was man tun und werden wollte.

Bei der Arbeit mit unheilbar kranken Patienten wird oft deutlich, dass keiner von ihnen jemals bedauert, nicht mehr Zeit im Büro verbracht zu haben. Vielmehr tut es den Patienten leid, wie sie mit Beziehungen oder der Zeit, die sie mit geliebten Menschen zusammen waren, umgegangen sind.

Warten Sie nicht, bis es zu spät für die Erkenntnis ist, dass Sie den Großteil Ihres Lebens mit Dingen vergeudet haben, die nicht die wichtigsten für Sie waren. Es ist viel besser, seine Ziele, Überzeugungen und Leitprinzipien zu analysieren und sicherzustellen, dass die Arbeit in Einklang mit ihnen steht.

Die meisten von uns möchten ein glückliches Leben führen. Aber was macht uns glücklich? Glücklich zu sein ist ein Nebenprodukt eines sinn- und zweckvollen Lebens und Arbeitens. Ziele aufzustellen, die auf den eigenen Werten basieren, liefert diesen Lebenssinn und -zweck. Das Schöne daran, auf ein Ziel hinzuarbeiten, ist, dass es fast nichts ausmacht, ob man das Ziel erreicht oder nicht – die Tatsache, dass man auf etwas hinarbeitet, was man wertschätzt, reicht aus, um einen glücklich zu machen. Selbst die prosaischsten Handlungen werden tolerierbar und sogar vergnüglich, weil man weiß, dass man dadurch seinen Zielen näher kommt.

Wenn Sie die Dinge tun wollen, die für Sie im Leben am wichtigsten sind, müssen Sie sich Ihre Zeit gut einteilen:

- Entscheiden Sie, was Sie mehr schätzen als alles andere.
- Entscheiden Sie, nach welchen Prinzipien Sie leben wollen.
- Erkennen Sie Ihre Lebensaufgabe.

Geistige Vergegenwärtigung

Sie kennen vielleicht das Konzept, sich gewünschte Ergebnisse vor der tatsächlichen Umsetzung bildlich vorzustellen. Sportler wenden diese Technik schon jahrelang an. Geistige Vergegenwärtigung von Dingen bedeutet, sich im Geiste schon über der Ziellinie zu sehen, sich den perfekten Sprung auszumalen. Alles verlangsamt sich, und die Geschehnisse werden Ihnen in allen Einzelheiten völlig bewusst. Sie sehen sich selbst, wie Sie im Moment des Schlusspfiffs noch ein Tor zum Gewinn Ihrer Mannschaft schießen. Der empirische Psychologe Charles Garfield untersuchte über viele Jahre Hunderte von Weltklasseathleten. In seinem Buch *Peak Performance: Mental Training Techniques of the World's Greatest Athletes* schreibt er:

»Alle Spitzensportler berichten, dass sie sowohl im Training als auch im Wettkampf mit einer Art mentalen Probelaufs arbeiten.«

Wie wichtig sind geistige Vergegenwärtigungen, die Visionen, für ein Unternehmen? Jim Clemmer schreibt dazu in seinem – leider nicht auf Deutsch erhältlichen – Buch *Firing on All Cylinders:*

»Ihre Unternehmensvision funktioniert ähnlich wie ein Magnet, der Menschen, Ereignisse und Umstände anzieht. Man könnte die geistige Vergegenwärtigung auch als sich selbst erfüllende Prophezeiung beschreiben. Sind Ihre Mitarbeiter absolut davon überzeugt, dass etwas Bestimmtes eintreten wird, werden Sie alles daran setzen, es geschehen zu lassen, selbst wenn sie sich dessen nicht bewusst sind.«

Wir haben davon gesprochen, dass Handeln einem klaren Bild folgt. Die in diesem Kapitel beschriebenen Planungen vermitteln Ihnen diese Klarheit. Zwischen »träumen, etwas in der Zukunft zu besitzen« und »sich vorstellen, es in der Zukunft zu haben«, besteht ein Unterschied.

Die Vergegenwärtigung impliziert eine strukturiertere und diszipliniertere Sichtweise dessen, was Sie zu erreichen versuchen. Indem Sie sich etwas bildlich vorstellen, betrachten Sie Ihr Ziel von vielen verschiedenen Gesichtspunkten aus. Wenn Sie Ihre Arbeit von allen hier beschriebenen Standpunkten aus beleuchten, bekommen Sie Klarheit und arbeiten an den Dingen, die für Sie am wichtigsten sind und Ihnen am meisten bringen. Sie schaffen mehr Gründe, das, was Ihnen vorschwebt, auch haben zu wollen, und steigern Ihr Verlangen danach, indem Sie träumen und sich (infolge einer guten Planung) ein Bild davon machen. Wollen und Wünschen bestimmen maßgeblich, ob Sie das Ziel erreichen, zu dem Sie aufgebrochen sind

Die Japaner sind dafür bekannt, neue Produkte schnell auf den Markt zu bringen. Ihnen wird aber auch nachgesagt, dass sie lange brauchen, um sich zu entscheiden, was fälschlicherweise als eine japanische Eigenart der Konsensbildung bezeichnet worden ist. Nichtsdestoweniger einigen sie sich. Gleichzeitig stellen sie aber auch sicher, dass jeder Aspekt vor Beginn der Arbeit sorgfältig durchleuchtet worden ist. Und wenn sie einmal angefangen haben, geht alles mit atemberaubender Geschwindigkeit vonstatten.

Sie müssen gründlich nachdenken, wollen Sie so effektiv wie möglich sein. Die Planung veranlasst Sie, Ihre Arbeit von vielen Gesichtspunkten aus zu analysieren. Sie identifizieren dabei alle Punkte, die zu Ihrem Ziel – Ihrer Arbeit – gehören. Ihre Arbeit ist zudem auf unterschiedliche Weise kategorisiert, was nicht der Fall wäre, wenn Sie die Planung vernachlässigen würden.

Sie müssen gut organisiert sein, um effizient planen zu können, wobei Sie nicht unbedingt viel Zeit mit der Planung verbringen müssen. Der Großteil Ihrer Zeit sollte der Erledigung Ihrer Aufgaben gewidmet sein. Aber die Planung ist die Zeit und Mühe wert, die Sie in sie investieren. Wenn Sie lernen, sehr effektiv zu planen, werden Sie bemerken, dass Sie täglich einige Zeit damit zubringen, sich Ihre Ziele zu vergegenwärtigen und sie dadurch zu verwirklichen.

Zusammenfassung

1. Stellen Sie einen täglichen und wöchentlichen Handlungsplan auf und halten Sie sich daran. Mit Übung sollte Ihre Arbeit für die kommende Woche freitags in zwei bis vier Stunden analysiert sein. Wahrscheinlich geht es am Computer noch schneller. Widmen Sie an jedem Arbeitstag abends etwa zehn Minuten Ihrem Plan für den nächsten Tag, und verfolgen Sie seine Durchführung über den Tag. Ihre Tagesplanung wird stark vereinfacht, wenn Sie »rückwärts arbeiten«, das heißt, ausgehend von einem Wochenplan eine Liste der täglich zu erledigenden Aufgaben erstellen, die Sie näher an ein größeres Ziel bringen.
2. Gehen Sie in Verbindung mit der Aufstellung Ihres Wochenplans Ihre sämtlichen Arbeitsquellen durch. Setzen Sie sich Schwerpunktthemen und planen Sie Ihre Woche. Kombinieren Sie verstreute Einzelnotizen in einer laufenden Liste, sodass Sie sich nicht in einem Wust unübersichtlicher Arbeitsquellen verlieren. Verwenden Sie diese Liste, die laufenden Aufgaben und die Arbeiten aus Ihrer Wiedervorlagemappe, um Ihren Wochenplan aufzustellen.
3. Vergessen Sie nicht, in Ihre Planung genügend Zeit für unerwartete oder unbekannte Arbeiten einzurechnen.

4. Denken Sie daran, die wichtigen Langzeitziele, die Sie erreichen wollen, zu definieren. Gliedern Sie diese Ziele in kleinere Arbeitsaufgaben auf. Überprüfen Sie deren Erledigung einmal die Woche, und stellen Sie mit ihrer Hilfe Ihren persönlichen Wochenplan zusammen. Diese Projekte sollten zu den unter 2. ausgewiesenen Arbeitsquellen zählen.
5. Definieren Sie, was für das Geschäft langfristig wichtig ist. Wo soll das Unternehmen (oder Ihr Bereich, Verantwortungsgebiet) in den kommenden Jahren stehen? Sie können Ihre Belegschaft in diesen Vorgang einbeziehen. Bestimmen Sie davon ausgehend spezifisch (und schriftlich), an welchen Zielen Sie während eines festgelegten Zeitraums arbeiten werden.
6. Legen Sie für jedes Ziel eine Arbeitsakte an.
7. Stellen Sie eine Strategie für die Erreichung jedes Ziels auf.
8. Formulieren Sie Projektpläne, die die zur Durchführung der Strategien notwendigen taktischen Schritte beinhalten.
9. Gehen Sie in sich und hören Sie auf Ihre innere Stimme. Betrachten Sie Ihre persönlichen Werte als das Wichtigste in Ihrem Leben. Stephen Covey rät zum Beispiel, dass Sie sich Ihre eigene Beerdigung vorstellen. Was würden Sie gern in Ihrem eigenen Nachruf hören? Worauf sind Sie besonders stolz, wenn Sie Ihr Leben Revue passieren lassen? Was haben Sie Ihrer Meinung nach alles erreicht?
10. Denken Sie daran, dass ein Lebensziel Ihrem Leben eine tiefere Bedeutung gibt. Wie lautet Ihr Lebensziel? Wenn Sie keine oder nur eine sehr unklare Vorstellung davon haben, sollten Sie sich damit auseinander setzen. Manche sprechen in diesem Zusammenhang auch vom Sinn des Lebens oder von der Lebensaufgabe.
11. Formulieren Sie nun alle unmittelbaren Ziele, die den größten Beitrag zur Erreichung Ihres Lebensziels leisten.
12. Wenden Sie nun das PEP-Planungsprogramm auf diese Ziele an:
    - Strategie,
    - Projektplanung,
    - Wochen-/Monatsplanung,
    - Tagesplanung.

Viel Erfolg! ■

Ziehen Sie eine Sache durch und bleiben Sie am Ball

Wenn Sie bis zur Wurzel der Bedeutung des Wortes »Erfolg« vorstoßen, merken Sie, dass es einfach heißt, einer Sache zu folgen, bis man sie erreicht.

F. W. Nichol

Überblick: In diesem Kapitel lernen Sie,

- dass privater und beruflicher Erfolg ganz wesentlich auf Ausdauer beruht;
- dass die Zeit nur so verfliegt, wenn man in etwas vertieft ist; nachzudenken, was man wohl tun sollte, anstatt effizient zu planen, ist eine der wesentlichen Ursachen für Zeitverschwendung;
- die richtigen Systeme einzusetzen, um sich an Details erinnern zu können;
- einen Kalender und andere Hilfsmittel zu benutzen, um etwas durchzuziehen und am Ball zu bleiben;
- effektiv zu delegieren; unbegrenztes Weiterkommen ist nur mit der Unterstützung anderer möglich.

Im Kapitel *Planen Sie sofort*, sprachen wir darüber, wie wesentlich eine effektive Planung zur Verwirklichung Ihrer Ziele ist. Zu planen schafft Klarheit, und Klarheit führt zum Handeln. Wie erfolgreich und effektiv Sie sind, wird aber hauptsächlich davon abhängen, wie hartnäckig Sie Ihre Ziele zu erreichen versuchen. Oder anders ausgedrückt, wie gut Sie etwas bis zum Ende durchziehen und am Ball bleiben.

Ausdauer

Mit »hartnäckig« ist wirklich unbeirrbares Nichtlockerlassen gemeint. Meistens werden Dinge erledigt, Ziele erreicht, weil der Betreffende nicht lockerlässt und den Erfolg geradezu herbeizwingt. Calvin Coolidge, der 30. Präsident der Vereinigten Staaten, hat einmal gesagt:

»Nichts in der Welt kann Hartnäckigkeit ersetzen: weder Talent, denn nichts ist weiter verbreitet als das Scheitern talentierter Menschen, noch Genie – jeder kennt den Begriff vom verkannten Genie. Auch Bildung ist kein Schutz vor dem Versagen. Allein Hartnäckigkeit und Beharrlichkeit sind omnipotent.«

Ausdauer und Entschlossenheit führen zum Ziel. Sie wissen sicherlich aus Erfahrung, dass das stimmt. Dinge geschehen, weil Sie beharrlich bleiben, bis sie eintreten. Der Zusammenhang zwischen Planung und Ausdauer lässt sich treffend mit einem Zitat von Napoleon Hill aus seinem Buch *Denke nach und werde reich* beschreiben. Er meinte:

»Die Mehrzahl der Menschen versagt nur deshalb, weil es ihnen an der Ausdauer fehlt, misslungene Pläne durch immer neue und bessere Pläne zu ersetzen.« (S. 100)

Man muss wissen, was man möchte, planen, wie man es bekommt, und entsprechend handeln. Ziehen Sie einen Plan bis zum angestrebten Ergebnis durch oder entwickeln Sie neue Pläne, um das Ziel zu erreichen. Lassen Sie nicht locker. Wie gut Ihnen das gelingt, hängt davon ab, wie gut Sie organisiert sind.

Das Persönliche Effektivitäts Programm (PEP) macht Sie handlungsorientiert. Sie agieren sofort. Sie organisieren sich und Ihren Arbeitsplatz und sorgen dafür, dass es auch so bleibt. Sie wissen, wie man sich Ziele setzt und ihre Realisierung plant. Dieselben Prinzipien müssen Sie nun auch auf die Durchführung und beharrliche Verfolgung der Pläne anwenden.

Vergessen Sie, sich erinnern zu müssen

Die meisten Menschen sind irgendwie stolz auf ihre Fähigkeit, sich an alles »zu erinnern«, was getan werden muss. Sie legen dabei einen gewissen Ehrgeiz an den Tag. Früher mag das sinnvoll gewesen sein. Heutzutage stürmt jedoch beruflich und privat so vieles so schnell auf uns ein, und die Aktivitäten, mit denen wir auf dem Laufenden bleiben könnten oder sollten, haben sich so vermehrt, dass man einfach nicht erwarten kann, die vielen Sachen, die zu erledigen sind, im Kopf zu behalten. Zweifellos erinnern Sie sich an alles, aber möglicherweise nicht dann, wenn es am zweckdienlichsten oder effektivsten wäre, wie etwa nachts um 3.00 Uhr, wenn Sie sich im Bett aufrichten und denken: »Ich muss mich um das und das kümmern.« Dieses ständige Nachdenken, Planen und Verfolgen von allem, was man tun muss, sich an alles zu erinnern, um ihm auf der Spur zu bleiben, kann einen förmlich erschlagen.

Sie sollten sich nicht unbedingt wünschen, die Fähigkeit, die unzähligen Details Ihrer Arbeit im Gedächtnis zu behalten, noch zu verbessern. Leitende Angestellte und Manager sollten mehr daran interessiert sein, die ganzen Dinge zu vergessen, die sie tun müssen. Was die Menschen brauchen, ist ein funktionierendes System, mit dessen Hilfe sie sich, wenn notwendig, an diese zahllosen Details erinnern können, und zwar nur dann.

Das klingt verrückt? Mitnichten. Von Albert Einstein wird gesagt, dass er nicht einmal seine eigene Telefonnummer wusste. Auf Nachfrage wird er mit den Worten zitiert: »Warum sollte ich sie wissen? Ich kann sie jederzeit im Telefonbuch finden.«

Vertieftsein und Zeit

Ist Ihnen schon einmal aufgefallen, dass es einem länger vorkommt, wenn man das erste Mal irgendwo hinfährt, als das zweite oder dritte Mal? Haben Sie je darüber nachgedacht, warum? Die Erklärung für dieses Phänomen ist eigentlich ziemlich plausibel: Beim ersten Mal achtet man viel mehr darauf, wo man ist und wo man hin will. Man sucht nach Anhaltspunkten. Die Wegbeschreibung »Dritte Kreuzung rechts hinter der Apotheke auf der Schlossstraße« zwingt Sie, nach der genannten Apotheke Ausschau zu halten und die verschiedenen Kreuzungen zu zählen. Wenn Sie hingegen schon ein paarmal am selben Ort waren, bemerken Sie kaum noch die Ampeln auf Ihrem Weg. Sie steigen ins Auto, und das Nächste, was Sie wissen, ist, dass Sie dort sind! Ihr Gefühl, wie lange Sie gebraucht haben, um an einen Ort zu kommen, hat wenig mit der gefahrenen Geschwindigkeit, sondern viel mehr mit Ihrer Aufmerksamkeit zu tun. Jeder Autofahrer wird dem zustimmen, dass zu viele Leute beim Fahren in ihrer eigenen mentalen Welt sind. Sie sind wie »weggetreten«.

Wenn man von etwas voll in Anspruch genommen wird, verfliegt die Zeit nur so. Sie haben wahrscheinlich auch schon erlebt, dass Sie morgens ins Büro kamen und in null Komma nichts bereits Mittagspause war. Sie stellen sich dann häufig die Frage, wo der Morgen geblieben ist und was Sie eigentlich erledigt haben. Man ist so beschäftigt, weil man dauernd versucht, in die Tausende von Dingen, die getan werden müssen, einen Sinn zu bringen und mit ihnen auf dem Laufenden zu bleiben. Schuld an dieser Tatsache ist in erster Linie eine schlechte Planung. Wir probieren der ganzen Arbeiten, die wir überwachen und erledigen müssen, im Kopf Herr zu bleiben.

Dieses ständige, unproduktive Vertieftsein in alles, was erledigt werden muss, stiehlt uns mit Abstand die meiste Zeit und Energie, behindert unsere individuelle Produktivität am stärksten – es ist aber gleichzeitig auch der einzige Punkt, an dem wir alle etwas ändern können, um tatsächlich Herr über unsere Zeit und Energie und damit unser Leben zu werden, nämlich durch eine sinnvolle Planung der Tätigkeiten.

Schaffen Sie sich effektive Systeme, um auf dem Laufenden zu bleiben

Allzu oft sind die Schreibtische unserer Kunden übersät mit allen möglichen Erinnerungshilfen an zu erledigende Arbeiten, auch in Form von Klebezetteln, die am Computerbildschirm und an sämtlichen verfügbaren Stellen haften. Selbst wenn Sie es sich strikt angewöhnt haben, alles sofort zu tun, gibt es normalerweise viele Dinge, die Sie im Moment aus dem einen oder anderen Grund nicht erledigen können. Also schreibt man sich Zettel als Gedächtnisstützen.

Allerdings ist es für die Konzentration und Produktivität nicht unbedingt förderlich, diese Erinnerungshilfen dauernd vor Augen zu haben. Und wenn sie nur lange genug so herumliegen, sieht man sie schließlich überhaupt nicht mehr. Sie regelmäßig anzublicken und sich bewusst dafür zu entscheiden, nichts davon in Angriff zu nehmen, verstärkt nur die Gewohnheit, nichts sofort zu tun. Indem Sie mit einfachen Erinnerungssystemen (Hilfsmitteln) arbeiten, können Sie dieses Problem überwinden und sich Ihren wichtigsten Aufgaben zuwenden.

Gedächtnisstützen aus Papier

Wir wollen zunächst den Umgang mit Papier diskutieren, da es in großen Mengen anfällt und eine der größten Plagen überhaupt ist. Sie wissen bereits, dass es möglich ist, die Papiere von Ihrem Schreibtisch wegzubekommen und sie für eine spätere passende Zeit zur Bearbeitung bereitzuhalten. Dafür können Sie eine Wiedervorlagemappe benutzen, mit deren Hilfe Sie die tägliche (eins bis 31) oder monatliche (eins bis zwölf) Bearbeitung der Materialien entsprechend den Fälligkeitsterminen planen.

Wie im Kapitel *Organisieren Sie sich sofort* besprochen, müssen Sie sich einfach nur eine Notiz in Ihren Terminkalender schreiben und die Zeit markieren, in der Sie die Arbeit erledigen werden. Legen Sie die Erinnerungshilfe – das Stück Papier, das Sie gerade bearbeiten – in die Wiedervorlagemappe für den Tag, den Sie für die entsprechende Aufgabe in Ihrem Kalender vorgesehen haben, sodass es Ihnen an diesem Tag in die Hände fällt. Stecken Sie Papiere, bei denen Sie auf Rückmeldung warten, ebenfalls in Ihre Wiedervorlage. Wenn Sie beispielsweise einen Brief an einen Kunden schreiben und erwarten, dass er sich innerhalb einer Woche meldet, geben Sie eine Kopie des Briefes in Ihre Wiedervorlagemappe. Nach einer Woche taucht die Kopie des Briefes in der Mappe auf und erinnert Sie daran, beim Kunden nachzuhaken. Falls dieser bereits reagiert hat, bestimmt seine Antwort Ihren nächsten Schritt. Die Erinnerungshilfe wird Sie aber auf jeden Fall dazu veranlassen, die Angelegenheit bis zum Abschluss zu verfolgen.

Ein intelligenter und erfolgreicher Mann, der eine mittelgroße Bank leitete, benutzte genau dieses System. Er arbeitete mit einem Wiedervorlagesystem, das von eins bis 31 und eins bis zwölf durchnummeriert war. Mit diesem einen Hilfsmittel managte er die ganze Bank. Er übertrug den Mitarbeitern Aufgaben oder notierte Dinge, die getan werden mussten, und gebrauchte das Wiedervorlagesystem, um Termine zu vermerken, an denen eine delegierte Aufgabe oder ein Projekt fertig gestellt sein sollte. Wenn die Erinnerungshilfe dann irgendwann zum Vorschein kam, ging er der Sache bis zu ihrer Erledigung nach.

Aktivitätenbuch

Wenn Sie die kleinen Aufgaben, die Sie tun müssen, alle in einem Buch zusammenfassen, kommen Sie ohne die lästige Zettelwirtschaft auf Ihrem Schreibtisch aus. Ein derartiges Aufgabenbuch stellt eine nützliche Erinnerungshilfe für den »Krimskrams« dar, den jeder von uns tagtäglich zu erledigen hat. Falls Ihnen zum Beispiel plötzlich etwas einfällt, was noch zu tun ist und was Sie irgendwo aufschreiben

Abbildung 5.1
Beispiele für Einträge in ein Aktivitätenbuch

27. Juni

Frank anrufen wegen neuer Rechnung aus München

---

27. Juni

~~*Mit Müller den Stand der Vorbereitungen für die Vorstandssitzung durchgehen*~~

Erledigt

---

28. Juni

Treffen zwischen Robert und Michael festlegen, um die Strategie bei Firma Mayer zu diskutieren

wollen, können Sie es dort notieren. Aber auch, wenn Kollegen Sie im Vorübergehen bitten, ein Schriftstück zu prüfen und mit Ihnen darüber Rücksprache zu halten. In dem Aufgabenbuch können Sie Anfragen aufschreiben und besitzen gleichzeitig ein Instrument, um zu vermerken, wo nachgehakt werden muss.

Wir empfehlen ein DIN-A5-Kollegheft und keinen Block, da dort die Seiten nicht so leicht herausgerissen werden können. Führen Sie darin chronologisch Tagebuch über Ihre Aktivitäten, und versehen Sie jede Eintragung mit Datum. Schreiben Sie groß, und ziehen Sie nach jedem Eintrag zur Unterscheidung eine Linie. Streichen Sie erledigte Aufgaben sofort durch (siehe Abbildung 5.1). Sie können dann unmittelbar sehen, was getan worden und was noch zu tun ist.

Wir kennen einen Manager, der sein ganzes Unternehmen nur mit diesem einen Hilfsmittel führte. Er schrieb alles, an was er sich erinnern musste, in sein persönliches Aufgabenbuch und nahm es überallhin mit. Ein Aufgabenbuch zur Organisation und zur Erinnerung an zu erledigende Dinge zu verwenden, ist – insbesondere für Sekretärinnen – ein effizientes Hilfsmittel.

Bis Sie sich daran gewöhnt haben, alles in einem solchen Buch zu notieren, empfehlen wir, es immer offen auf Ihrem Schreibtisch liegen zu lassen. Anderenfalls greifen Sie vielleicht nach wie vor nach dem erstbesten Gegenstand, um etwas zu vermerken, und gewöhnen es sich nie an, ein Aufgabenbuch zu führen.

Terminkalender

Selbst mit Aufgabenbuch wird man immer irgendein Kalendersystem benötigen. Der Markt ist voll davon. Hinter jedem steht eine eigene Philosophie des Zeitmanagements. Diese Planer sind ausgezeichnete Hilfsmittel, um auf dem Laufenden zu bleiben. Ein Kalender eignet sich besonders gut, um Dinge zu notieren, an die man sich erinnern will. Da Kalender logischerweise mit einer Datumsanzeige versehen sind, kann man zukünftige Aufgaben darin vermerken und sie als eine Art lineares Wiedervorlagesystem benutzen, falls man kein anderes führt.

Unsere skandinavische Vertretung hat aufbauend auf den PEP-Planungskonzepten ein Kalendersystem entwickelt. Man kann es wie andere hier erwähnte Hilfsmittel überallhin mitnehmen (es passt bequem in eine Hand- oder Jacketttasche) und dazu benutzen, mit seinen Aktivitäten auf dem Laufenden zu bleiben und die Woche zu planen. Es besitzt eine Wochenübersicht und einen Teil, wo man Adressen und Telefonnummern, aber auch andere persönliche Informationen notieren kann.

An eine Faustregel sollten Sie sich halten: Benutzen Sie auf jeden Fall ein Kalendersystem mit einer Wochenübersicht. Dadurch werden Sie mit größerer Wahrscheinlichkeit wochenweise und über die ganze Woche planen, was wiederum zu einer effektiveren Zeiteinteilung führt und die Chance erhöht, dass Sie Ihre Arbeit auch tatsächlich erledigen.

Wenn Sie lieber ein größeres und anspruchsvolleres System verwenden, könnten Sie ihm bestimmte Abschnitte angliedern wie Adressbuch, Projektpläne, Konferenznotizen. Lernen Sie, Ihr Kalendersystem völlig auszunutzen. Mit etwas Fantasie und der notwendigen Übung, wobei Sie auch aus Fehlern lernen werden, wird Ihnen die Tauglichkeit eines solchen Systems, um Aufgaben durchzuführen und weiterzuverfolgen, klar werden.

Abgesehen davon, dass ein Kalender Sie auf dem Laufenden über Ihre Verabredungen hält, kann in ihm noch eine Vielzahl anderer Informationen festgehalten werden wie:

- Erinnerungen an zukünftige Aufgaben,
- Aufgabenlisten oder Pläne für die kommende Woche,
- wichtige Fälligkeitstermine,
- Geburtstage, Ferien, Jubiläen und andere spezielle Daten,
- Eintragung von Terminen,
- auf Stichtage hinarbeiten und Meilensteine notieren,
- Planung zielgerichteter Aktivitäten,
- Notizen, die Sie sich während Besprechungen machen,
- Adressen und Telefonnummern,
- allgemeine Informationen wie Zeitzonen, Vorwahlnummern, Gewichte, Maße und dergleichen,
- die für geplante Arbeiten festgelegten Zeiten,
- Zeitpläne für immer wiederkehrende Aktivitäten wie wöchentliche Besprechungen mit Ihren Mitarbeitern oder die Bearbeitung Ihrer E-Mail-Mitteilungen oder Papiere,
- persönliche Informationen wie Ihre Versicherungsnummern, Führerscheinnummer und die Fahrgestellnummer Ihres Wagens,
- Quittungen zur späteren Auslagenerstattung oder Abrechnung.

Abbildung 5.2 auf der nächsten Seite zeigt beispielhaft den Aufbau eines für die Planung und Durchführung von Aktivitäten optimal genutzten Kalenders.

Abbildung 5.2
Beispielkalender für Planung und Weiterverfolgung

Reaktiv
- ❑ Besprechungen
- ❑ Verabredungen
- ❑ Urlaubstage

Proaktiv
- ❑ Zeitpläne
- ❑ Selbst gewählte Termine für die Erledigung wichtiger Aufgaben
- ❑ Relevante Projektstufen
- ❑ Stichtage
- ❑ Erinnerungshilfen
- ❑ Nachfassaktionen

Proaktiver Kalender

Montag	Dienstag	Mittwoch	Donnerstag	Freitag
8.30-9.30 E-Mails bearbeiten	8.30-9.30 E-Mails bearbeiten	8.30-9.30 E-Mails bearbeiten	8.30-9.30 E-Mails bearbeiten	8.30-9.30 E-Mails bearbeiten
9.00 Abteilungs- besprechung	9.00 Projekt C 1 Stunde	9.00 Briefing	Dienstreise ↓	9.00 Schulung ↓
10.00 Projekt A 2 Stunden Bearbeitung	10.00 Einstellungs- gespräch	10.00 Besprechung C Vorbereitung 2 Stunden	↓	↓
12.00 Arbeits- essen			↓	12.00
13.00 Besprechung A		*13.00 Besprechung B*	*Besprechung C* ↓	
14.00 Projekt B 1 Stunde	14.00 Lieferanten- präsentation		↓	
	15.00 Projekt E 2 Stunden	15.00 Projekt E 1 Stunde	↓	
			↓	16.00 Wochen- plan erstellen
16.30-17.00 E-Mails bearbeiten	16.30-17.00 E-Mails bearbeiten	16.30-17.00 E-Mails bearbeiten	16.30-17.00 E-Mails bearbeiten	16.30-17.00 E-Mails bearbeiten
17.00 Abgabe Projekt A		17.00 Monats- bericht	17.00 Monats- bericht	17.00 Monats- bericht
Zu erledigen 1. Informationen für Besprechung C zusammenstellen	*Zu erledigen* 1. Mary anrufen 2. David kontaktieren (siehe Ablage für Laufendes)	*Zu erledigen* 1. Delegierte Aufgaben überprüfen	*Zu erledigen* 1. Delegierte Aufgaben B und C überprüfen	*Zu erledigen* 1. Regionalbüros anrufen

Elektronische Lösungen

Indem Sie Ihren augenblicklichen Kalender besser ausnutzen oder gegen einen größeren, anspruchsvolleren auswechseln, verfeinern Sie eigentlich nur bereits etablierte Arbeitsabläufe. Anders sieht es aus, falls Sie erwägen, auf eines der vielen auf dem Markt vorhandenen elektronischen Systeme umzusteigen.

Die Technologie entwickelt sich rapide weiter und wird mittlerweile so gut wie allen Bedürfnissen gerecht. Es gibt tragbare elektronische Kalendersysteme, die nicht viel größer oder schwerer sind als Tagesplaner und andere Notebook-ähnliche Kalendersysteme, die uns mit unzähligen Informationen versorgen können. Was sich noch vor zehn Jahren nur an einem Arbeitsplatzrechner speichern ließ, ist heute der Standard bei Palmtops.

Unabhängig von der Größe gibt es allerdings einige Haken. Ein Computer/Kalendersystem im Palm-Format besitzt möglicherweise eine schlecht handhabbare Tastatur. Abhilfe schafft allerdings schon selbst hier Abfragen einzugeben. Die gegenwärtigen Trends zeigen, dass diese »elektronischen Organizer« zunehmend an Popularität gewinnen und in der Zukunft mit Sicherheit herkömmlichen Papier-Systemen überlegen sein werden.

Die Arbeits- und Terminplanung mithilfe einer Software geht schnell von der Hand und erlaubt ein Höchstmaß an Flexibilität. Anstatt der ermüdenden und mitunter sehr zeitraubenden Planung mithilfe eines papiernen Systems können Sie mithilfe eines elektronischen Systems (in Firmen meist netzwerkfähige Groupware wie Outlook, Lotus Notes oder GroupWise) alles Mögliche schnell notieren und Ihre Planung mit nur einigen wenigen Tastendrucken nach Bedarf aktualisieren. Nutzen Sie die entsprechende Funktion, um sich jedes Projekt einschließlich aller damit verbundenen Aufgaben auf einmal anzeigen zu lassen. Außerdem ist es mit der entsprechenden Software viel einfacher, bestimmte Punkte umzustellen, neue hinzuzufügen oder bereits erledigte Aufgaben zu löschen, ohne das Ganze noch einmal komplett neu schreiben zu müssen, wie das mit papiernen Systemen der Fall ist.

Sie können Erinnerungshilfen für zukünftige Termine nutzen, die automatisch (elektronisch) zur gegebenen Zeit angezeigt werden. Sie können häufig gebrauchte Informationen buchstäblich mit einem Fingerdruck abspeichern, sich über Verabredungen und Besprechungen auf dem Laufenden halten und Daten sicher gespeichert in Ihrem Computer aufbewahren.

Privat nutzbare Software wie Small Business Tracker Deluxe (info@productivity.software.com) und Lotus Organizer (www.lotus.com) bieten die Möglichkeit, den Verlauf bestimmter Tätigkeiten oder Projekte, die Kostenentwicklung, Termine, Pläne und Aufgaben mitzuverfolgen. Andere Programme wie GoalPro (www.goalpro.com) legen ihren Schwerpunkt auf Zielsetzung und Zeitmanagement.

Eine elektronische Planung entlastet Sie enorm, weil Aktivitäten und Schlüsselwörter automatisch sortiert sind. Anstatt sich durch irgendeine Akte wühlen und sich dabei fragen zu müssen, wo Sie dieses oder jenes wohl abgelegt haben, können Sie alle einschlägigen Informationen zu einem Projekt mit einer Suchfunktion abrufen.

Kombination aus papiernen und elektronischen Kalendersystemen

Obgleich wir gewöhnlich die Menschen dazu ermutigen, die Technologie anzunehmen und EDV-gestützte Kalendersysteme einzuführen, mögen einige vielleicht der Meinung sein, dass Computer nicht zu ihrer Arbeit passen. Einen Laptop-Computer beispielsweise zu einer Verabredung zum Mittagessen mitzunehmen, ist schon hart an der Grenze. Viele Menschen verbinden erfolgreich papierne und elektronische Kalendersysteme und nutzen so den Vorteil von beiden. Die meisten Softwarepakete können Ihren Kalender in beinahe jedem gewünschten Format ausdrucken. Sie können dann den Ausdruck zu Ihren Verabredungen mitnehmen.

Persönliche digitale Assistenten (PDAs), Palmtops und elektronische Adress- und Terminverwalter im Kleinstformat

Mittlerweile haben sich PDAs zu der Wahl schlechthin entwickelt, wenn es um elektronische Terminverwaltung und Büroorganisation geht. Der Erfolg der Serie Palm Pilot und anderer Marken hat gezeigt, dass in der Geschäftswelt so gut wie nichts mehr ohne PDAs und Palmtops geht.

Die Technologien haben sich mittlerweile so weit entwickelt, dass sich nicht nur Informationen auf Tastendruck aktualisieren lassen und selbstverständlich eine Kalenderfunktion eingebaut ist, sondern auch E-Mails, Faxe und Voicemails bequem versendet und empfangen werden können. Das kleine Gerät lässt sich außerdem wirklich in jeder Handtasche und jedem Aktenkoffer verstauen.

Manche Organizer verfügen über besondere Funktionen, wie zum Beispiel der von Blackberry (www.blackberry.com) mit neuester Wireless-LAN-Technologie, mit der sich E-Mails versenden lassen. Dieses Kommunikationsmedium wird besonders gerne von Mitarbeitern benutzt, die im Außendienst beschäftigt sind und nicht ständig im Büro sitzen.

Die anfänglichen Schwachstellen dieser Geräte, wie mangelnde Speicherkapazitäten, schlecht lesbare Bildschirme, kurze Lebensdauer der Batterien, zu kleine Tastatur und Ähnliches, wurden mittlerweile angegangen und entscheidend verbessert.

Insbesondere für diese Geräte trifft das Sprichwort zu: Wer die Wahl hat, hat die Qual. Deshalb sollten Sie genau wissen, was ein Organizer alles können muss, damit Sie mit dem Gerät zufrieden sind.

- Haben Sie auf Ihrem Computer eine Personal Information Manager Software installiert? Dann achten Sie beim Kauf eines PDAs darauf, dass er damit kompatibel ist.
- Welchen Zweck soll Ihr Organizer erfüllen? Geht es Ihnen vor allem um die Kalenderfunktion und das Telefonnummernverzeich-

nis? Oder wollen Sie damit vielmehr auf Ihr firmeninternes Netzwerk zugreifen und E-Mails versenden?

- Lassen sich Daten einfach und bequem eingeben? Ziehen Sie eine Tastatur oder einen Eingabestift vor?
- Mittlerweile gibt es Spracherkennungsprogramme auch für PDAs, sodass Sie Ihre Termine »diktieren« können und sich Ansagen, wie die Beschreibung einer Tätigkeit, zu einem bestimmten Zeitpunkt anhören können. Haben Sie Verwendung für diese Funktion?

PDAs und Organizer sind im Grunde nichts anderes als die Kalender des 21. Jahrhunderts.

Arbeitsgruppen

Durch das Aufkommen von Netzwerksystemen ist es nun möglich und sogar erschwinglich, fast alle Gruppen innerhalb einer Organisation miteinander zu verbinden. Was früher eine hohe Investition war, können sich heute selbst die meisten kleinen Gruppen leisten. Die für die Vernetzung und Kommunikation erforderliche Hard- und Software ist für praktisch jedes Unternehmen finanzierbar.

Das Weiterverfolgen von Arbeiten wird durch Gruppensitzungen natürlich beträchtlich erleichtert, weil die Gruppe spezifische Pläne für eine Vielzahl von Projekten entwickeln und daran beliebig viele Leute beteiligen kann. Diese Pläne können gleichzeitig von verschiedenen Gruppenmitgliedern durchgeführt, verfolgt, beaufsichtigt oder auch nur eingesehen werden.

Manager können bei komplexen Projekten mit Leichtigkeit den Überblick behalten. Sie können einzelne oder alle Projekte einsehen, für die ihre Mitarbeiter verantwortlich sind. Sie haben auch Einblick in die unterschiedlichen Aufgaben und die Abgabetermine der einzelnen Projekte und können, abhängig von ihrer Hard- und Software, separate (und komplexe) Aufgaben für mehr als ein Projekt gleichzeitig anschauen. Dadurch können sie sich über vielfältige Stichtage auf dem aktuellen Stand halten.

Sie haben die Möglichkeit, laufende Arbeiten von der Perspektive der betroffenen Mitarbeiter aus zu betrachten und bei den Aufgaben nachzuhaken, die gleichzeitig fertig sein müssen oder deren Erledigung Voraussetzung für andere Arbeiten ist. Sie können Probleme ausmachen, die ihnen bislang nicht bewusst waren oder die sie bestenfalls bloß vermutet haben. Wenn sie sich zum Beispiel die Aufgabenlisten ihrer Mitarbeiter tabellarisch am Bildschirm anzeigen lassen und erkennen, dass einer unverhältnismäßig viel zu tun hat, könnten sie die Verteilung der Arbeiten nochmals genauer unter die Lupe nehmen.

Falls größere oder kleinere Veränderungen oder Updates vorgenommen werden, sind diese automatisch jeder ans Netzwerk angeschlossenen Person verfügbar. Informationen können im Hinblick auf Zeit und Stichtage eingesehen werden. Wenn jemand erkrankt, ist es einfach, seine Verantwortlichkeiten und Aufgaben zu identifizieren und sie gleichmäßig unter den anderen Gruppenmitgliedern aufzuteilen. Der Bedarf an Mitarbeiterzusammenkünften, um Themen oder Pläne persönlich zu diskutieren, reduziert sich enorm, sodass mehr Zeit für die Erledigung der eigentlichen Arbeit zur Verfügung steht.

Informiert bleiben und delegieren

Ihre Effektivität als leitender Angestellter, Manager oder Supervisor hängt in großem Maße von Ihrer Fähigkeit zum Delegieren ab. Die Qualität Ihrer Arbeit wird auch davon bestimmt, ob Sie richtig delegieren können. Indem Sie adäquat delegieren, sind Sie in der Lage, eine Sache effektiv durchzuziehen. Ihre Produktivität wird sich vervielfachen.

Je früher Sie in Ihrer Planung entdecken, dass jemand – Sie oder eine andere Person – überlastet ist, und das Problem korrigieren, desto effektiver werden Sie sein. Sie können nicht davon ausgehen, alles selbst zu machen.

Abbildung 5.3
Effektives und ineffektives Delegieren

Der effektiv Delegierende	Der ineffektiv Delegierende
1. bestimmt die richtige Person für den Job;	1. verteilt die Arbeitslast willkürlich;
2. delegiert rechtzeitig und lässt somit genügend Zeit für die Fertigstellung;	2. delegiert kurz vorm Abgabetermin und erzeugt somit unnötigen Druck;
3. formuliert das Ziel eindeutig;	3. erklärt das angestrebte Ergebnis nicht eindeutig;
4. liefert alle Informationen, die für die Erledigung der Aufgabe vonnöten sind;	4. gibt nur wenige Informationen und hastig hingeworfene Instruktionen;
5. stellt sicher, dass die Mitarbeiter eine Aufgabe verstanden haben, bevor sie an die Arbeit gehen;	5. delegiert so, dass es zu Missverständnissen kommt;
6. setzt Termine für die Fertigstellung von Aufgaben;	6. will, dass alles so schnell wie möglich erledigt wird;
7. unterstützt schriftliche Projektpläne;	7. hofft, dass die Mitarbeiter eine effektive Methode für die Erledigung der Arbeit entwickeln;
8. überwacht den Fortschritt regelmäßig;	8. praktiziert keine formale Überwachungsmethode;
9. steht zur Klärung und mit Ratschlägen bereit;	9. mischt sich in die Verrichtung der Arbeit ein;
10. übernimmt die Verantwortung, drückt demjenigen, der die Arbeit gemacht hat, aber seine Anerkennung aus;	10. gibt anderen die Schuld, wenn das gewünschte Ziel nicht erzielt worden ist, heimst aber den Ruhm ein, wenn es erreicht wurde;
11. hilft den Mitarbeitern, sich weiterzuentwickeln, indem er sie an neue Verantwortlichkeiten heranführt.	11. delegiert nicht, sondern reißt die Aufgabe an sich, sodass es zum Engpass kommt.

Der Versuch, etwas selbst hinzukriegen, bei dem man nicht sehr gut ist, kann viel Zeit kosten. Richtig, das heißt an die richtige Person mit den richtigen Fertigkeiten zu delegieren, ist eine der wichtigsten Fähigkeiten von leitenden Angestellten. Durch Delegation weisen Sie einem anderen eine Aufgabe samt dem notwendigen Handlungsspielraum zu, ohne dass Sie ihm Ihre persönliche Verantwortung übertragen. Die verbleibt bei Ihnen.

Eine der besten Informationsquellen zum Thema Delegieren ist das Buch *Don't Do – Delegate!* von James Jenks. Die aus dieser und anderen Quellen zusammengetragene Tabelle auf der gegenüberliegenden Seite stellt effektives und ineffektives Delegieren gegenüber.

Es gibt aber noch einen wichtigeren Grund, Ihre Fähigkeiten zu verbessern, andere zur Erledigung der Arbeit für Sie zu bewegen: Denn nur mit der bereitwilligen Unterstützung anderer können Sie sowohl persönlich als auch beruflich weiterkommen. Nur wenn andere Ihnen unter die Arme greifen, können Sie Ihren Erfolg vervielfachen. Leistungsfähigkeit, Zeit und Wissen jedes Einzelnen sind begrenzt, aber geschicktes Delegieren bedeutet grenzenloses Wachstumspotenzial.

Delegieren mithilfe elektronischer Hilfsmittel

In manchen Unternehmen ist das Delegieren von Aufgaben ein wirklich heißes Eisen. Diese Erfahrung musste ein großer niederländischer Energiekonzern am eigenen Leib machen, da einige Mitarbeiter ganz und gar nicht mit der Art einverstanden waren, wie dort Aufgaben delegiert wurden, und sich dagegen auflehnten.

Unsere IBT-Niederlassung ist folgendermaßen mit diesem Problem umgegangen: Das Personal des Kunden arbeitete mit Microsoft Outlook. Aus diesem Grund fiel die Entscheidung leicht, alle Mitarbeiter darin zu schulen, wie sie die Tasklist dafür einsetzen können, um sich über den jeweils aktuellen Stand der Projekte informieren zu lassen, anstatt dauernd Untergebene und Kollegen danach fragen zu müssen. Zuerst kümmerte sich IBT darum, dass alle Manager, die von diesem Problem betroffen waren, ihre Mitarbeiter aufsuchten und sie über diese neue Möglichkeit der Programmnutzung aufklärten. Wichtig war aber vor allem, dass die Manager ihren Mitarbeitern vermittelten, um wie vieles leichter es damit war, ihre tägliche Arbeit zu erledigen.

In der Aufgabenfunktion von Outlook wurden aufeinander abgestimmte Kategorien erstellt, wobei immer ein bestimmter Mitarbeiter für bestimmte Aufgaben zuständig war.

Außerdem wurde in der Aufgabenansicht die Spalte genutzt, in der angezeigt wurde, zu wie viel Prozent die jeweilige Aufgabe bereits erfüllt war. Dadurch war es dem Manager möglich, sich die Aufgaben des verantwortlichen Mitarbeiters anzusehen, in die Letzterer eingetragen hatte, welche Aufgaben zu 25, 50, 75 oder 100 Prozent erfüllt waren.

Den Managern war es mit dieser Programmfunktion möglich, sich bei der Mehrzahl der aktuellen und maßgeblichen Projekte auf dem Laufenden zu halten, ohne ihren Mitarbeitern ständig über die Schulter sehen zu müssen.

Die Mitarbeiter wussten es zu schätzen, dass ihre Vorgesetzten sie direkt angesprochen und gemeinsam mit ihnen daran gearbeitet hatten, das Delegieren von Aufgaben zu vereinfachen. Allein deshalb hat sich der Aufwand schon gelohnt.

Lotus Notes und andere netzwerkfähige Programme verfügen über ganz ähnliche Funktionen und können das Delegieren von Arbeiten vereinfachen.

Ausnahmen von der Regel

Es kann sehr frustrierend sein, dem nachspüren zu müssen, was andere getan haben. Andererseits können Aufgaben unbefriedigend erledigt werden, wenn man nicht verfolgt, was die Mitarbeiter tun. Ihr Erfolg hängt unter anderem davon ab, wie Sie anderen Aufgaben zur Verrichtung übergeben. Effektiv zu delegieren erhöht Ihre Erfolgschancen enorm. Delegieren Sie Arbeiten aber nicht an Menschen, die nicht viel leisten. Geben Sie den Job jemand anderem, oder denken Sie sich eine andere Möglichkeit aus, wie die Arbeit erledigt werden könnte.

Man kann sich nach einer alten Faustregel richten: Wenn etwas Wichtiges getan werden soll, suchen Sie sich eine viel beschäftigte Person dafür aus. Träge Menschen sind oft nicht flexibel genug, wenn man ihnen aufträgt, etwas schnell und gut zu tun. Emsige, effektive Menschen sind emsig, weil sie ständig und regelmäßig arbeiten – und so jemandem sollten Sie die Aufgabe zuweisen.

> Nächste Woche kann es keine Krise geben.
> Mein Terminkalender ist randvoll.
>
> *Henry A. Kissinger*

Sichern Sie Ihre Systeme

In dem Film *Taking Care of Business* lässt die Hauptperson ihren Kalender in einer Telefonzelle am Flughafen liegen, wo er von einem entsprungenen Häftling gefunden wird. Der Film ist eine Komödie, und die Erlebnisse dieses armen Kerls strapazieren die Lachmuskeln. Er verdeutlicht aber auch, wie sehr wir von unseren Nachhak- und Erinnerungssystemen abhängen.

Die Wahrscheinlichkeit, dass man sein Kalendersystem verlegt oder der Computer nicht mehr richtig funktioniert, ist hoch. Man sollte am Ende jeder Woche, wenn der Wochenplan EDV-erstellt ist, seine Festplatte auf Disketten sichern.

Oder Kopien von seinem normalen Kalender machen. Man muss

nicht unbedingt den ganzen Kalender kopieren, aber alle seine persönlichen Informationen, Adressen, Telefonnummern und so weiter. Wenn man sein Original verlegt, fällt es einem so relativ leicht, die Informationen wieder zusammenzustellen.

Wenn Sie dazu neigen, Dinge zu verschusseln, sollten Sie regelmäßig eine Sicherungskopie Ihres Erinnerungssystems anfertigen, sodass Sie es haben, wenn Sie es benötigen.

Integrieren Sie das Nachhaken in Ihren Arbeitsprozess

Im Rahmen Ihrer Wochenplanung erhalten Sie einen Überblick über Ihre Arbeit, schauen sich Ihre ganzen Ziele und Pläne an, setzen sich Prioritäten für die kommende Woche und rufen sich ins Gedächtnis, wo Sie am Ball bleiben müssen. Durch das Einplanen und Durchführen Ihrer Wochenplanung sorgen Sie dafür, dass nichts Wichtiges übersehen wird.

Wenn Sie eine leitende Position innehaben, sind die wöchentlichen Einzelbesprechungen mit Ihren direkten Untergebenen der Zeitpunkt, an dem Sie den Sachen nachgehen, die Sie bis zur endgültigen Erledigung im Auge behalten müssen. Indem Sie regelmäßig solche Treffen anberaumen und abhalten, wissen Ihre Mitarbeiter, was verlangt wird. Sie wissen, dass sie dann über den Fortgang der Arbeit berichten sollen und Fortschritte von ihnen erwartet werden. Auf diese Weise entfällt die willkürliche Überprüfung, und Sie stören Ihre Leute nicht bei der Arbeit. Ihre Mitarbeiter haben ihrerseits die Möglichkeit, bezüglich Informationen und Tipps, die sie von Ihnen erwarten, nachzuhaken. Die Besprechung ist kalkulierbar und nützlich, insofern sie ihnen hilft, ihre eigene Arbeit besser und schneller zu erledigen.

Wenn Sie lernen, die Hilfsmittel zu erkennen, die das Durchführen und Weiterverfolgen von Arbeiten erleichtern, und diese Hilfsmittel effizient in Ihren Arbeitsprozess einbauen, wird es für Sie viel einfacher sein, anhaltend Erfolg zu haben.

Zusammenfassung

1. Ihr Erfolg und Ihre Effektivität hängen in erster Linie davon ab, wie gut es Ihnen gelingt, das, was Sie vollbringen möchten, durchzuziehen und am Ball zu bleiben. Dinge geschehen, weil Sie sie herbeizwingen. Bleiben Sie beharrlich, dann werden Sie es schaffen.
2. Verwenden Sie einfache und leicht handhabbare Erinnerungshilfen, die Sie in die Lage versetzen, Probleme zu überwinden und zu Ihrer wirklich wichtigen Arbeit zu kommen. Wenn sich auf Ihrem Schreibtisch ein Papierstapel mit lauter zu erledigenden Aufgaben befindet, beseitigen Sie das Durcheinander, indem Sie für jede Arbeit einen festen Termin in Ihrem Kalender einplanen und die Papiere in Ihrer Wiedervorlagemappe ablegen. Dort werden diese Sie zu gegebener Zeit an eine Aufgabe erinnern, und Sie haben in Ihrem Kalender für ihre Erledigung Zeit eingeplant.
3. Schaffen Sie das Durcheinander von vielfachen Erinnerungshilfen ab, indem Sie alles in ein Aufgabenbuch eintragen. Gewöhnen Sie sich an, es täglich zu benutzen, und das Chaos auf Ihrem Schreibtisch wird sich in null Komma nichts in Luft auflösen. Verwenden Sie das Aufgabenbuch, wenn Ihnen plötzlich etwas einfällt und Sie es irgendwo notieren möchten. Gebrauchen Sie es, um sich bei mündlichen Bitten und Anfragen auf dem Laufenden zu halten. Versehen Sie jede zu erledigende Aufgabe mit Datum, und streichen Sie sie durch, wenn sie fertig ist. Ein Aufgabenbuch ist Erinnerungs- und Nachhaksystem zugleich. Es veranlasst Sie, Dinge zu tun und die Aufgaben zu kennzeichnen, die fertig gestellt sind.
4. Verwenden Sie ein Kalendersystem, mit dem Sie eine ganze Woche auf einmal planen können. Dadurch werden Sie eher wochenweise und über die gesamte Woche planen, was wiederum die Erfolgschancen erhöht, dass Sie Ihre Arbeit zeitlich terminieren und wirklich durchführen.

5. Lernen Sie, Ihr Kalendersystem vollständig auszunutzen. Mit etwas Fantasie und der notwendigen Übung wird Ihnen die Tauglichkeit eines solchen Systems, um Aufgaben durchzuführen und weiterzuverfolgen, in bisher ungeahntem Maße klar werden.
6. Ignorieren Sie nicht die elektronischen Lösungen für Ihre Probleme. Wenn Ihr Unternehmen mit Outlook oder einem anderen netzwerkfähigen Programm arbeitet, sollten Sie es auch für Ihre Terminverwaltung und Aufgabenplanung einsetzen. Die meisten PDAs und Palm Tops unterstützen Outlook (und andere gängige Programme) und sind vor allem für Arbeitskräfte nützlich, die häufig auswärtige Termine haben.
7. Delegieren bestimmt im Wesentlichen Ihre Effektivität. Auch die Qualität Ihrer Arbeit hängt von Ihrer Fähigkeit ab, richtig zu delegieren. Durch richtiges Delegieren vervielfachen Sie Ihre Produktivität. Wenn Sie etwas delegieren, denken Sie daran, dass Sie einer anderen Person eine Aufgabe samt der notwendigen Weisungsgewalt übertragen. Sie geben nicht die Kontrolle oder Verantwortung aus der Hand. Diese verbleiben bei Ihnen.
8. Machen Sie das Nachhaken und Weiterverfolgen zu einem Teil Ihres Arbeitsprozesses, indem Sie es im Rahmen der regelmäßigen Aufgabenüberprüfung in Ihre wöchentlichen Besprechungen mit Ihren Mitarbeitern einbauen. Denken Sie auch daran, dass diese der Zeitpunkt sind, wo Ihre Mitarbeiter bezüglich Informationen und Tipps, die sie von Ihnen erwarten, nachhaken können. Wenn ein derartiger Austausch stattfindet, werden die Besprechungen kalkulierbar und nützlich, insofern sie allen helfen, ihre Arbeit besser und schneller zu erledigen. ■

Tun Sie's sofort richtig

Man kann seiner Verantwortung von morgen nicht
dadurch entgehen, dass man ihr heute ausweicht.
Abraham Lincoln

Überblick: In diesem Kapitel lernen Sie,

- dass man prüfen muss, welche Erwartungen die Kunden haben, und ihre Bedürfnisse erfüllen muss. Es genügt nicht, das zu tun, was man selbst für wichtig hält;
- dass man bei seiner eigenen Arbeitsweise anfangen muss, will man die seiner Gruppe verbessern;
- dass man seine alten Arbeitsmethoden über den Haufen werfen und sich neue, effektivere zu Eigen machen muss, will man seine Leistung deutlich steigern.

Bislang ging es ausschließlich um Ihre eigene Arbeitsweise. Je nach Bedarf mögen Sie eine bereits etablierte Arbeitsmethode verbessern oder eine Vorgehensweise in mancher Hinsicht völlig umkrempeln. Arbeitsverfahren sind das zentrale Thema aller Qualitätsverbesserungs- und Reengineering-Bemühungen. Während sich die Qualitätsverbesserung auf eine stetige, zunehmende Verbesserung bestehender Arbeitsprozesse konzentriert, geht es beim Reengineering um die Entdeckung und Implementation völlig neuartiger Methoden. Beide Konzepte erweisen sich in der Praxis als erfolgreich für die Produktivitätssteigerung, besonders in der verarbeitenden Industrie. Wahrscheinlich arbeitet Ihr Unternehmen bereits nach einem dieser Ansätze oder fasst sie ins Auge. Ein Persönliches Effektivitäts Programm (PEP) ist die perfekte Ergänzung zu Ihrem Qualitätsverbesserungs- und Reeingineering-Vorstoß. Sie müssen die Prinzipien der Qualitätsverbesserung und des Reengineerings anwenden, um Ihre eigene Produktivität und die Ihres Teams oder Unternehmens einschneidend und langfristig zu steigern.

Warum ist Qualität so wichtig?

Die amerikanische Gesellschaft für Qualität (American Society for Quality – www.asq.org) hat uns freundlicherweise die Genehmigung erteilt, ihre Argumente für Qualität abzudrucken:

- Qualität ist kein Ziel, sondern die Art und Weise, an Geschäfte heranzugehen.
- Qualität ist eine Sammlung effizienter Mittel und Konzepte, die sich bereits bewährt haben.
- Qualität definiert sich anhand der Kundenzufriedenheit.
- Zur Qualität gehören auch kontinuierliche Verbesserungen und Durchbrüche.
- Für jeden Bereich des Geschäftslebens gibt es Mittel und Techniken zur Qualitätssicherung.
- Qualität strebt nach Perfektion; alles andere ist nur eine Möglichkeit zur Verbesserung der Dinge.
- Qualität erhöht die Kundenzufriedenheit, verkürzt den Arbeitszyklus, senkt die Kosten und hilft, Fehler zu vermeiden und Arbeit nicht doppelt zu erledigen.
- Qualität ist nicht nur in der Geschäftswelt von größter Bedeutung – auch in öffentlichen oder gemeinnützigen Institutionen wie Schulen oder sozialen Einrichtungen und Regierungsbehörden kommt es auf die Qualität der jeweiligen Leistungen an.
- Ein effizientes Qualitätsmanagement zieht positive Ergebnisse hinsichtlich der Leistung und der Finanzen nach sich.

Wenn ein leitender Angestellter oder Manager die Leistungen seines Teams verbessern möchte, ist das Qualitätsmanagement der Schlüssel zum Erfolg. In den meisten Fällen sind die entsprechenden Techniken einfach und dennoch äußerst effizient.

Kaizen

Man kann durchaus behaupten, dass Kaizen das wichtigste Managementkonzept der vergangenen fünfzig Jahre für den produzierenden Marktsektor ist. *Kaizen* ist japanisch und bedeutet kontinuierliche Verbesserung. Man sollte vielleicht noch das Wort »schrittweise« einfügen, da wir der Ansicht sind, dass eine kontinuierliche Verbesserung nur in kleinen Schritten dauerhafte Erfolge mit sich bringt. Da sich die meisten Verbesserungen direkt auf die Arbeitsprozesse beziehen, wäre folgende Definition für Kaizen sinnvoll: »Kontinuierliche, schrittweise Verbesserung des Arbeitsprozesses.«

Die erheblichen Verbesserungen in Produktivität und Qualität in der Fertigung während der letzten Jahre lassen sich auf Kaizen in den verschiedenen Anwendungsformen zurückführen. TQC (Total Quality Control), TQM (Total Quality Management), *hoshin* und 4S sind allesamt Maßnahmen, die ihren Ursprung in Kaizen haben.

Nun, die Anwendung von Kaizen auf den Bürobereich ist nicht ganz so einfach wie bei der Fertigung, wo meistens auf einen Blick zu erkennen ist, was verbessert werden kann. Die Arbeitsabläufe von Managern und Angestellten sind nicht so klar definiert und viel flexibler als die Arbeitsprozesse in der Fertigung. Dies gilt vor allem für persönliche Arbeitsmethoden.

Offen gestanden ist die Produktivität in den Büros häufig ziemlich dürftig. Unsere Trainer stellen oft fest, dass Manager und Sachbearbeiter im Durchschnitt etwa 25 Prozent ihrer Arbeitszeit verschwenden. Das heißt nicht, dass diese Leute nicht hart arbeiten, ganz im Gegenteil – bloß: Sie erledigen nicht halb so viel, wie sie eigentlich könnten. Wie oft haben Sie am Ende Ihres Arbeitstags festgestellt, dass Sie nur einige wenige Punkte Ihrer To-do-Liste erledigt haben, und Sie fragen sich wahrscheinlich, wo die Zeit geblieben ist.

Eine Frage, die wir in unseren Trainings immer wieder stellen, lautet: Stehen auf Ihrer To-do-Liste eigentlich auch Punkte, mit denen Sie Ihre Arbeitsmethoden verbessern und Ihre Produktivität steigern können? Nur in den seltensten Fällen verwenden Menschen ihre Zeit für Aufgaben, die ihren eigenen Arbeitsablauf verbessern könnten, obwohl in der Betrachtung des eigenen Verhaltens bei der Arbeit das größte Potenzial liegt, die Produktivität zu steigern.

Selbst wenn dieser Gedankengang der Einzige wäre, den Sie aus diesem Buch lernen und ihn dann aber auch wirklich in die Praxis umsetzen, könnten Sie das Buch nun zuschlagen und sicher sein, dass Sie auf dem richtigen Weg sind, organisierter und effizienter zu arbeiten.

PEP – ein praktisches Hilfsmittel zur Qualitätsverbesserung

Ein Kunde gab gegenüber einem Geschäftsbereich von General Motors einmal Folgendes von sich:

»Die Qualitätsgurus schaffen hier das Bewusstsein für Zeitmanagement und organisatorische Effizienz, aber PEP sorgt dafür, dass beides umgesetzt wird, weil das Programm beim Job ansetzt, auf dem Schreibtisch, und das ist zweckdienlich.«

Eine Verbesserung Ihrer Arbeitsmethode wird sofort zu sichtbaren Ergebnissen führen. Dies wird Sie darin bestärken, Ihre Methoden auf andere Arbeitsprozesse auszuweiten, und Ihnen die Kraft geben, diese Verfahren so lange kontinuierlich zu verbessern, bis Sie erfolgreich sind. Dadurch haben Sie auch die Zeit, sich auf die Verbesserung der allgemeineren Arbeitsprozesse zu konzentrieren.

4S

Eine japanische Managementstrategie zur Qualitätsverbesserung, auf die der Westen erst kürzlich aufmerksam geworden ist, wird 4S genannt. 4S steht für

SEI-LI	Organisation
SEI-TON	Ordnung
SEI-KEZ	Ordentlichkeit
SEI-SOU	Reinlichkeit

Das Konzept stammt eigentlich von den Chinesen, ist aber von den Japanern erfolgreich kopiert und umgesetzt worden. Wie von Ingrid Abramovitch in ihrem Artikel »Beyond Kaizen« (S. 85) beschrieben, geht 4S über Kaizen, das bekanntere Konzept für kontinuierliche Qualitätsverbesserung, hinaus. Kaizen konzentriert sich auf Herstellungsprozesse, während 4S »an der Wurzel ansetzt und jedem einzelnen Menschen hilft, seine persönliche Effektivität auf den höchsten Level zu bringen«.

4S ist Ausdruck einer bestimmten Denk- und Arbeitsweise. 4S heißt, sich der Notwendigkeit von Effektivität bewusst zu sein, sich der Verschwendung und gleichzeitig der Notwendigkeit, diese zu beseitigen, bewusst zu sein. 4S heißt, Zeit damit zu verbringen, Ordnung zu schaffen, sich Gedanken zu machen, wie die Arbeit besser erledigt werden kann, sich dafür einzusetzen, dass die Verbesserungen tatsächlich stattfinden, und sich Ordnung und Sauberkeit anzugewöhnen, anstatt Chaos zu hinterlassen.

Die Grundsätze bei 4S lauten: Jegliches Arbeitsmittel und Arbeitsmaterial muss in Ordnung gehalten werden, die Arbeit ist ordentlich zu erledigen, und das Aufräumen gehört in jedem Fall dazu. In einem Unternehmen, das die Grundsätze des Prinzips 4S verfolgt, hält sich jeder – vom Vorstand bis zur Empfangsdame – bei der täglichen Arbeit daran.

Wellex, ein US-amerikanischer Hersteller von Computerplatinen, hat 4S in seine Arbeitsvorgänge eingebaut und in weniger als zwei

Jahren einen Produktivitätszuwachs von über 26 Prozent erreicht. Danny Lee, der Präsident von Wellex, lernte bei einem Japanbesuch 4S in der Praxis kennen. Er war er zu Gast bei Miyoshi Electronic, einem Unternehmen, das Wellex sehr ähnelt. »Als Erstes bemerkte ich«, sagt Lee, »dass ihre Produktionsstätte verglichen mit unserer sauber und ordentlich war. Da Räumlichkeiten in Japan teuer sind, ist die Fabrik sehr klein. Trotzdem liefen über hundert verschiedene Fließbänder gleichzeitig, und alles war unheimlich organisiert. Die Mitarbeiter schienen voll bei der Sache zu sein. Und alle Arbeitsplätze waren aufgeräumt.« Die Sauberkeit der Fabrik und die Konzentration aufs Detail waren nach Abramovitch kein Zufall. Das war 4S.

Die Mitarbeiter von Miyoshi strukturierten ihre Arbeit gemäß 4S: »Organisieren Sie Ihre Materialien. Führen Sie die Arbeit ordnungsgemäß und ordentlich aus. Räumen Sie anschließend auf.«

Ein Mitarbeiter von Wellex beschreibt es wie folgt: »(4S) ist für die Mitarbeiter viel grundlegender als Qualität. TQM kommt von oben nach unten, 4S von unten nach oben. Um das eine durchzuführen, braucht man das andere.«

Man muss sich seiner eigenen Arbeitsweise (wie man etwas tut) zuwenden und sie verbessern, will man sofort das Richtige tun. Konzentrieren Sie sich dazu auf die Komponenten von 4S, und bringen Sie Ordnung in Ihre Umgebung und Ihre Arbeitsmethode.

Seine Kunden und deren Bedürfnisse erkennen

Im Zuge des Vertriebs des PEP-Programms stieß IBT auf ein interessantes Phänomen. Bei der Durchführung von Vor- und Nachuntersuchungen zur Entwicklung von Methoden zur Erfolgsmessung und um Feedback über unsere eigene Arbeit zu erhalten, fragt IBT die PEP-Teilnehmer gewöhnlich, wie sie persönlich von dem Programm profitiert haben. In der Regel berichten 85 bis 90 Prozent unserer Kunden von einem enormen persönlichen Fortschritt.

Eine andere Frage war, wie sie ihre Kollegen, die nicht an PEP teilnahmen, wahrnahmen. Die Antworten auf diese Frage streuen weit mehr. Die PEP-Teilnehmer erzählen uns: »Na ja, ihr Schreibtisch ist nicht sehr ordentlich.« »Ich erhalte von meinem Kollegen immer noch nicht schnell genug Rückmeldung.« Wir merkten, dass die PEP-Teilnehmer zwar besser in die Lage versetzt wurden, die Dinge, die für sie wichtig waren, zustande zu bringen, aber nicht unbedingt den Bedürfnissen der Menschen, mit denen sie zu tun hatten, gerecht wurden. Seither bitten wir die Teilnehmer herauszufinden, was ihre Kollegen erwarten und wünschen, und die Erfüllung dieser Bedürfnisse zu einem ihrer Ziele zu machen. Dies ist ein großer Erfolg.

Es ist also nicht nur wichtig, das zu bewirken, was man für sich als wichtig erachtet. Sie müssen herausfinden, was Ihre Kollegen, Mitarbeiter, Ihre ganzen internen und externen »Kunden« als relevant einschätzen. PEP befähigt Sie nicht nur zu erkennen, was sich Ihre Kunden wünschen, und gut organisiert zu sein, sondern macht es Ihnen auch möglich, besser auf diese Kundenbedürfnisse einzugehen.

Es braucht weniger Zeit, etwas richtig zu tun, als zu erklären, warum man es falsch gemacht hat.

Unbekannt

Benchmarking

Benchmarking, der Vergleich Ihrer Arbeit mit den Besten auf Ihrem Gebiet, ist ein entscheidendes Hilfsmittel zur Qualitätssteigerung. Der Vergleich zeigt Ihnen, wie gut Sie arbeiten, und gewöhnlich auch, wie Sie sich verbessern können. Im Zuge von PEP werden hervorragende persönliche Arbeitssysteme und -organisationen definiert, die dem Einzelnen als Bezugspunkt für seine eigene Arbeit dienen.

Ein paar wenige in Ihrer Gruppe mögen effiziente und effektive Arbeitsmethoden entwickeln. Nehmen Sie sich diese Menschen zum Vorbild. Sie sind als Spitzenleute bekannt. Wenn zwischen jenen Leuten, die Hervorragendes, und jenen, die nur Durchschnittliches leisten, eine Kluft besteht, schauen Sie sich an, wie die Spitzenleute ihre Arbeit verrichten und welche Verhaltensweisen ihnen ermöglichen, Besseres zu leisten als ihre mittelmäßigen Kollegen.

Konzentrieren Sie sich auf die Vorbeugung

PEP bringt Sie von einer reaktiven in eine proaktive Arbeitsweise. Mit einer guten Planung können Sie in die Zukunft blicken und Probleme verhindern. Sie werden sich der Warnsignale und Hinweise auf mögliche zukünftige Katastrophen bewusst. Nicht nur, dass Sie sie erkennen, Sie werden diese Dinge mit dem Konzept »Tun Sie's sofort« im Hinterkopf auch in Angriff nehmen, solange sie noch zu korrigieren sind, und können somit dem Auftreten ernster Probleme entgegenwirken.

Stufenweise Verbesserung

Berater auf dem Gebiet der Qualitätsverbesserung, der Managementsysteme zur Qualitätsplanung, -kontrolle und -steigerung betonen, dass zur Qualitätsverbesserung stufenweise Verbesserungspläne vonnöten sind. Sie stellen heraus, dass es dem Management obliegt, durch Planung und Lenkung die Qualität zu steigern. Es ist die Aufgabe des Managements, Qualitätskonzepte auf jeder Stufe in die Tat umzusetzen. Das Management muss den Mitarbeitern helfen, ihre Fertigkeiten und Kenntnisse bezüglich der Planung ihrer Arbeit zu verfeinern, und Aktionen durchführen, die die Qualität verbessern und die Produktivität erhöhen.

Kontinuierliche Veränderung

Es fällt Menschen ziemlich schwer, mit Veränderung umzugehen. Kontinuierliche Verbesserung heißt aber stetiger Wandel. Die Führungskräfte können ihn diktieren, aber die effektivsten Manager ziehen es vor, ihre Mitarbeiter einzubeziehen.

Mit stetigem Wandel umzugehen, ist nicht einfach, wenn die persönlichen Ziele und erwünschten Resultate nicht klar definiert und regelmäßig überprüft werden. Zu einer kontinuierlichen Verbesserung gehören Projektmanagement, Zeitmanagement, Organisation des Arbeitsbereichs, eine Sache durchzuziehen und am Ball zu bleiben.

Aus der Sicht von PEP besteht die Qualitätsverbesserung im Wesentlichen aus drei Bestandteilen:

- der Identifizierung dessen, was verbessert werden muss;
- der Planung der dafür notwendigen Handlungen;
- der Umsetzung der Pläne in die Tat.

Qualität und effizientes Arbeiten im Team

Qualitätsverbesserung ist auch bei der Teamarbeit ein ganz wesentlicher Faktor. Bedauerlicherweise werden aber immer noch eine ganze Reihe von alltäglichen, teilweise zeitraubenden Tätigkeiten ignoriert, wenn eine Führungskraft sich daran macht, die Leistungen des Teams zu verbessern. IBT empfiehlt Ihnen, sich vor allem folgende Punkte genau anzusehen:

- Wie einfach beziehungsweise schwer ist es für die Teammitglieder, auf Daten zuzugreifen?
- Wie ist es um die Effizienz von Teambesprechungen bestellt?
- Wie werden Aufgaben verwaltet?
- Wie werden Projekte in Ihrer Abteilung abgewickelt?

- Auf welche Weise findet die Planung durch Ihr Team statt?
- Wie reagiert Ihr Team auf unerwartete Schwierigkeiten?

Die Erfahrung mit unseren Kunden hat uns gelehrt, dass man als Erstes herausfinden muss, wo Zeit und Geld verschwendet werden und dann muss man diese Bereiche der Reihe nach eliminieren. Der Vorteil dieser Vorgehensweise liegt darin, dass die Teammitglieder letztendlich weniger (und nicht mehr) arbeiten müssen und somit selbst ein Interesse daran haben, mit diesen Missständen aufzuräumen, da sie selbst am meisten davon profitieren. Mehr zu dem Thema effektives Arbeiten im Team finden Sie im Kapitel *Bringen Sie Ihr Team dazu, sofort zu handeln.*

PEP und Reengineering

Je nachdem, wie gut organisiert Sie (mittlerweile) sind, kann es sein, dass es nicht genügt, wenn Sie einfach Ihre jetzige Arbeitsweise verbessern. Vielleicht sollten Sie deshalb in Betracht ziehen, sich völlig neue Arbeitsmethoden zuzulegen und dabei auch auf technische Hilfsmittel zurückzugreifen. Michael Hammer und James Champy bezeichnen diese Überlegung in ihrem Buch *Business Reengineering. Die Radikalkur für das Unternehmen* als »Reengineering«. Für Sie könnte das also bedeuten, dass Sie sich keinen neuen papiernen Kalender besorgen, sondern stattdessen mit Outlook oder Lotus Notes arbeiten, sodass auch Ihre Kollegen ohne Aufwand auf Ihren Terminkalender zugreifen können – was Ihnen allen Zeit spart. Oder es bedeutet, dass Sie den Zettel auf Ihrem Schreibtisch vergessen, auf dem Ihre ganzen Aufgaben stehen, und dass Sie stattdessen zusammen mit Ihren Kollegen einen elektronischen Arbeitsplan entwickeln, damit jeder auf einen Blick sehen kann, wer wann woran arbeitet.

Doch wie können Sie herausfinden, was Sie radikal verändern müssen? Hammer und Champy weisen in ihrem Buch darauf hin, dass man die eigenen Annahmen und Ansichten, warum manches so und nicht anders ist, infrage stellen muss, will man etwas grundlegend verändern. Um zu verdeutlichen, welche Annahmen man bezüglich des persönlichen Arbeitsmanagements hegen könnte, kann man das von Hammer und Champy verwendete Überzeugung/Erwiderung/Lösung-Schema benutzen.

Abbildung 6.1
Das Schema Überzeugung/Erwiderung/Lösung

Überzeugung: Man muss gemäß seinen Prioritäten handeln.

Erwiderung: Das stimmt nur zum Teil. Man sollte sich regelmäßig und wirksam von den kleinen nagenden Dingen befreien, da sie es schwierig machen, sich auf die wirklich wichtigen Themen zu konzentrieren.

Lösung: Entwickeln Sie erstens eine brauchbare Methode, um sicherzustellen, dass Dinge, die nichts auf Ihrem Schreibtisch zu suchen haben, auch nicht über ihn wandern. Verrichten Sie zweitens Ihre tagtäglichen Aktivitäten effizient und rechtzeitig, sodass Sie den Großteil Ihrer Zeit den relevanten Angelegenheiten widmen können.

Überzeugung: Planen ist Zeitverschwendung, weil dauernd etwas Neues auf den Tisch kommt und den Plan sowieso durchkreuzt.

Erwiderung: Ohne Planung geraten Sie ins Trudeln, sind richtungslos und erledigen Dinge wahllos. Die Folge ist, dass vieles wesentlich länger dauert, und Zeit, die Sie eigentlich anderen Themen widmen sollten, vergeudet wird. Wenn Sie ineffektiv planen, wird die Planung länger dauern als erforderlich und Sie von weiteren Bemühungen in dieser Richtung abhalten.

Lösung: Identifizieren Sie wichtige Ziele, für die Sie verantwortlich sind, und erstellen Sie mit dem Hilfsmittel, das Ihnen am genehmsten ist (vorzugsweise ein Computer oder eine andere elektronische Lösung), spezifische Projektpläne für jedes Ziel. Auf diese Weise können Sie die Dinge, die organisiert erledigt werden müssen, beobachten und überblicken. Machen Sie die Planung zu einem effizienten Vorgang.

Überzeugung: Wenn ein unordentlicher Schreibtisch einem unordentlichen Geist gleicht, welchem Geist gleicht dann ein gesäuberter? Man glaubt, dass man chaotisch und schlampig sein muss, um kreativ zu sein.

Erwiderung: Kreativität hat nichts mit Unordnung zu tun. Damit Arbeiten erledigt werden, müssen Sie gut organisiert sein und Verfahren und Systeme besitzen, die Ihnen das ermöglichen. Schaffen Sie sich kreative Zeit.

Lösung: Organisieren Sie Ihre Arbeitsumgebung so, dass Sie Zeit haben, kreativ zu sein. Stellen Sie »kreative« Zeiten fest, und gestalten Sie für sich eine Umgebung, die Ihr kreatives Arbeiten fördert.

Überzeugung: Ich habe alle Hände voll zu tun, meine Arbeit auf die Reihe zu bekommen. Ich kann mir den Zeitaufwand nicht leisten, alles niederzuschreiben – es würde mich vom Arbeiten abhalten.

Erwiderung: Zu jeder Arbeit gehört eine Vorbereitungsphase. Je klarer Ihnen eine zu erledigende Aufgabe ist, desto schneller und besser werden Sie sie auch tun. Die Dinge aufzuschreiben zwingt Sie dazu, sie deutlich zu artikulieren und ein klares Bild zu bekommen.

Lösung: Setzen Sie sich wöchentlich einen Termin, an dem Sie Ihre Zeit organisieren und einteilen. Machen Sie es sich im Rahmen Ihrer Arbeitssysteme zur Gewohnheit, und prüfen Sie Verfahren, um diesen Vorgang so effizient wie nur möglich zu gestalten.

Überzeugung: Er hat schließlich studiert und sollte wissen, wie er seine Papiere effizient bearbeitet und effektive Büroarbeit macht.

Erwiderung: Zur Schule zu gehen und zu studieren garantiert noch nicht, dass man weiß, wie man arbeiten sollte, oder dass man gute Arbeitsgewohnheiten hat. Menschen vergeuden im Durchschnitt bis zu 50 Prozent ihrer Zeit wegen schlechter Arbeitsgewohnheiten.

Lösung: Legen Sie Nachdruck auf die Verbesserung der persönlichen Arbeitsweise. Schleusen Sie die Belegschaft durch ein Programm wie PEP.

Überprüfen Sie Ihre Annahmen und suchen Sie dabei nach Möglichkeiten, Ihre Arbeitsweisen zu verändern oder bestimmte Dinge überhaupt nicht mehr zu tun.

Reengineering und Technologie

Wie bereits erwähnt, beklagen sich Menschen hauptsächlich immer wieder darüber, dass erstens zu viel Zeit mit Besprechungen vergeudet wird und sie zweitens ihre Arbeit abschließen könnten, wenn nur andere ihren Teil am Projekt rechtzeitig fertig hätten. Für diese beiden Probleme liegen nur wenige bewährte Lösungsansätze vor, sodass sie zu den ersten Kandidaten für den Reengineering-Prozess gehören.

Stellen Sie sich vor, dass sich die Besprechungszeiten um 75 Prozent verringerten.

Stellen Sie sich vor, dass die Menschen ihren jeweiligen Teil der Aufgabe gleichzeitig bearbeiteten, sodass Sie nicht warten müssen, bis Sie Ihre eigene Arbeit in Angriff nehmen können.

Die Technologie liefert eine Lösung für diese beiden sehr schwierigen und tief eingewurzelten Probleme. Mithilfe von Gruppensoftware und gemeinsam genutzten Datenbanken können die Menschen heute über Themen miteinander kommunizieren, die vorher ein persönliches Treffen erfordert hätten. Jeder kann von sich aus über ein PC-Netzwerk Informationen beisteuern, wodurch sich der Bedarf an persönlichen Besprechungen und die Zeit, die dafür draufgeht, enorm reduziert.

IBT empfiehlt nicht, dass persönliche Treffen gänzlich abgeschafft werden sollten. Das ist weder nötig noch wünschenswert. Der persönliche menschliche Kontakt bleibt nach wie vor wesentlich. Aber die Möglichkeit, diesen zeitraubenden Kontakt auf ein Minimum zu beschränken und durch andere, wirksamere (und doch befriedigende) Methoden des Informationsaustauschs zu ersetzen, kann eine bedeutende Quelle der Zeitverschwendung ausschalten.

Vernetzung und Gruppensoftware bieten darüber hinaus den Vorteil, dass Sie jederzeit Informationen mit anderen austauschen können und nicht auf ein anberaumtes Treffen oder das Telefonat mit der betreffenden Person warten müssen.

Die Notwendigkeit, Dinge weiterzuverfolgen, und die Verzögerungen, denen Sie sich bei der Erledigung von Aufgaben gegenübersehen, hängen vielfach mit der Organisationsweise Ihrer Arbeitsgruppe zusammen. Hammer und Champy (1994) führen aus, dass man Bürokratie einzig dadurch abschafft und zu flacheren Organisationen gelangt, indem man die Arbeitsabläufe total umkrempelt, sodass sie nicht länger Stückwerk sind.

Zu oft wird die Arbeit sequenziell erledigt. Sie haben selbst vielleicht einen Teil eines Projekts fertig gestellt, müssen aber darauf warten, dass jemand anderes seinen damit verknüpften Teil beendet, bevor Sie sich an den nächsten machen können. Selbst wenn Sie die Entlinearisierungs-Methode benutzen, um dieses besondere Problem in den Griff zu bekommen, hat diese Methode ihre eigenen Tücken. Wie von Hammer und Champy (1994) beschrieben, arbeiten bei der »Entlinearisierung von Prozessen« viele Menschen gleichzeitig an verschiedenen Teilen eines größeren Ganzen.

Nach Hammer und Champy passen jedoch »in der Regel ... die

einzelnen Komponenten nicht zusammen, da zwar alle Teams vom gleichen ... Grundmodell ausgehen, aber dennoch im Entwicklungsverlauf auftretende Veränderungen – oftmals Verbesserungen – eingeführt werden, von denen die anderen Teams nichts erfahren haben« (S. 64 f.). Man steht am Ende wieder da, wo man angefangen hat. Dieses Dilemma wird durch eine übergreifende Technik gelöst, die es den Menschen erleichtert und ermöglicht, das Fachwissen der anderen zu kennen, wenn man parallel an etwas arbeitet. Gleichzeitig können sich die Menschen über eingeführte Veränderungen austauschen, sodass deren Folgen augenblicklich allen Beteiligten bekannt sind.

Die Erfahrung von IBT durch die PEP-Trainings mit Tausenden zeigten, dass die meisten Menschen den Weg der kontinuierlichen Verbesserung ihrer bestehenden Arbeitsmethoden gehen. Es fällt ihnen leichter, Veränderungen nach und nach vorzunehmen und vorhandene Systeme zu verbessern. Aber die gewaltigen Vorteile, die man aus PEP ziehen kann, kommen am häufigsten dann zum Tragen, wenn man seine Einstellung gegenüber seiner Arbeitsweise radikal und vollständig verändert. Voraussetzung dafür ist fast immer der Einsatz bestimmter Techniken. Diejenigen gewinnen durch PEP am meisten, die das Planungskonzept verinnerlichen, ihre Arbeitsweise verändern und der Arbeitsplanung und -organisation den höchsten Stellenwert einräumen. Um mit PEP wirklich Erfolg zu haben, müssen Organisation und Planung bei allem zur absoluten Routine werden.

Zusammenfassung

1. PEP kann zu einem wesentlichen Erfolgsfaktor für Sie und Ihr Unternehmen werden. PEP widmet sich Ihren Arbeitsmethoden. Es reicht nicht, tüchtig und fachlich versiert zu sein, um seine Arbeit zu erledigen. Sie müssen die Prinzipien der Arbeitsorganisation und ihre praktische Umsetzung verstehen.
2. Qualitätsverbesserung konzentriert sich auf die stetige, zunehmende

Verbesserung bestehender Arbeitsprozesse. Beim Reengineering geht es um die Entdeckung und Implementation völlig anderer und neuer. Sie werden merken, dass beide Methoden für eine Steigerung Ihrer persönlichen Produktivität und der von größeren Gruppen, denen Sie angehören, nützlich sind.

3. PEP kann Ihnen nicht nur bei für Sie selbst wichtigen Dingen helfen, sondern auch bei den Dingen, die wichtig für die Menschen in Ihrer Umgebung sind. PEP zielt unter anderem darauf ab, Sie in die Lage zu versetzen, die Erwartungen und Bedürfnisse dieser Menschen genauso zu erfüllen wie Ihre eigenen.
4. Suchen Sie sich ein Vorbild, dem Sie bei der Steigerung Ihrer Effektivität und Effizienz nacheifern können.
5. Überprüfen Sie Ihre Annahmen auf Fehleinschätzungen. Sie können sich dann entscheiden, ob Sie irgendeinen Arbeitsprozess durch Qualitätsverbesserung oder Reengineering verändern.
6. Wenn Sie ein Team leiten und die Leistungen Ihres Teams verbessern möchten, müssen Sie Ihr persönliches Programm zur Qualitätssicherung starten. Finden Sie als Erstes heraus, wo in Ihrer Abteilung Verschwendung vorkommt. Anschließend ziehen Sie mithilfe der Technik nach Juran einen Schlussstrich unter diese Missstände. Bleiben Sie am Ball! ■

Tun Sie's sofort – wo immer Sie sich befinden

Ihr Büro ist immer dort, wo Sie sind.
Arbeit ist etwas, das Sie tun müssen –
kein Ort, den Sie aufsuchen.

Überblick: In diesem Kapitel lernen Sie,

- was ein Arbeitsplatz der Neuen Generation (ANG) ist;
- die neuesten Trends des ANG kennen;
- mit welchen Problemen Unternehmen kämpfen, die ANGs einrichten;
- wie Sie die Grundprinzipien von PEP auf Ihren ANG übertragen;
- wichtige Fragen zu diesem Thema kennen und erfahren, wie Sie sich am besten in Ihren ANG einarbeiten;
- wie Sie erfolgreich an Ihrem ANG arbeiten.

Ein neues Arbeitsumfeld entsteht

Bereits seit den siebziger Jahren – vermutlich aber schon viel früher – hat man sich in der Geschäftswelt nach Alternativen zu den zellenartigen Abteilen der Großraumbüros umgesehen (vielleicht kennen Sie ja die in Amerika sehr beliebte Comicfigur namens Dilbert). Auch unseren Klienten war schon lange bewusst, dass immer wieder Zeiten kommen, in denen die Büros aufgrund von Unterbesetzung nicht ausgelastet sind, die Fixkosten jedoch unverändert bleiben und kaum Gewinn erwirtschaftet wird. Ein weiterer Grund zur Besorgnis ist die Beobachtung, dass Mitarbeiter häufig in die Gewohnheit verfallen, sich nur mit denselben Kollegen auszutauschen.

Mittlerweile gewinnt man den Eindruck, als würden in jeder Branche die Möglichkeiten alternativer Büros diskutiert, begeistert aufgenommen und eingeführt. Doch warum vollzieht sich dieser Wandel gerade jetzt? Ganz einfach: Es liegt an den Technologien.

Die neuen Technologien haben uns Notebooks, Handys, Pager, schnurlose Telefone, E-Mail, Voicemail, das Internet, Intranets und Scanner beschert. All diese Entwicklungen tragen zur Umgestaltung des herkömmlichen Büroarbeitsplatzes bei. Dr. Franklin Becker von der Cornwell Universität und Co-Autor Fritz Steel bezeichnen diese Entwicklung in ihrem Buch *Workplace by Design: Mapping the High-Performance Workscape* als »Arbeitsplatzökologie«.

In den siebziger Jahren benötigten Computer vergleichsweise viel Platz und konnten nur in einer Umgebung betrieben werden, in der sich Temperatur und Luftfeuchtigkeit regulieren ließen. Heute können wir dank der Handlichkeit und mobilen Einsatzfähigkeit der Laptops jederzeit und an jedem Ort auf Informationen zugreifen (vorausgesetzt natürlich, dass wir gut organisiert sind).

Über unser Handy sind wir überall erreichbar, egal wo wir uns gerade aufhalten und was wir tun. Doch wie immer gibt es auch hier Vorteile und Nachteile. Kaum sitzen Sie in einem Restaurant am Tisch, klingelt auch schon das Handy – eindeutig ein Nachteil. Andererseits ist es von unschätzbarem Vorteil, wenn Sie für Ihren Kunden unterwegs erreichbar sind. Heutzutage kann jeder Geschäfte tätigen, ohne einen Fuß ins Büro zu setzen. Insbesondere das Handy rechtfertigt die Aussage: »Ihr Büro ist immer dort, wo Sie sind.«

Zusammen mit dem schnurlosen Telefon ermöglicht die neue Generation der Büroarbeitsplätze die sofortige Erreichbarkeit aller Mitarbeiter innerhalb des Bürogebäudes. Schnurlose Telefone haben über die Basisstation eine große Reichweite innerhalb von Gebäuden, sodass sie jeder Mitarbeiter bequem überall mit hin nehmen kann und nicht mehr neben seinem Telefon sitzen bleiben muss.

Durch die Kombination von schnurlosen Telefonen und Handys mit der Voicemail muss ein Mitarbeiter im Grunde genommen überhaupt nicht mehr an einem bestimmten Platz im Büro sitzen. Berücksichtigt man dann noch das Internet, das Intranet und E-Mails, wird noch deutlicher, welchen Einfluss die technologischen Errungenschaften auf das Büro des 21. Jahrhunderts hatten, was sich natürlich ebenso auf die Arbeitsplätze der Neuen Generation (ANGs) auswirkt. Mithilfe der neuen technologischen Entwicklungen können wir bequem von jedem beliebigen Ort aus arbeiten, streng nach dem Grundsatz: »Ihr Büro ist immer dort, wo Sie sind.«

Was versteht man unter einem »Arbeitsplatz der Neuen Generation?«

Wandel findet ja bekanntlich andauernd statt, doch die Geschwindigkeit, mit der Veränderung am Arbeitsplatz vollzogen wird, ist schwindelerregend. In Amerika wird diese jüngste Entwicklung als »Alternatives Büro« (AB) bezeichnet, während man in Europa eher von einem »Flexiblen Büro«, dem »Variablen Bürokonzept« oder »Offenen Büros« spricht.

Auch in den Unternehmen haben sich unterschiedliche Bezeichnungen für diesen Wandel durchgesetzt. Bei Hewlett-Packard spricht man von einem Arbeitsplatz der neuen Generation, bei Ernst & Young vom Arbeitsplatz der Zukunft. Andere gängige Bezeichnungen dafür sind virtuelles oder mobiles Büro.

Wir betrachten diesen Wandel als Übergang zu einer neuen Generation, weshalb wir den Ausdruck »Arbeitsplatz der Neuen Generation« (der in den USA von Hewlett-Packard geprägt wurde und im Original »Next Generation Workplace«, NGW, heißt) vorziehen, da er unserer Meinung nach am besten veranschaulicht, welche Richtung in der Geschäftswelt eingeschlagen wird. Aber völlig unabhängig davon, wie man das Projekt ANG nun nennen will, ist nicht zu bestreiten, dass es ein Fortschritt ist, der sich nicht mehr aufhalten lässt.

ANG lässt sich in fünf breit gefächerte Kategorien aufteilen: frei verfügbare Arbeitsplätze, Teamarbeitsbereiche, kurzfristig zur Verfügung stehende Arbeitsplätze, Büros in Businesscentern und Home-Offices. Welche Kategorie oder Kombination für ein Unternehmen geeignet ist, sollte durch einen externen oder internen Fachmann untersucht und entschieden werden.

1. Bei frei verfügbaren Arbeitsplätzen gilt das Motto: Wer zuerst kommt, hat die Wahl, welchen Arbeitsplatz er sich aussucht. Vorausbuchungen sind nicht erforderlich, doch es gibt in jeden Fall Hilfe bei der Ausstattung mit den Standardutensilien für einen Büroarbeitsplatz, zu denen auch ein Postverteiler und ein Kopierer zählen. Es muss darauf geachtet werden, dass die geeigneten Kommunikations- und Computersysteme zur Verfügung stehen.
2. Teamarbeitsbereiche werden in den herkömmlichen Büros eingerichtet und stehen vor allem für die Projektarbeit zur Verfügung. Üblicherweise sollten mehrere Teamarbeitsbereiche eingerichtet werden, um die langfristige und kurzfristige Bearbeitung von Projekten in Gruppen zu ermöglichen. Ein Teil der Teamarbeitsbereiche sollte im Voraus gebucht werden können, während ein anderer Teil für spontan anberaumte Teamarbeiten zur Verfügung stehen sollte.
3. Kurzfristig zur Verfügung stehende Arbeitsplätze können von mobilen Arbeitskräften genutzt werden, die nur kurz im Büro arbeiten müssen. Bei einer effizienten Nutzung des Raumangebots wird von vornherein berücksichtigt, dass es Teamarbeitsbereiche für die kurz- und langfristige Bearbeitung von Projekten geben muss.
4. Bei Büros in einem Businesscenter können mobile Arbeitskräfte ein Büro mit einer bestimmten Ausstattung für eine gewisse Zeit anmieten. Dabei gibt es jedoch einige Einschränkungen, zum Beispiel muss geklärt werden, welche Büroflächen je nach Funktion des Angestellten und Art der Arbeit benötigt werden und wie lange das Mietverhältnis dauern soll.

5. Ein Home-Office ist ein Arbeitsplatz in den eigenen vier Wänden, der vom Mitarbeiter regelmäßig oder nur manchmal genutzt wird. Home-Offices haben sich in vielen großen und kleinen Unternehmen erfolgreich durchgesetzt.

Schon seit 1989 halten wir Schulungen über das Arbeiten im Home-Office (HO) ab. Im Prinzip hat sich an den Anforderungen für diesen Arbeitsplatz so gut wie nichts geändert, auch wenn sich der Einfluss der Technologien auch hier deutlich bemerkbar macht und sich zum Beispiel E-Mail zur allgemein üblichen Kommunikationsform entwickelt hat. Es gibt drei verschiedene Grundformen eines Home-Office:

1. Kleiner Betrieb zu Hause (am einfachsten zu verwirklichen):
   - Üblicherweise arbeitet dort nur eine Person.
   - Sämtliche Information laufen bei dieser Person zusammen, die auch die Entscheidungen trifft.

2. Selbstständige, wie freiberufliche Berater, Texter, selbstständige Handelsvertreter (etwas schwieriger zu verwirklichen):
   - Es arbeiten nur wenige Menschen gleichzeitig miteinander.
   - Informationen werden aus den unterschiedlichsten Quellen beschafft.
   - Zentrale, von der aus die Geschäftsreisen erfolgen.

3. Angestellte, wie etwa Manager, Verwaltungsangestellte, Personalberater, Verkaufspersonal (am schwierigsten zu verwirklichen):
   - Zusammenarbeit mit großen Gruppen.
   - Reger Austausch von Informationen mit vielen anderen Kollegen und Mitarbeitern.
   - Viele verschiedene Informationsquellen.
   - Der Kontakt zu anderen ist äußerst wichtig.

Alle drei Formen des Home-Office haben zwei gemeinsame Nenner, die geklärt werden müssen, damit diese Arbeitsform funktionieren kann:

1. Freiheit bezüglich des Auftretens und der Arbeitszeit. Persönliche Angelegenheiten entscheidet der Betreffende selbst – das ist Fluch und Segen zugleich! Unbestreitbarer Vorteil ist, dass man zu Hause ungeschminkt oder unrasiert in Freizeitkleidung arbeiten kann und sich die lästige Fahrt ins Büro erspart. Nur wenn man über die Möglichkeit der Videokonferenzen verfügt, muss man auch hier auf sein Äußeres achten. Für alle Home-Office-Arbeitskräfte und Vorgesetzte mit zu Hause arbeitenden Angestellten zählt nur das Ergebnis der Arbeit, nicht die Anzahl der Arbeitsstunden.

Da zum Beispiel viele Berater von zu Hause arbeiten, wissen wir, dass sie eher zu viel als zu wenig arbeiten. Bei dieser Arbeitsform zählt nur das Ergebnis – sowohl für das Management als auch den Mitarbeiter.

Wenn ein »Heimarbeiter« die Möglichkeit hat, sich einen Nachmittag frei zu nehmen, um seiner Tochter bei einem Sportwettkampf von der Zuschauertribüne aus die Daumen zu drücken, erhöht dies seine Lebensqualität erheblich, was auch seinem Arbeitgeber wieder zugute kommt. Wir empfehlen Ihnen, diese Vorteile zu nutzen. Achten Sie zusätzlich auf geregelte Arbeitszeiten, sodass Sie immer pünktlich Feierabend machen können. Eine große Hilfe dabei sind natürlich die Grundsätze von PEP, vor allem diejenigen, die wir in den Kapiteln »Bauen Sie Routinen auf« und »Planen Sie sofort« unter die Lupe genommen haben.

2. Systematische Organisation und geregelter Informationsfluss. Arbeiten Sie als Angestellter eines Unternehmens in Ihrem Home-Office, das beispielsweise eine gute Stunde Fahrzeit vom Unternehmen Ihres Arbeitgebers entfernt ist, müssen Sie über sämtliche Daten, die Sie für Ihre Arbeit benötigen, verfügen. Nur wenn Sie papierne und elektronische Daten mit System verwalten, werden Sie auch zu Hause genauso gut arbeiten können wie im Unternehmen. Auch wenn sich heutzutage alle möglichen Dateien und Unterlagen an eine E-Mail anhängen lassen, ist es manchmal nicht einfach, an bestimmte Informationen zu kommen. Oft können Ihnen Ihre Kollegen nicht weiterhelfen, da sie selbst von zu Hause aus arbeiten oder zu beschäftigt sind. Aus diesem Grund ist es unverzichtbar, dass man sich die Zeit nimmt, Prioritäten zu setzen und die Arbeit sorgfältig zu planen.

Detaillierte Informationen über den ANG

Wenn Sie Näheres über den Arbeitsplatz der neuen Generation wissen möchten, legen wir Ihnen das Buch *Workplace by Design* von Franklin Becker und Fritz Steele ans Herz. Das Faszinierende an diesem Buch ist, dass es zwar schon vor einigen Jahren geschrieben wurde, doch auch heute noch nichts an seiner Gültigkeit verloren hat.

Überlegt man in Ihrem Unternehmen, einen ANG einzurichten?

Aufgrund unserer über 15-jährigen Zusammenarbeit mit Unternehmen, die wir bei der Planung und Umsetzung eines ANG berieten, können wir eines mit Sicherheit behaupten: Wir wissen ziemlich genau, was funktioniert und was nicht, und was unverzichtbar ist, um einen ANG optimal zu nutzen.

Über eines sollte man sich im Klaren sein: Es geht nicht in erster Linie um die Räumlichkeiten. Natürlich steckt hinter dem Vorhaben, einen ANG einzurichten, oftmals der Wunsch, die Kosten für die Büroräume zu senken, doch es müssen noch viel mehr Aspekte berücksichtigt werden. Dazu gehören unter anderem Informationstechnologie (IT), Kommunikation, Verwaltung, Personal, Effizient/Produktivität der Belegschaft, Manager, die für den Wandel zuständig sind, Geschäftsprozesse (Management). Es kommt häufig vor, dass ein Klient, der einen ANG in seinem Unternehmen plant, eine Arbeitsgruppe mit Mitarbeitern aus all diesen Bereichen zusammengestellt, damit die Arbeitsplätze der neuen Generation exakt geplant werden können.

Plant Ihr Unternehmen ANGs, muss klar sein, in welche Prozesse die Angestellten eingebunden sind und wie sie dabei vorgehen. Diese Daten müssen in der Planung berücksichtigt werden. Wir arbeiten mit drei Firmen zusammen – Dr. Franklin Becker von der Cornell University, Gensler und DEGW –, die sich auf diese Analysen spezialisiert haben und ihren Klienten detaillierte Informationen über die jeweiligen Funktionen ihrer Belegschaft liefern, um die beste Ausstattung für die neuen Arbeitsplätze zu ermitteln.

Aufgrund unserer langjährigen Erfahrung in diesem Bereich wissen wir genau, dass vor allem die folgenden wichtigen Punkte, die wir im Laufe dieses Kapitels noch näher erläutern werden, gerne übersehen werden:

- Unternehmensziele klären, verständlich vermitteln und umsetzen helfen.
- Sofortige und langfristige Vorteile der Umstellung.
- Strukturierte Organisation der Informationen.
- Aufgaben des Managements definieren.
- Welche Anschaffungen sind nötig?
- Auswahl der Informationstechnologie und funktioneller Büromöbel.
- Was sind die Schlüsselelemente für eine erfolgreiche Umsetzung?
- Regeln für die Hilfestellung.
- Allgemeine Richtlinien und Lösungen für den ANG.

Ist eines Ihrer Ziele das papierlose Büro?

Schon seit über einem Jahrzehnt ist vom papierlosen Büro die Rede. Dutzende Unternehmen aus unzähligen Branchen, zu deren Geschäftstätigkeit das Speichern und Übertragen von Daten gehört, fordern dies seit langem. Ebenso wie uns das Zeitalter des bargeldlosen Zahlungsverkehrs in den achtziger Jahren prophezeit wurde, gehört vielleicht auch das papierlose Büro zu den Mythen der nahen Zukunft.

Wir sind der Überzeugung, dass sich die papierlose Gesellschaft langsam entwickeln muss und nicht über Nacht erreichen lässt. Es wird wohl noch Jahre dauern, bis wir auf Papier verzichten können, weshalb es vielleicht sinnvoller wäre, nicht auf ein papierloses Büro zuzusteuern, sondern auf eine klügere Verwendung von Papier.

Auch die amerikanische Firma Alcoa vertritt diese Einstellung und spricht von einem papiersparenden Umgang, da man erkannt hat, dass es ein langsamer Entwicklungsprozess ist, an dessen Ende kaum das papierlose, aber das papiersparende Büro stehen wird.

Die meisten von uns arbeiten zweifellos sowohl mit papierenen als auch mit elektronischen Dokumenten, doch setzt sich zumindest in den neuen Branchen der Wandel zum papiersparenden Büro durch, da sich am Rechner gespeicherte Dokumente wesentlich einfacher bearbeiten lassen als Ausdrucke.

Es ist nun einmal so, dass der Großteil der Informationen heutzutage auf elektronischem Wege erzeugt und gespeichert wird. Wenn wir nun noch den Scanner ins Spiel bringen, ist klar, dass sich ausnahmslos alle Informationen am Rechner speichern lassen. Dennoch nutzen wir Papier bei zahlreichen Gelegenheiten: um unsere Kommentare an den Rand zu schreiben, weil wir Dokumente lieber in Papierform als am Computer lesen, als Arbeitsgrundlage für Besprechungen und für diejenigen unter uns, die keinen Computer haben und daher nichts mit einer Datei anfangen können. In vielen Firmen ist die Papierakte noch das Standarddokument, das alle Vorgänge beinhaltet. Dennoch gibt es genug Möglichkeiten, Papierberge abzubauen und stattdessen mehr elektronisch zu bearbeiten.

Welches Mobiliar bietet höchste Funktionalität?

Unternehmen geben üblicherweise Tausende von Euro pro Arbeitnehmer für die Büromöbel an einem Arbeitsplatz der Neuen Generation aus. Dies lässt sich als die Hardware des ANG bezeichnen. Doch die beste Hardware ist nur von beschränktem Nutzen, wenn der optimale Umgang mit ihr fehlt. Nennen wir dieses Verhalten Software. PEP ist die Software, mit deren Hilfe Sie an einem Arbeitsplatz der Neuen Generation noch bessere Arbeit leisten können.

Die Anwendung der in diesem Buch erläuterten Grundsätze von PEP helfen Ihren Mitarbeitern, ihre Effizienz und Produktivität nicht nur in der ANG-Umgebung, sondern auch generell bei der Ausübung ihrer Tätigkeiten zu steigern.

Durch den Ausbau organisatorischer Fähigkeiten und mit zunehmendem Einsatz der elektronischen Medien bietet sich Unternehmen die Möglichkeit, das Ausmaß und die Verwendung von papiernen Dokumenten zu reduzieren.

Die gekonnte Anpassung an ein alternatives Arbeitsumfeld beruht auf zwei Dingen: Zum einen müssen sich die Arbeitsmethoden der Mitarbeiter entsprechend ändern, und zum anderen müssen die technologischen Möglichkeiten in vollem Umfang genutzt werden.

Innenarchitektur- und Designbüros: Diese Teams aus Innenausstattern und Innenarchitekten haben sich darauf spezialisiert, Arbeitsplätze der Neuen Generation einzurichten. Unterschätzen Sie nicht, wie wichtig Ihre Entscheidung ist, den richtigen Geschäftspartner aus dieser Branche zu finden. Sicherlich basiert sie auf einer Mischung aus dem Ruf des jeweiligen Unternehmens, Vertrauen und Intuition. Am besten entscheiden Sie sich für ein Unternehmen, von dem Sie wissen, dass Firmen Ihrer Größe und Ihres Stils zu seinen zufriedenen Kunden zählen.

Erkundigen Sie sich zunächst, ob Ihr potenzieller Ausstatter bereits Erfahrung im Bereich mit dem Konzept und Design von ANGs gesammelt hat. Sicherlich können Ihnen alle diese Firmen bei der Auswahl von Möbeln behilflich sein. Doch nur einige wenige sind in der Lage, Ihnen Lösungen anzubieten, die tatsächlich auf die kurz- und langfristigen Anforderungen eines ANG zugeschnitten sind.

Nachdem Sie sich davon überzeugt haben, dass sich Ihr potenzieller Geschäftspartner bestens damit auskennt, können Sie die weitere

Entscheidung Ihrer Intuition überlassen. Denken Sie immer daran, dass Sie mit dem für Sie zuständigen Ansprechpartner länger zu tun haben werden, als Sie sich träumen lassen. Und wie heißt es doch so schön: Wenn es sich nicht gut anfühlt, lass es bleiben.

Form versus Funktion: Sicherlich muss ein Arbeitsplatz auch das Auge ansprechen und als angenehmer Ort empfunden werden. Doch manchmal neigen diejenigen, die den Arbeitsplatz planen, aber nicht an ihm arbeiten, dazu, den ästhetischen Aspekt (Form) zulasten des Hauptkriteriums eines effektiven Arbeitsplatzes (Funktionalität) zu betonen.

Folgendes Beispiel aus unserer Beraterpraxis: Einem Mitglied des Designerteams für eine offene Büroumgebung im Unternehmen eines unserer Klienten aus der Hightechbranche lagen die abschließenden Fotoaufnahmen der neuen Arbeitsumgebung so am Herzen, dass er die anderen Verantwortlichen davon überzeugte, die Hauptarbeitsfläche aus optischen Gründen um etwa 8 cm anzuheben, sodass anschließend alle anderen Arbeitsflächen niedriger waren. Bedauerlicherweise löste die ungewöhnliche Arbeitshöhe des Schreibtischs bei den meisten Mitarbeitern Rückenschmerzen aus oder sie versuchten verzweifelt den ganzen Tag über, den Bürostuhl auf eine passende Höhe einzustellen. Außerdem war es dann gar nicht mehr so einfach, sich von einer Arbeitsfläche zur nächsten zu bewegen. Natürlich sind moderne Bürostühle höhenverstellbar, schließlich sollen unterschiedlich große Mitarbeiter bequem darauf sitzen können, sie sind aber nicht dafür gedacht, dass ein und derselbe Mitarbeiter an einem Arbeitstag die Höhe zigmal verstellt.

Bei einem anderen unserer Klienten sollte sich ein Manager zwischen Hochregalen, die viel Platz für Aktenordner boten, und niedrigen Regalen, die den Mitarbeitern Augenkontakt zu ihren Kollegen ermöglichten, entscheiden. Beide Überlegungen hatten ihren Sinn, doch da Bedarf an Aufbewahrungsmöglichkeiten für die zahlreichen Aktenordner bestand, hätte die Entscheidung eher nach Funktionalitätskriterien getroffen werden sollen. Der Manager, der selbst nicht in diesen Räumlichkeiten arbeitete, entschied sich für die niedrigen Regale. Als Folge davon kämpfen die Verwaltungsangestellten tagein, tagaus um die Abstellflächen für ihre Ordner, was zulasten ihrer Konzentrationsfähigkeit auf das Wesentliche und ihrer Produktivität geht.

Sobald sich die erste Aufregung um die geplante Einrichtung von Arbeitsplätzen der Neuen Generation gelegt hat, sollte man sich vor allem vor Augen halten, dass die Mitarbeiter viel Zeit in den neuen Räumlichkeiten verbringen und dort arbeiten werden. Achten Sie daher auf die Ausgewogenheit von Form und Funktionalität, damit das Arbeiten in dieser Arbeitsumgebung wie am Schnürchen klappt. Ein ANG ist und bleibt ein Arbeitsplatz und soll kein Vorzeigeraum sein.

Die Entscheidung für einen Möbellieferanten: Seit Jahrzehnten scheuen die Hersteller von Büromöbeln keine Kosten und Mühe, um sich vom reinen Möbellieferanten zu einem Anbieter von maßgeschneiderten Lösungen zu entwickeln, der in Zusammenarbeit mit seinem Kunden Arbeitsplätze der Neuen Generation entwickelt, die individuell auf die Bedürfnisse des Kunden zugeschnitten sind.

Doch leider hapert es in manchen Bereichen der Vertriebskette der Möbelhersteller noch mit der Umsetzung dieses Vorhabens. Wir machen noch immer die Erfahrung, dass selbst namhafte Möbelhäuser den Sprung vom reinen Verkäufer von Büromöbeln zum erstklassigen Berater für Arbeitsplätze der Neuen Generation noch nicht geschafft haben. Noch immer hören sie nicht genau hin oder verbringen zu wenig Zeit damit, sich ein klares Bild von den Ansprüchen ihrer Kunden zu machen, sondern bieten stattdessen immer noch Lösungen von der Stange an.

Wir haben an Besprechungen mit einem internationalen Kunden teilgenommen, der mehrere Angebote von diversen Möbelherstellern eingeholt hat. Bestürzt mussten wir erfahren, dass sich die drei namhaftesten Möbelhersteller damit begnügten, statt eines detaillierten Angebots einen Produktkatalog einzureichen, mit der Bitte an den

Kunden (so musste dieser es zumindest auffassen), er möge sich doch selbst zusammenstellen, was er braucht – und das, obwohl wir am Anfang des 21. Jahrhunderts stehen.

Bei einem anderen Meeting wurde uns klar, dass ein weiterer großer Möbelhersteller nicht zugehört hatte, als der Kunde seine Anforderungen schilderte. Er wollte das Büro für seine mobilen Arbeitskräfte neu gestalten und großzügige Arbeitsbereiche schaffen, die das Wir-Gefühl seiner Teams verstärken sollten. Der Hersteller bot eine Lösung mit zahlreichen Stellwänden und Freiflächen in Würfelform an, was genau das Gegenteil dessen war, was der Kunde haben wollte und auch exakt formuliert hatte.

Beide Kunden von uns wandten sich nun auf ihrer mühseligen Suche nach einem Anbieter von ANGs an einen exzellenten kleinen Möbelausstatter, der auf ihre Anforderungen einging und eine maßgeschneiderte Lösung entwickelte. Allein aus diesem Grund ist er nun der Ansprechpartner für sämtliche Niederlassungen unserer beider Kunden.

Die Entscheidung für einen Bürostuhllieferanten: Der Erwerb von Bürostühlen für Ihren ANG ist getrennt vom Einkauf anderer Büromöbel zu betrachten. Jeder Mitarbeiter hat seine eigenen Vorlieben, und ein Bürostuhl wirkt sich sowohl auf die Produktivität des Mitarbeiters als auch auf die Qualität seiner Arbeit aus.

Bitte denken Sie daran, Ihre Mitarbeiter gerade in diesen Entscheidungsprozess stark einzubeziehen. Nachdem der Preisrahmen festgesteckt wurde, kontaktieren Sie am besten mehrere Hersteller und bitten um jeweils ein Ansichtsexemplar der Bürostühle in der gewünschten Preisklasse und Farbe, die dann entweder im »Musterbüro« (mehr davon später) oder in einem Ruheraum aufgestellt werden, wo Ihre Mitarbeiter die Stühle nach Herzenslust ausprobieren und ihre Seele auch mal baumeln lassen können.

Nach diesem »Probelauf« können Sie entweder abstimmen, welche Stühle von welchem Hersteller gekauft werden sollen oder – noch besser – jeder Mitarbeiter wählt sich seinen eigenen Stuhl selbst aus, und Sie vergessen den einheitlichen Look Ihrer Büros – schließlich ist das ja nicht wirklich wichtig, oder?

Die Rolle des Managements bei der Umstellung auf ANGs

Wir haben die Anforderungen aus unserer langjährigen Erfahrung mit der Umstellung auf ANGs in Hunderten von Betrieben mit Tausenden von Mitarbeitern in der folgenden Auflistung zusammengefasst, die sich insbesondere an das Management richtet. Wenn Sie sich an diese Punkte halten, haben Sie den Erfolg so gut wie in der Tasche.

- Das Management muss sich von Anfang bis Ende klar und deutlich erkennbar für den Umstellungsprozess engagieren.
- Anweisungen für die Vorbereitung und Schulungen müssen auf den Umstellungsplan von Gruppen und einzelnen Mitarbeitern abgestimmt sein.
- Termine für die Teilnahme an Schulungen oder Kommunikationsprogrammen für die Umstellung auf ANGs dürfen sich auf keinen Fall mit anderen Terminen überschneiden. Manager aller Ebenen müssen über sämtliche Schulungsmaßnahmen informiert sein und dürfen zu Schulungsterminen keine anderen Verpflichtungen eingehen.
- Das Topmanagement selbst und die Manager der mittleren und unteren Ebene müssen sowohl das Recht als auch die Pflicht erhalten, an allen Schulungen über Arbeitsplätze der Neuen Generation teilzunehmen.
- Manager der mittleren und unteren Ebene müssen der Belegschaft die Befugnis erteilen und sie motivieren, ohne Ausnahme an sämtlichen Seminaren über ANGs teilzunehmen.

Das fehlende Glied – die richtige Ausrüstung für ANGs

Damit jeder Mitarbeiter effizient und produktiv arbeiten kann, müssen die neuen Arbeitsplätze mit einem schnellen PC oder Laptop, ZIP-Disketten und -Laufwerken, JAZZ-Disketten und Laufwerken, Drucker, Faxgerät und Modem, Telefon und einem Kopierer ausgestattet sein – was eigentlich der Grundausstattung eines normalen Büros entspricht. Bei ANGs sollten alle Geräte dem neuesten Stand der Technik entsprechen und optimal auf die veränderten Arbeitsbedingungen zugeschnitten sein. Der Scanner ist das Hilfsmittel der modernen Zeit, das uns das Ziel des Papier sparenden Büros erreichen hilft.

Bei unserer Arbeit mit Klienten bekommen wir sehr häufig folgende Aussage zu hören: »Ich muss dieses Dokument unbedingt aufbewahren, weil es nicht in elektronischer Form vorhanden ist.« Auf unsere Frage, ob ein Scanner vorhanden ist, erhalten wir meist die Antwort »Nein« oder »Wir werden demnächst welche anschaffen« oder »Wir können den der anderen Abteilung benutzen«.

Mit einem Scanner lassen sich Berge an Papier beseitigen, da es so gut wie nichts gibt, was sich nicht auch einscannen ließe – wozu auch maschinengeschriebene Unterlagen, Fotos, Zeitungsartikel und handschriftliche Notizen zählen.

Wir legen allen Unternehmen und Mitarbeitern dringend ans Herz, bei ihrer Umstellung auf ein modernes Büro unbedingt einen Scanner zu verwenden. Die Entwicklung von Scannern hat in den letzten Jahren enorme Fortschritte gemacht. Natürlich könnten die Hersteller ihre Geräte noch weiter verbessern, sodass der Einsatz von Scannern genauso selbstverständlich und einfach wird wie der Umgang mit Druckern. Doch denken Sie daran, dass es in Ihrer Verantwortung liegt, ein Gerät auszuwählen, das genau auf Ihre Anforderungen zugeschnitten ist.

Viele Unternehmen sind aufgrund ihrer Statuten oder aus anderen Gründen verpflichtet, einen Ausdruck bestimmter Unterlagen aufzubewahren. Doch auch diese Schriftstücke lassen sich der Einfachheit halber einscannen und (in der Regel passwortgeschützt) im innerbetrieblichen Netzwerk abspeichern.

Und wie bei allen elektronisch erzeugten Informationen gilt auch für eingescannte Dokumente: Ordnung ist das halbe Leben. Diese Daten müssen ebenfalls so verwaltet werden, dass man im Bedarfsfall schnell auf sie zugreifen kann.

PEP und die Umstellung auf einen ANG

IBT hilft Unternehmen seit knapp zwei Jahrzehnten bei der Umstellung auf ANGs. Aufgrund dieser Erfahrung wissen wir, wie stark PEP die Mitarbeiter bei dieser Veränderung unterstützen kann. Die Rolle, die PEP bei der erfolgreichen Umstellung auf die neuen Arbeitsplätze spielt, entnehmen wir dem Feedback unserer Klienten.

Einer unserer Klienten geizte nach einer eingehenden Beurteilung von PEP nicht mit Lob: »Das war es, wonach wir gesucht haben – PEP war das fehlende Glied in unserem Umstellungsprozess.«

Ein anderer Klient teilte uns die Ergebnisse einer Fokusgruppe mit, die besagten, dass 100 Prozent der Mitarbeiter, die an diesem Projekt beteiligt waren, die Ansicht vertraten, dass PEP ein unverzichtbarer Bestandteil bei der Umstellung auf ANGs war.

PEP und der Umstellungsprozess

Bei der Umstellung auf Arbeitsplätze der Neuen Generation müssen ganz bestimmte Aspekte berücksichtigt werden. Dabei spielt es keine Rolle, ob nur eine einzige Abteilung umgestellt werden soll oder ein ganzes Unternehmen seinen Standort verlegt. Die meisten dieser Aspekte beziehen sich auf Kernthemen wie Informations- und Kommunikationsprozesse, Einbeziehung der Mitarbeiter, IT-Equipment und Möblierung.

Unsere Erfahrung hat uns gelehrt, dass das ganze Vorhaben zum Scheitern verurteilt ist und gute Gelegenheiten ungenutzt bleiben, wenn wichtige Details – wie zum Beispiel die Überlegung, wie die Mitarbeiter auf die Umstellung reagieren werden – nicht ebenso sorgfältig beachtet werden.

Das am häufigsten vernachlässigte Detail bei der Umstellung auf ANGs sind die Bedürfnisse der Mitarbeiter, auf die leider viel zu selten eingegangen wird. So gut wie nie wird den Mitarbeitern Hilfe bei der Vorbereitung auf die neue Arbeitssituation, zum Beispiel durch eine Restrukturierung oder einen Umzug angeboten. Dabei kann diese Unterstützung den Gesamtprozess entscheidend beschleunigen, und zwar lange bevor der Tag des Umzugs feststeht oder die neuen Möbel geordert wurden.

Ein Architektur- und Designbüro empfahl uns an einen großen amerikanischen Finanzdienstleister, da dessen Belegschaft nach dem Umzug nicht in den neuen Räumlichkeiten arbeiten konnte und wollte. Nach mehreren Gesprächen mit dem Management und dem Personal wurde uns klar, dass beim Umzug viele Kleinigkeiten übersehen worden waren, was sich nun verheerend auswirkte. Zum Beispiel:

- Die Arbeitsplätze von Führungskräften, die so gut wie immer auswärts arbeiteten, waren an den begehrten Fensterplätzen eingerichtet worden, während die Mitarbeiter, die Tag für Tag immer im Büro arbeiteten, an Arbeitsplätzen mitten im Raum ohne Aussicht nach draußen saßen.
- Ablagefächer und Stauraum wurden je nach Position zugewiesen, wobei der konkrete Bedarf je nach Aufgabengebiet völlig ignoriert wurde.
- Bei keinem Arbeitsplatz wurde die Rechts- beziehungsweise Linkshändigkeit der Mitarbeiter berücksichtigt.
- Die Arbeitsplätze waren völlig ungeachtet der Körpergröße oder -fülle der Mitarbeiter eingerichtet worden.
- Die Unterstützung der Mitarbeiter beim Umzug erfolgte nur sehr

sporadisch, wenn überhaupt, und es fanden keine Schulungen vor Ort statt.
- Noch immer wurden in offenen Büroräumen mit niedrigen Regalen Telefone mit Lautsprechfunktion benutzt.

Der Schlüssel zum Erfolg – die systematische Verwaltung von Informationen

Zu den wichtigsten Ergebnissen von PEP (siehe Kapitel »Organisieren Sie sich sofort« dieses Buches und unser Buch *Zeitgewinn mit PEP*) gehört, dass sämtliche zur Organisation Ihrer Arbeit benötigten Informationen auf Anhieb gefunden werden.

Als Teil der Vorbereitung auf die Umstellung auf ANGs müssen Sie sich mit den folgenden Fragen auseinander setzen:

- Wie organisieren wir Daten und Informationen, sodass wir bei Bedarf sofort darauf zugreifen können?
- Wie organisieren und verwalten wir papierne und elektronische Daten?

Die Zeitarbeitsagentur Accountemps Inc. mit Sitz in Kalifornien berichtete in einigen Artikeln vergangener Jahre, dass Führungskräfte und ihre Assistenten durchschnittlich 4,3 Stunden pro Woche damit verbringen, nach unauffindbaren Informationen zu suchen. Unsere eigene Kundenumfrage ergab, dass Teilnehmer eines PEP-Trainings vor der Belegung des Kurses etwa 1,8 Stunden damit verbracht hatten.

Beide Umfragen kommen also zu dem eindeutigen Ergebnis, dass viel zu viel Zeit damit verloren geht, dass wir Informationen nicht finden, von denen wir glauben, dass wir sie irgendwo haben müssten. Wir arbeiten viel zu hart und haben zu viel um die Ohren – im privaten wie im beruflichen Bereich –, als dass wir unsere wertvolle Zeit mit vergeblichem Suchen verbringen sollten. Überlegen Sie doch einmal selbst, was Sie tun würden, wenn Sie pro Jahr hundert Stunden mehr zur Verfügung hätten. Wenn Sie diese Frage ehrlich beantwortet haben, gehen wir jede Wette ein, dass Sie nun alles daran setzen werden, Ihre Selbstorganisation und Ihren Informationsfluss in den Griff zu bekommen.

Die meisten Menschen stellen sich die Frage: »Wo soll diese elektronische oder papierne Information abgelegt werden?« Vorausgesetzt, dass wir diese Daten nicht sofort wieder brauchen, müssten wir uns stattdessen eigentlich Folgendes fragen: »Wo werde ich nach aller Wahrscheinlichkeit danach suchen, wenn ich diese Informationen das nächste Mal brauche?«

Denken Sie immer daran: Informationen verlieren mit der Zeit ihren Wert

Eines der Hauptziele bei der Umstellung auf Arbeitsplätze der Neuen Generation ist es, den Platzbedarf für die Aufbewahrung von papiernen Unterlagen zu reduzieren – ein durchaus realistisches und notwendiges Vorhaben. Unsere Studien beweisen, dass über 50 Prozent aller aufbewahrten Unterlagen – ob nun auf Papier oder im Computer – überflüssig sind.

Früher hatten papierne Unterlagen viel länger Gültigkeit und Wert, da sie die einzige Dokumentationsform waren und es teuer war, sie herzustellen und zu verteilen. Heutzutage lassen sich Daten so schnell und kostengünstig aktualisieren und verteilen, dass sie schon innerhalb weniger Tage veraltet und wertlos sein können. Wir brauchen daher ein Ordnungsprinzip und eine Standardisierung der Informationen, mit deren Hilfe wir unterscheiden können, ob es sich um nützliche, wertvolle Informationen zum Aufbewahren handelt oder um »Datenschrott«, der getrost und ohne Konsequenzen vernichtet werden kann.

Elektronische oder papierne Unterlagen? Entscheiden Sie sich!

Seit Jahrhunderten ist es üblich, dass wichtige Schriftstücke in der Regel in Papierform vorhanden sind. Erst die Technologien der jüngsten Zeit ermöglichten eine elektronische Kommunikation (überwiegend E-Mail und elektronische Dokumente). Einfach ausgedrückt kann man sagen, dass sich Daten in elektronischer Form leichter verarbeiten lassen als papierne und dass der schnelle Zugriff auf Daten und ihre Änderung wesentliche Voraussetzungen für die Effektivität und Produktivität von ANGs sind.

Der Marketingleiter einer unserer Kunden erhält mehr als 300 E-Mails am Tag. Kaum zu glauben, aber er ließ sich alle 300 Nachrichten von seinem Assistenten ausdrucken und zu den Akten legen (dies ist übrigens kein Einzelfall!). Sein Problem war nicht, dass er nicht gewusst hätte, wie elektronische Systeme funktionieren, sondern dass er nicht wusste, wie er mit System damit umgehen sollte. Nachdem er an PEP teilgenommen hatte, stellte er diese zeitraubende und sinnlose Bearbeitung von E-Mails ein. Auf diese Weise blieb ihm und seinem Assistenten mehr Zeit für andere Aufgaben, und die enorme Papier- und Zeitverschwendung wurde beendet. (Er erzeugte nämlich täglich einen Papierstapel von etwa 3 cm Höhe, der umgerechnet aufs Jahr stolze 6,5 m Höhe erreichte).

Die noch viel schlimmere Tatsache, die wir bei der Durchsicht seiner Akten entdeckten, war, dass er nicht nur sämtliche E-Mails, sondern überhaupt alle Dateien seines Rechners ausdrucken ließ. Der Grund dafür war, dass er sich nicht darauf verlassen wollte, seine Dateien im Computer jemals wieder zu finden. (Die systematische Verwaltung und Organisation von elektronischen und papiernen Daten können Sie im Kapitel »Bauen Sie Routinen auf« dieses Buches oder in unserem Buch *Zeitgewinn mit PEP* nachlesen.)

Nachdem unser Klient gelernt hatte, wie er seine Daten auf dem Computer verwalten kann, beschloss er, rund 80 Prozent seiner papiernen Unterlagen zu vernichten – eine weise Entscheidung.

Weitaus wichtiger ist jedoch, dass dieser Mann (immerhin Leiter der Marketingabteilung) seine Überzeugung, er könnte an einem Arbeitsplatz der Neuen Generation nicht arbeiten, aufgab und sich zu einem Vorbild für seine Mitarbeiter entwickelte, weil er ihnen zeigte, wie effektiv diese neuen Arbeitsmethoden waren.

Der Schlüssel zum Erfolg bei der Umstellung auf einen ANG

Beziehen Sie Ihre Mitarbeiter in die Entscheidungsprozesse mit ein

Die Umstellung auf einen ANG klappt nur, wenn einige Grundprinzipien berücksichtigt werden. Eines steht fest: Diese Mission ist zum Scheitern verurteilt, wenn keine Überschneidungen zwischen den Erwartungen der Mitarbeiter und denen der Firmenleitung bestehen.

Sie müssen Ihr ganzes Personal systematisch und umfassend darüber informieren, wie das gesamte Firmengebäude nach der Umstellung eingerichtet sein wird und wie was funktioniert. Bereits vor der eigentlichen Umstellung muss zudem ausgearbeitet werden, wie sich das Unternehmen die Zusammenarbeit zum Beispiel in offenen Büroräumen vorstellt.

Die für die Umstellung verantwortlichen Manager müssen – vielleicht über Rollenspiele und Diskussionsrunden – dafür sorgen, dass unter den Mitarbeitern ein Konsens gefunden wird, was die Umstellung mit sich bringen soll. Denn nur wer dahintersteht, sieht auch ein, dass es ein Unding ist, während der Arbeitszeit genussvoll krachend Kartoffelchips oder ein intensiv duftendes Sardinenbrötchen zu essen oder lautstark in das Telefon mit Lautsprechfunktion zu plärren, da dies deutlich zulasten der Produktivität und Konzentration der Kollegen geht.

Wichtige Überlegungen zu den Räumlichkeiten

1. Bevor mit der individuellen Planung des neuen Büros oder gar mit dem Packen begonnen wird, muss in den alten Räumlichkeiten eine ergonomische und vorübergehende Ablage und Bearbeitungsmöglichkeit von Unterlagen zur vollen Verfügung stehen. Für Mitarbeiter, die es von Übergangslösungen im Büroablauf bereits gewohnt sind, ihre Unterlagen routinemäßig und zeiteffizient zu bearbeiten, dürfte die Umstellung auf einen ANG ein Kinderspiel sein.
2. Die Mitarbeiter müssen schon vor der Umstellung wissen, wie ihr künftiges Büro aussehen wird und wo sich ihr jeweiliger Arbeitsplatz befindet. Nur dann können sie sich auch mental darauf einstellen und mit den neuen Gegebenheiten vertraut machen. Es ist unabdingbar, dass Sie Ihren Mitarbeitern Pläne der einzelnen Arbeitsplätze in verschiedenen Ansichten zeigen. Diese Zeichnungen sollten so detailgetreu wie möglich sein und alle Informationen über die Möblierung beinhalten. Jeder Mitarbeiter sollte eine Ausfertigung der für ihn relevanten Pläne bereits Monate vor der eigentlichen Umstellung ausgehändigt bekommen.
3. In Ihre Entscheidung bezüglich des Mobiliars sollte unbedingt einfließen, dass Ihr Möbellieferant bereit ist, ein oder zwei Musterbüros einzurichten, damit sich Ihre Mitarbeiter in aller Ruhe damit vertraut machen können. (Bei den meisten Herstellern dürfte diese Bitte kein Problem sein. Sorgen Sie dafür, dass dieser Raum mindestens so lange allen Mitarbeitern offen steht, bis die Umstellung abgeschlossen ist.) Unterschätzen Sie die Bedeutung eines solchen Musterbüros nicht. Vereinbaren Sie vertraglich mit Ihrem Möbellieferanten, dass es dem neuen Büro haargenau gleicht: Zu einer effizienten Planung der Umstellung auf ANGs gehört nämlich auch, dass das Musterbüro mit exakt den gleichen Elementen ausgestattet ist wie später die neuen Büros.

   Sorgen Sie dafür, dass dieses Musterbüro zentral liegt und von jedem Mitarbeiter problemlos aufgesucht werden kann. Ein einziger

Besuch reicht nicht aus! Ihre Mitarbeiter müssen Platz nehmen und sich bildlich vorstellen, wohin sie ihre Aktenordner, Arbeitsmappen, Kataloge, Schreibutensilien, persönlichen Gegenstände und ähnliches stellen. Manager sollten dafür sorgen, dass ihre Teams diesen Raum gemeinschaftlich aufsuchen, um gemeinsam zu besprechen, was möglich ist.

Erst neulich besuchten wir das Musterbüro der Zentrale von NCR in Dayton, Ohio – inmitten der Cafeteria! Welch tolle Idee – und natürlich strömten die Mitarbeiter in Massen dorthin.

Als ALCOA in seine neue Zentrale in Pittsburgh, Pennsylvania, umzog, richtete sein Möbelausstatter Herman Miller Monate vor dem Umzug Musterbüros in der Lobby des Firmengebäudes ein. Auf diese Weise hatten die Mitarbeiter ausreichend Zeit, sich regelmäßig und beiläufig mit ihrem neuen Arbeitsplatz vertraut zu machen.

Technion, der Möbellieferant von Hewlett-Packard, hat in der Zweigstelle in Orlando, Florida, ein Musterbüro direkt in den damaligen Büroräumen eingerichtet, so dass alle Mitarbeiter es am eigenen Leib ausprobieren konnten.

Owens-Corning hat sich bei seinem Umzug nach Toledo, Ohio, etwas ganz Besonderes einfallen lassen: Nicht nur, dass deren Möbellieferant Steelcase Modellbüros in der Lobby des alten Bürogebäudes aufstellen ließ, sondern sie gingen noch einen Schritt weiter und beauftragten Williams Marketing aus Grand Rapids, Michigan, ein komplettes Kommunikationsmodul aufzustellen, in dem sich auch eine Nachbildung des Musterbüros befand. Auf diese Weise konnten sämtliche Fragen oder Kommentare der Mitarbeiter bezüglich der neuen Möbel oder anderer Neuerungen eingegeben und beantwortet werden.

4. Wer sich vor einem Umzug die Zeit nimmt, so richtig auszumisten, investiert in den Erfolg seines Vorhabens. Außerdem ist das der richtige Moment, um sein Ablagesystem umzustellen. Es macht nämlich einfach keinen Sinn, veraltete oder nie verwendete Unterlagen mitzunehmen. Wer gründlich ausmistet, spart sich eine

Menge Zeit beim Einräumen und Arbeitsbeginn in der neuen Umgebung.
Uns wurde das klar, als wir Anfang 1993 von einer größeren Fluggesellschaft aus Santa Monica, Kalifornien, engagiert wurden. Wie bei so vielen anderen Kunden von uns stimmten wir den Termin des Umzugs ab und legten fest, wann mit dem PEP-Programm begonnen werden sollte.
Am ersten Tag dieses Programms werden die Teilnehmer üblicherweise darum gebeten, an ihren Arbeitsplatz zurückzukehren und ihr neues Wissen über Büroorganisation gleich in die Praxis umzusetzen. Nach etwa einer Stunde macht sich unter ihnen allmählich die Begeisterung darüber breit – für uns nicht unerwartet –, wie schnell sich mit PEP Chaos und Unordnung beseitigen lassen.
Wir haben natürlich entsprechend darauf reagiert und unsere Freude darüber ausgedrückt, dass jeder das Prinzip von PEP so schnell verstanden hat. Doch dann teilte uns unser Kunde mit, dass wir da etwas missverstanden hätten. Die Abteilung war genau eine Woche vor Start des PEP-Programms umgezogen. Sie feierten diesen Anlass mit einer Pizzaparty und trennten sich bei dieser Gelegenheit von überflüssigen Dingen. Erst jetzt – also nach dem Umzug – machten sie sich daran auszumisten und warfen mehr als die Hälfte ihrer Sachen weg, die sie mit umgezogen hatten.
Die Teilnehmer an unseren Schulungen, bei denen ein Umzug ansteht, werden routinemäßig von uns über ihre Ausmistgewohnheiten befragt, weil wir uns ein Bild darüber machen wollen, inwieweit sie sich an die goldenen Regeln von PEP halten. Vorsichtig geschätzt ergab sich, dass etwa die Hälfte aller papiernen Unterlagen entsorgt wurde. Umgerechnet bedeutet das im Schnitt einen Papierstapel, der gute zwei Meter hoch und knapp 70 Kilogramm schwer ist.
Dieses Ergebnis wurde in einer weiteren Mitarbeiterbefragung bestätigt: Als Ernst & Young, Los Angeles, 1999 in ihr Büro der Zukunft einzogen, stellte sich heraus, dass insgesamt 50,8 Prozent al-

ler Schriftstücke weggeworfen wurden. Diese beeindruckende Zahl ist noch heute typisch für unsere Kunden!

5. Die Umstellung auf ANGs ist genau der richtige Zeitpunkt, um sich darüber Gedanken zu machen, ob das von Ihnen bevorzugte Papierformat den heutigen Anforderungen noch entspricht.
6. Wir haben bereits darauf hingewiesen, wie wichtig es ist, dass alle Mitarbeiter an der proaktiven Planung des Umzugs beteiligt sind. Weitaus wichtiger ist jedoch, dass jeder von ihnen mitbekommt, dass sich auch die Manager und leitenden Angestellten an dem Umzug ihrer persönlichen Sachen beteiligen. Wir können es gar nicht oft genug sagen: Ein Umzug wird nur dann den gewünschten Erfolg bringen, wenn auch die höheren Etagen deutlich erkennbar und kräftig am selben Strang ziehen.
7. Zu unseren Kunden zählte auch ein internationales Unternehmen, dessen Umzug kurz bevorstand. Einer der Geschäftsführer war darüber alles andere als glücklich und beschloss, dieser Unzufriedenheit Ausdruck zu verleihen, indem er eine Geschäftsreise für die Zeit plante, in der sich die Belegschaft auf den Umzug vorbereitete.

Wir gaben zu bedenken, dass diese Geschäftsreise nicht unbedingt nötig sei und getrost auf einen späteren Termin verschoben werden könnte. Doch der Geschäftsführer wies seine Assistentin an, sie möge doch seine Sachen für ihn packen. Es mag schon sein, dass er die nötige Autorität hatte, um eine solche Anweisung zu erteilen – aber hatte er auch das Recht dazu? In unseren Augen war das eine mehr als unglückliche Entscheidung und ein hervorragendes Beispiel für den Unterschied zwischen einem Manager und einer wahren Führungskraft. Die arme Assistentin wusste natürlich nicht, was weggeworfen werden konnte und was nicht, wie sie das neue Büro ihres Chefs einräumen sollte und welche Akten ihm nach Hause geschickt werden sollten.

Wie in jedem anderen Unternehmen auch, verbreitete sich diese Geschichte im gesamten Managerteam und rief Reaktionen hervor wie »Was der kann, kann ich auch!« Und mehr oder weniger folgten die meisten auch seinem Beispiel! Die Folge dessen war, dass alle Teams, die sich bei der Vorbereitung des Umzugs an die Prinzipien von PEP hielten, rasch und zügig vorankamen und unmittelbar nach dem Umzug wieder »betriebsbereit« waren, während das Team besagten Geschäftsführers Wochen brauchte. All das wirkte sich natürlich negativ auf die Produktivität und den Kundenservice aus, was vermutlich nie wieder aufgeholt werden konnte.

Die Vorteile eines Umzugs nach dem PEP-Prinzip

Die Investition von Zeit, Energie und Geld, um jeden Mitarbeiter proaktiv am Umzug zu beteiligen, zahlt sich in vielerlei Hinsicht wieder aus.

Gleich am ersten Tag nach dem Umzug werden Sie die *unmittelbaren* Vorzüge am eigenen Leib erleben:

- Der Umzug ist für alle Beteiligten ein Kinderspiel und in Kürze abgeschlossen.
- Arbeitsanweisungen und Vorschriften für die Ablage werden im Einklang mit den Unternehmenszielen auf ein Minimum gekürzt.
- Alle Mitarbeiter gewöhnen sich rasch an ihren ANG.
- Nicht nur der neue Arbeitsplatz, sondern auch die damit verbundenen Verhaltensweisen werden gerne angenommen.
- Der Informationsaustausch findet häufiger und spontan statt.
- Der Datenfluss wird besser kontrolliert.
- Elektronisch vorhandene Dokumente werden nicht mehr im Papierformat aufbewahrt.

Kurze Zeit nach dem Umzug werden Sie die *langfristigen* Vorteile kennen lernen:

- Die individuelle Produktivität und Effizienz verbessern sich, was sich positiv auf die Karriere aller Mitarbeiter auswirkt.

- Langfristig steigern sich Produktivität und Effizienz des gesamten Unternehmens.
- Die Organisation von Informationen verbessert sich nachhaltig.
- Der Kundenservice wird besser, und die Ansprüche der Kunden werden erfüllt.
- Es gibt weniger Stresssituationen.
- Es bleibt wesentlich mehr Zeit für die eigentlichen Aufgaben.

Regeln für Ihren Umzug

1. Bringen Sie schon vor dem Umzug Ordnung in Ihre Unterlagen.
2. Sehen Sie sich jedes Schriftstück und jede Akte genau an. Sind Unterlagen doppelt vorhanden? Gibt es veraltete Dokumente?
3. Sie müssen schon wissen, weshalb Sie etwas aufbewahren. Fragen Sie sich nicht »Brauche ich das irgendwann einmal?«, sondern »Wo finde ich diese Informationen, wenn ich sie das nächste Mal brauche?»
4. Kopieren oder heben Sie keine Unterlagen auf, von denen Sie wissen, dass sie Ihnen ein Kollege jederzeit problemlos zur Verfügung stellen kann.
5. Setzen Sie sich intensiv mit der Planung und Einrichtung Ihres neuen Arbeitsplatzes auseinander.
6. Packen Sie nicht mehr Sachen in einen Umzugskarton, als später am neuen Arbeitsplatz Platz finden.
7. Beschriften Sie alle Umzugskartons, damit Sie gleich wissen, wo diese Sachen an Ihrem neuen Arbeitsplatz genau untergebracht werden sollen.
8. Erstellen Sie eine Packliste für jeden Umzugskarton. Kleben Sie diese Liste außen an den Karton.
9. Packen Sie die wichtigen Sachen, die Sie gleich am ersten Arbeitstag nach dem Umzug benötigen, in einen Extrakarton, und nehmen Sie ihn mit nach Hause.
10. Beim Auspacken darf nichts in den Kartons liegen bleiben. Räu-

men Sie alles gleich in die Schubladen oder Fächer ein, so wie Sie es im Vorfeld geplant haben.

Arbeiten an ANGs

Es macht einen großen Unterschied, ob man an einem herkömmlichen Arbeitsplatz oder einem ANG sitzt. Die dabei eventuell entstehenden Probleme – aber auch ihre Lösungen – lassen sich ganz grob in vier Kategorien einteilen: Management und Unterstützung, das innerbetriebliche Büro, das Home-Office und das mobile Büro. In den nächsten Abschnitten wollen wir uns diesen vier Bereichen zuwenden und bitten um Ihr Verständnis, wenn sich Themen teilweise überschneiden.

Effektive Führung und technische Unterstützung bei ANGs

Die Manager in der ANG-Umgebung müssen sich darüber im Klaren sein, dass die Leistungen ihrer Mitarbeiter nicht danach bewertet werden können, wie lange sie unter den Augen der Manager arbeiten, sondern danach, welche Ergebnisse ihre Arbeit aufweist.

Daher sollten in die Leistungsbewertung folgende Fragen einfließen: Wurde die Arbeit termingerecht und fehlerlos fertig gestellt? Wurden die Bedürfnisse und Wünsche der Kunden berücksichtigt oder gar übertroffen? Wurde das Projekt im Einklang mit den Unternehmenszielen fertig gestellt? Können diese Fragen bejaht werden, wurde die Arbeit aller Wahrscheinlichkeit erfolgreich erledigt und der Manager sollte positives Feedback für gute Arbeit geben. Das ist übrigens ein weiterer Punkt, in dem sich ein Manager von einer wahren Führungskraft unterscheidet.

In den vergangenen zwanzig Jahren erschienen unzählige Bücher zum Thema Produktivität, Leistungsbeurteilung und Leistungskennzahlen. Wenn diese Punkte auch für Sie von Interesse sind, fragen Sie Ihren PEP-Berater oder wenden Sie sich an Ihre Personalabteilung, Verwaltung oder an Führungskräfte, die für innerbetrieblichen Wandel zuständig sind.

Hilfe – Wohin Sie sich wenden können und was getan werden muss

Zweifelsohne haben die neuen technischen Errungenschaften eine neue Notwendigkeit geschaffen: Hilfe! In vielen Unternehmen ist dafür eine eigene Abteilung (Support-Abteilung, IT-Abteilung oder Systemadministration) zuständig, an die sich die Mitarbeiter wenden können, wenn sie Probleme mit den elektronischen Geräten haben, die in unsere Hightechwelt Einzug gehalten haben.

Wir haben mit den Abteilungen für Informationstechnologie (IT) der unterschiedlichsten Unternehmen zusammengearbeitet, und sie alle haben eines gemeinsam: Sie alle sind gern bereit, Ihnen (also ihren Kunden) im Umgang mit elektronischen Geräten weiterzuhelfen, und verfügen über Berufserfahrung in den unterschiedlichsten Fachgebieten. Sie können Ihnen am Telefon oder im persönlichen Kontakt weiterhelfen oder wissen zumindest, wo sie die erforderlichen Informationen finden, um Ihr Problem zu lösen.

Diese IT-Mitarbeiter haben folgende leidige Erfahrungen gemacht: entweder werden sie Tag für Tag mit simpelsten Fragen bombardiert, die jeder User nach einer gewissen Einarbeitungszeit selbst beantworten sollte, oder ihre Kunden warten zu lange, bis sie die Fachleute einschalten. Viele von uns erliegen dem Irrglauben, technische Probleme kleineren Ausmaßes würden sich nach einer gewissen Zeit von selbst lösen – weit gefehlt. Das Einzige, was regelmäßig passiert, ist, dass kleinen Störungen zu Riesenproblemen werden können, deren Behebung dann Stunden dauert.

Das Prinzip »Tun Sie's sofort« gilt vor allem für elektronische Geräte. Das nächste Mal, wenn Sie auch nur den leisesten Verdacht hegen, dass ein Anruf bei der IT-Abteilung keine dumme Idee wäre, tun Sie's sofort! Schieben Sie es nicht auf die lange Bank, und lassen Sie es nicht zu, dass aus Mücken Elefanten werden!

Allgemeines zum Arbeiten an einem ANG

Für die persönliche Arbeitsweise

1. Verwendung elektronischer Kalender. Ein Kunde schildert seine Erfahrung mit der Kalenderauswahl so: »Seit ich arbeite, stehe ich jedes Jahr vor derselben Entscheidung: Welchen Kalender soll ich kaufen?«

»Ich habe kleine Kalender, die in jede Hosentasche passen, und große, die nur in Aktenkoffern Platz finden, ausprobiert. Ich habe die unterschiedlichsten Einteilungen – in Tage, Wochen oder Monate – ausprobiert. Jedes dieser Formate hat seine Vorteile. Bei der Einteilung in Tage lässt sich jeder Tag genau aufschlüsseln, und es ist Platz genug, um Termine einzutragen. Bei der Einteilung in Wochen hat man einen guten Überblick über die kommenden Arbeitswochen, was vor allem für die kurzfristige Planung sehr nützlich ist, und der Platz für Eintragungen reicht aus. Bei der Einteilung in Monate sieht man auf einen Blick, was für das ganze Jahr geplant ist, allerdings steht nur begrenzt Platz für Eintragungen zur Verfügung.«

Ähnlich wie unser Kunde widmet auch der Fachautor Stephen Covey in seinem Buch *Die sieben Wege zur Effektivität* mehrere Seiten dem Thema Kalender.

Sollten Sie sich für einen elektronischen Kalender entscheiden, ist die Frage nach der Einteilung in Tage, Wochen oder Monate überflüssig. Es kann ein guter Zeitpunkt sein, sich mit dem Wechsel an einen Arbeitsplatz der Neuen Generation für einen elektronischen Kalender zu entscheiden. Sie können mithilfe einer einzigen Taste zwischen dem

Tages-, Wochen- oder Monatskalender hin und her springen. Der Platz für Ihre Eintragungen – Besprechungen, bestimmte Zeiten, zu denen Sie nicht gestört werden möchten, To-do-Listen, Follow-ups, Gedanken und Notizen – ist unbegrenzt. Außerdem werden bei einem elektronischen Kalender alle eingegebenen Termine und Aufgaben farblich hinterlegt, sodass Sie auf einen Blick erkennen können, ob es sich um aktuelle, künftige oder überfällige Aufgaben handelt. Solange Sie diese Eintragungen nicht bearbeiten – als erledigt abhaken oder auf einen späteren Zeitpunkt verschieben – werden Sie Ihnen in dieser Form zur Verfügung stehen. Sie sparen es sich auf diese Weise, andauernd Merkzettel zu schreiben oder die Termine auf ein neues Kalenderblatt zu übertragen.

Doch genauso wie bei einem papiernen Kalender müssen Sie sich strikt an das Prinzip »Tun Sie's sofort« halten und Ihre Projekte aktualisieren, damit Sie auch in Zukunft korrekt an alle Termine und Aufgaben erinnert werden.

Elektronische Kalender – ganz gleich von welchem Hersteller – bieten außerdem die Möglichkeit, Datenbanken, wie Aufgabenlisten oder Kontaktadressen, damit zu verknüpfen. Das ist äußerst hilfreich, da wir aus eigener Erfahrung wissen, dass andere Leute häufiger als gedacht privat oder geschäftlich umziehen oder sich eine neue Telefonnummer zulegen.

Es spielt natürlich keine Rolle, ob Sie an einem PC oder mit einem Laptop arbeiten. Wenn Sie unterwegs sind, können Sie sich jede Kalenderseite vorher ausdrucken (in den unterschiedlichsten Formaten). Keine Sorge – es ist schon in Ordnung, wenn Sie das tun, schließlich wollen Sie diese Seite ja nicht für alle Ewigkeit ablegen, sondern brauchen Sie kurzfristig für Ihre Dienstfahrt. Nähere Informationen über elektronische Kalender finden Sie im Kapitel »Planen Sie sofort« dieses Buches.

2. Verwendung elektronischer Organizer und Personal Assistants. Dies sind kleine, handtellergroße elektronische Geräte, die im Wesentlichen dieselben Funktionen haben wie ein elektronischer Kalender. Sie bieten jedoch einen entscheidenden Vorteil: Sie lassen sich an einen Computer oder ein Laptop anschließen, womit der Datenaustausch – der übrigens auch über Infrarot-Schnittstellen erfolgen kann – zur einfachsten Sache der Welt wird. An einem Arbeitsplatz der Neuen Generation muss die Wahl also auf eines dieser beiden Geräte fallen. Nur Mut, treten Sie die Reise in die Welt der Elektronik an.

3. Schreibarbeiten zum großen Teil selbst erledigen – Tun Sie's sofort! Nun, keiner von uns mag diesen lästigen Papierkram. Das war schon immer so, und es wird auch so bleiben. Doch man muss Schreibarbeiten ja nicht mögen, sondern sie einfach erledigen. Dazu folgende Anmerkungen:

- Auch die Funktion des Sekretariats hat sich im Laufe der Jahre weiterentwickelt. Früher hatte jede Führungskraft eine eigene Sekretärin. Anfang der neunziger Jahre musste sich eine Sekretärin schon um zwei Manager kümmern, und heutzutage teilen sich oft vier Manager eine Sekretärin, da die Firmen ihre Personalkosten senken wollen.
- Der Computer hat unsere Aufgaben und Arbeitsmethoden drastisch verändert. Die Folgen sind weitreichender, als das Management von Unternehmen dies heute wahrnimmt. Denn die klare Aufgabenteilung, der Chef denkt, die Sekretärin lenkt die Verwaltung der Daten, ist vorbei. Denn Führungskräfte erstellen heute viele Dokumente und E-Mails selbst, sodass die Sekretariate oft gar nicht mehr den Überblick über Umfang und Inhalt der Kommunikation haben. Dadurch können sie Ihre Chefs meist auch gar nicht unterstützen, wenn sie Unterlagen suchen. Daher ist es von großer Wichtigkeit, Daten gemeinsam auf gleichen Informationsplattformen zu speichern, sodass alle Beteiligten einen Überblick behalten. Vor kurzem waren wir für ein großes Dienstleistungsunternehmen tätig. Der oberste Chef (leicht angegraut) diktierte die Zahlen für seine Budgetberichte grundsätzlich seiner Assistentin, während seine Stellvertreterin (ohne ein einziges graues Haar) ihre Berichte

selbst am Computer erstellte, transparent – auch fürs Sekretariat – ablegte und damit sich selbst und der Sekretärin unnötigen Aufwand ersparte. Unterschiedliche Arbeitsweisen eben, mögen Sie nun denken, doch weitaus wichtiger ist, dass an diesem Beispiel deutlich wird, wie sehr sich die Arbeitsweisen geändert haben. Heutzutage ist es völlig normal, wenn Vorgesetzte ihre Briefe selbst entwerfen und versenden oder bestenfalls ihre Sekretärin anweisen, den Text in Form zu bringen – die Zeiten von Diktiergeräten und Stenotypistinnen scheinen wohl endgültig vorüber zu sein.

- Wir können Ihnen nur dringend ans Herz legen, Unangenehmes sofort zu erledigen. Die meisten von uns schieben lästige Dinge so lange auf die lange Bank, bis sich ein großer Druck aufbaut. Viele von uns befassen sich gern sehr ausgiebig mit angenehmen Aufgaben, nur um die Bearbeitung der unangenehmen Dinge hinauszuzögern. Dies ist unglaublich unproduktiv und führt zu unnötigem Stress.

  Sie sollten sich zu Beginn Ihres Arbeitstags fragen: »Um welche unangenehmen Dinge muss ich mich heute kümmern?« – und sie dann sofort erledigen. Ein bis zwei Stunden vor Feierabend stellen Sie sich diese Frage nochmals und erledigen alles Lästige wiederum sofort. Auf diese Weise bringen Sie sämtlichen Papierkram und andere ungeliebte Aufgaben im Handumdrehen hinter sich.

4. Organisation und Verwaltung von papiernen und elektronisch erzeugten Daten. Bei Arbeitsplätzen der Neuen Generation steht und fällt (fast) alles mit der Organisation von Daten. Wir haben Ihnen in diesem Buch schon mehrere Möglichkeiten der systematischen Datenverwaltung aufgezeigt. Und noch immer gilt: Es führt kein Weg daran vorbei, feste Zeiten in Ihrem Kalender einzuplanen, zu denen Sie sich um nichts anderes kümmern, als Ordnung in Ihre (papiernen und elektronischen) Unterlagen zu bringen.

Sobald Sie Ihre Informationen systematisch geordnet haben und wissen, wo sich was befindet, müssen Sie diese Ordnung aufrechterhalten. Dazu gehört auch, neue Informationen an den entsprechenden

Stellen abzulegen beziehungsweise abzuspeichern und veraltete Informationen zu vernichten.

Informationen sind sozusagen die DNA des Wissens und eine gute Ablagestruktur damit das Rückgrat eines Unternehmens oder Teams. Sind unsere Informationen unvollständig, klaffen in unserem Wissen, das wir daraus ziehen, ebenfalls Lücken. Nur durch eine regelmäßige Datenpflege können Sie sich beruhigt auf Ihre Informationen verlassen.

Unser Rat lautet: Tragen Sie in Ihrem Kalender in regelmäßigen Abständen – monatlich, vierteljährlich, halbjährlich und jährlich – Termine ein, an denen Sie sich um die Pflege oder Verbesserung Ihres Datenverwaltungssystems für papierne und elektronische Unterlagen kümmern.

5. Die Notwendigkeit, elektronische Daten zu speichern, zu pflegen und zu nutzen. Das Einzige, was wir für die ANG-Umgebung mit Sicherheit sagen können, ist, dass wir immer mobiler und seltener an ein und demselben Arbeitsplatz sitzen werden. Daher ist uns am besten damit gedient, wenn wir sämtliche Informationen, die wir für unsere Arbeit benötigen, in tragbarer, elektronischer Form mit uns führen können.

Die meisten Menschen erzählen uns, dass sie nur deshalb so gerne mit Papier arbeiten, weil sie befürchten, sie könnten nicht jederzeit und rechtzeitig auf ihre im Rechner abgespeicherten Daten zurückgreifen. Mithilfe der organisatorischen Grundlagen von PEP, bei denen sowohl der Zeitfaktor als auch der schnelle Zugriff auf alle Daten berücksichtigt werden, können Sie sicher sein, alle Daten wieder zu finden.

6. Informationen auf Papier nutzen, nicht horten. Drucken Sie keinesfalls Ihre am Rechner gespeicherten Dateien aus, nur um sie zu den Akten zu legen. Selbstverständlich gibt es viele Gelegenheiten, bei denen ein Ausdruck unabkömmlich ist – zum Beispiel, wenn Sie bestimmte Informationen einem Team zur Verfügung stellen wollen, wenn Sie viele Seiten lesen oder bestimmte Textpassagen mit anderen vergleichen müssen. Keine Frage, dass Sie dann Ihren Drucker benutzen. Da Sie diese Informationen aber auf elektronischem Weg erzeugt haben, ist es völlig überflüssig, den Ausdruck über längere Zeit aufzubewahren.

Eine unserer Kundinnen machte im Rahmen des PEP-Trainings folgende Erfahrung: Für Besprechungen druckte sie viele Berichte aus, damit allen Teilnehmern dieselben Informationen zur Verfügung standen. Auf Empfehlung ihres PEP-Trainers wies sie am Ende der Besprechung die Arbeitsgruppe darauf hin, wo die Unterlagen im Firmennetzwerk zu finden seien. Anschließend teilte sie ihnen mit, dass sie die Unterlagen auch liegen lassen könnten, wenn sie ihrer Meinung nach nicht benötigt würden. Nicht weiter erstaunlich, dass etwa 80 Prozent der Unterlagen in der Papiertonne landeten.

Für die Zusammenarbeit im Team

1. Sie müssen immer wissen, welcher Mitarbeiter wo ist. Gerade bei Arbeitsplätzen der Neuen Generation arbeiten viele von uns in einem virtuellen Team. Die Teammitglieder können sich fast an jedem beliebigen Ort aufhalten, quer übers Land verstreut oder daheim. Manchmal hängt der Erfolg oder Misserfolg bei einem Geschäft nur davon ab, schnell einen Ansprechpartner erreichen zu können. Deshalb müssen wir Methoden entwickeln, mit deren Hilfe wir immer wissen, wer wo ist.

Mit Arbeitsplätzen der Neuen Generation braucht es dazu klare Absprachen und die entsprechende Technik. Die effizienteste Methode ist ein Netzwerkkalender, bei dem der Terminkalender der einzelnen Mitarbeiter auch allen Kollegen zur Verfügung steht. Natürlich müssen alle Mitarbeiter verpflichtet werden, ihre gesamten Termine einzutragen, daher sollten Sorgfalt und Verantwortungsbewusstsein Teil der Firmenkultur sein.

Häufiger scheuen sich Menschen, ihre privaten Termine, wie einen

Arztbesuch, in einem elektronischen Kalender zu verwalten. Da unterstützt bei den meisten Programmen die Technik; private Termine lassen sich verschlüsselt eingeben, sodass nur ersichtlich ist, dass die betreffende Person nicht anwesend ist. Auf diese Weise bleiben Ihre Privatangelegenheiten, was sie sind, nämlich privat, und gleichzeitig wissen Ihre Kollegen Bescheid und können sich danach richten.

Auch bei wöchentlichen Besprechungen kann festgehalten werden, wer wann wo ist. Jeder Teilnehmer berichtet über seine geplanten Aktivitäten für die kommende Woche. In einer ANG-Umgebung erfordern diese Besprechungen nicht unbedingt die persönliche Anwesenheit, sondern können über eine Konferenzschaltung stattfinden.

Als wir für Hewlett-Packard in Hongkong tätig waren, erzählte mir einer der Teilnehmer während des PEP-Trainings, dass morgen der Tag sei, an dem er immer etwas später ins Büro komme. Er erklärte mir weiter, dass er zu einem internationalen Team gehöre, das sich aus Mitarbeitern aus Asien, Australien, Nord- und Südamerika und Europa zusammensetzte. Der Austausch der Teammitglieder fand wöchentlich in Form einer Telefonkonferenz statt, die in der Regel auf 23.00 Uhr Hongkonger Ortszeit festgesetzt war, da man davon ausgehen konnte, dass um diese Uhrzeit trotz unterschiedlicher Zeitzonen alle Mitarbeiter wach waren. Diese Konferenz dauerte normalerweise zwei bis drei Stunden. Wenn es dieses Team mit Mitarbeitern aus aller Welt geschafft hat, dafür zu sorgen, dass wirklich jeder an seinen Besprechungen teilnehmen konnte, sollte es für uns »normale« Mitarbeiter auch zu schaffen sein, dass wir mit Kollegen in einer größeren räumlichen Nähe über Telekonferenzen in Kontakt bleiben.

2. Organisation und Pflege von papiernen und elektronisch gespeicherten Daten des gesamten Teams. Die systematische Verwaltung von Teaminformationen ist bei virtuellen Teams schwieriger als bei festen stationären Arbeitsplätzen. Informationen müssen nicht nur viel straffer organisiert sein, sondern sämtliche Teammitglieder müssen sich an ihre Zusagen, Verpflichtungen und Abgabetermine halten.

Insbesondere an Arbeitsplätzen der Neuen Generation müssen Informationen jederzeit allen Teammitgliedern zur Verfügung stehen.

Sowohl für papierne als auch für elektronisch erzeugte Unterlagen müssen Richtlinien für die Vergabe von Dateinamen und Bezeichnungen – am besten im Rahmen eines PEP-Trainings – aufgestellt werden. Dies ist ein Prozess, der länger dauert, gut moderiert werden sollte, sodass alle Teammitglieder der Ablagestruktur zustimmen. Selbst wenn diese Abstimmung länger als geplant dauert, glauben Sie nicht, dass diese Arbeit Zeitverschwendung ist. Es ist eine Investition, mithilfe derer sich die Fähigkeit des Teams, effektiv zu arbeiten, steigern lässt.

Die Festlegung von Oberbegriffen und Namen ist im Grunde nichts anderes als die Aufstellung einer hierarchischen Struktur, ähnlich der, die wir für Aufsätze im Deutschunterricht erstellen mussten. Sie orientiert sich am jeweiligen Thema und führt über allgemeinere zu ganz spezifischen Informationen. Wir haben viele unserer Klienten bei diesen Vorhaben unterstützt und festgestellt, dass die Mitarbeit aller reibungslos funktioniert, sobald dem Team klar ist, dass es nicht um das Ablegen, sondern um das Auffinden von Informationen geht.

Wenn im Team die Ablagestruktur festgelegt ist, sollten Verantwortliche – am besten Freiwillige – festgelegt werden, die sich um die Ablage und Verwaltung einzelner Dateibereiche kümmern. Jedes Teammitglied sollte für einen bestimmten Ordner verantwortlich sein. Halten sich einzelne Teammitglieder nicht an ihre Zusage, muss ihnen verdeutlicht werden, dass sie damit die gesamte Teamarbeit gefährden. Dies sollte in einem offenen, ehrlichen, aber freundlichen Gespräch ohne Schuldzuweisungen erfolgen.

Da wir es bei den Arbeitsplätzen der Neuen Generation sowohl mit papiernen als auch mit elektronischen Unterlagen zu tun haben, gilt die oben beschriebene Vorgehensweise natürlich für beide Datentypen. Wir empfehlen bei jungen Hightechunternehmen, mit der elektronischen Strukturierung zu beginnen. Das ist weniger zeitaufwändig und einfacher, denn es stehen so nützliche Funktionen des Betriebssystems wie Drag-and-drop, Umbenennen und Löschen zur Verfügung. Bei Unternehmen, deren Standardarbeitsmittel noch die Papierakte ist, sollte man sinnvollerweise auch mit der Strukturierung dieser Unterlagen beginnen.

3. Es ist notwendig, Wissen zu teilen und weiterzugeben. In der ANG-Umgebung ist es aufgrund der schnell verfügbaren Informationen weder machbar noch notwendig, dass wir jederzeit über alles Bescheid wissen. Ebenso wenig ist es machbar und notwendig, sich mit der Funktionsweise der elektronischen Hilfsmittel bis ins Detail auszukennen.

Am ANG müssen wir unsere Informationen anderen sowohl spontan als auch regelmäßig zur Verfügung stellen. Erfahren wir selbst neue Informationen, sollte es für uns selbstverständlich sein, sie mit unseren Kollegen zu teilen, ohne dass wir explizit darum gebeten wurden.

Wir sollten den Mut haben, Fragen zu stellen, ohne dabei zu befürchten, dass wir Wissenslücken zugeben und uns blamieren. Dies gilt für Mitarbeiter in öffentlichen Einrichtungen genauso wie in Privatunternehmen. In der Regel fragen Mitarbeiter zu wenig nach und stellen auch zu wenig Verfahren infrage. Es gibt keine dummen Fragen, außer diejenigen, die wir nicht stellen. Werfen Sie in einem Zimmer mit 20 Menschen eine x-beliebige Frage in den Raum, und Sie können darauf wetten, dass Sie die richtige Antwort erhalten oder dass man Ihnen zumindest sagt, wo Sie die Antwort finden können. Geht es in Ihrer Frage um bestimmte Technologien, werden Sie überrascht sein, wie viele Antworten Sie auf einen Schlag dazu erhalten.

Voicemail

1. Fassen Sie sich kurz – eine Minute reicht. Stellen Sie sich darauf ein, dass Sie es bei einem Anruf eventuell mit einem Anrufbeantworter oder einer Mailbox zu tun bekommen, und überlegen Sie sich, was Sie sagen möchten, bevor Sie zum Telefonhörer greifen. Wir stellen häufig fest, dass die meisten hinterlassenen Nachrichten im Durchschnitt zu lang und unpräzise sind.

Sie sollten gegebenenfalls auch Ihren Kollegen und Mitarbeitern dabei helfen zu lernen, sich möglichst kurz und präzise auszudrücken, denn zu lange Nachrichten sind ein weit verbreitetes altbekanntes Problem.

Einer unserer Klienten ließ alle Anrufbeantworter seines Unternehmens so einstellen, dass die Aufzeichnung einer Nachricht bereits nach kurzer Dauer automatisch beendet wurde. Die gesamte Belegschaft wurde im Vorfeld mehrmals auf diese Änderung hingewiesen, und es stellte sich heraus, dass es gar nicht so schwer ist, eine Nachricht kurz zu halten.

2. Jeder hat Vorlieben und Abneigungen, die berücksichtigt werden sollten. Menschen, die Informationen gern durch Zuhören aufnehmen, lieben Anrufbeantworter und Mailboxen. Andere, die Informationen durch Lesen aufnehmen, hassen sie und ziehen E-Mails vor.

Die beste Methode, um herauszufinden, ob Ihr Gesprächspartner Voicemails oder E-Mails bevorzugt, ist, ihn danach zu fragen. Die meisten Menschen teilen Ihnen ihre Vorlieben nur allzu gern mit und klären dabei gleichzeitig, bis wann sie eine Rückmeldung von Ihnen erwarten. Arbeitsteams müssen sich auf eine bestimmte Kommunikationsform einigen, um effizient arbeiten zu können. Vermeiden Sie einen Kommunikationsstau, indem Sie gleich zu Beginn der Teamaufstellung Kommunikationsprotokolle auf der Basis des Prinzips »Tun Sie's sofort!« aufstellen.

3. Verwenden Sie die Begriffe »Eilt« oder »Oberste Priorität« mit Bedacht. Einer unserer Berater, der seine Karriere in einem Hightechunternehmen als Verkäufer startete, erzählt, dass ihm während seiner Lehre mitgeteilt wurde, alle mit »Eilt« markierten Aufträge wären ganz normal zu bearbeiten. Die Unternehmensphilosophie besagte, dass alle Aufträge schnell zu erledigen seien und dass ohne entsprechende Anweisung alle Aufträge gleich behandelt wurden.

Aussagen wie diese hören wir immer wieder von Mitgliedern der ANG-Teams. Manche Teammitglieder schreiben auf jeden Brief und jeden Auftrag »Eilt«, was geflissentlich ignoriert wird. Wenn Sie möchten, dass Eilaufträge tatsächlich besonders schnell bearbeitet werden, sollten Sie sparsam mit dem Wort »Eilt« umgehen und gute Gründe dafür haben.

Wenn sich jemand aus Ihrem Team nicht daran hält, müssen Sie ihn unbedingt darüber aufklären, welche Folgen dieser verschwenderische Umgang mit dem Wörtchen »Eilt« hat: Er schadet damit nämlich nicht nur sich selbst, sondern auch dem ganzen restlichen Team.

4. Hinterlassen Sie Ihre Telefonnummer zweimal. Gerade bei Arbeitsplätzen der Neuen Generation können wir uns nie sicher sein, wo unsere Kontaktperson unsere Voicemail abhört. Er oder sie könnte genauso gut in seinem Firmenwagen sitzen oder sich in der Abflugshalle des Flughafens befinden. Hinterlassen Sie deshalb Ihre Telefonnummer zweimal auf Band – einmal direkt am Anfang und das zweite Mal am Ende Ihres Gesprächs.

Noch etwas: Wenn Sie alleine mit dem Auto unterwegs sind und gerade Ihre Voicemails abhören, fahren Sie rechts ran, um sich Ihre Notizen zu machen!

E-Mails

Innerhalb weniger Jahre ist aus der vielversprechenden Neuerung E-Mail ein Sorgenkind geworden. Noch nie wurden so viele Bücher und Abhandlungen über ein einziges Tool der Geschäftswelt verfasst, wobei es darin meistens um den Missbrauch von E-Mails geht. An Arbeitsplätzen der neuen Generation können wir uns schlechte Angewohnheiten im Hinblick auf unseren Umgang mit Mails einfach nicht leisten – siehe Kapitel *Bauen Sie Routinen auf* dieses Buches. Bei ANGs sollen zusätzlich auch noch diese Regeln gelten:

- Eingehende E-Mails: innerhalb von 24 Stunden beantworten oder zusammen mit den anderen Teamkollegen Regeln über die Beantwortungsdauer festlegen.
- Ordner/Verzeichnisse: nach Bedarf erstellen und regelmäßig verwalten.
- Aktionselemente: Nachrichten oder Kontakte, die Sie zur Nachverfolgung gekennzeichnet haben, sollten auf einen Blick auf dem Bildschirm zu erkennen sein (ohne Scroll-Bar).
- Terminabsagen: Nutzen Sie die Funktionen Ihres E-Mail-Systems, um Ihre Kollegen über die Zeiten, zu denen Sie abwesend sind, zu informieren, damit sie sich in ihren geschäftlichen Entscheidungen danach richten können.
- Alte E-Mails: Löschen Sie alte Mails regelmäßig aus Ihrem Posteingangsordner, dem Ordner für gesendete Mails und anderen angelegten Ordnern.
- Übersichtliche Schreibweise und korrekte Grammatik: Setzen Sie Absätze, und achten Sie auf die korrekte Grammatik, sodass der Empfänger sofort weiß, worum es geht.
- Nur ein Thema pro E-Mail: Durch diese Einschränkung erhalten Sie schneller Antwort und die Nachrichten bleiben übersichtlich und verständlich.
- ZII (Zu Ihrer Information): Versenden Sie Mitteilungen dieser Art nicht ohne Grund.
- Adressbuch und Verteilerlisten: Halten Sie diese auf dem aktuellen Stand, und nutzen Sie sie, so oft es geht.
- Bedanken und bestätigen: Bedanken Sie sich nicht für jede E-Mail, die Sie erhalten, und antworten Sie nicht jedes Mal, wenn etwas in Ordnung geht. Antworten Sie nur, wenn Sie einer Anfrage nicht entsprechen können oder etwas nicht in Ordnung ist.
- Carpe diem – Nutze den Tag! Oder noch besser: Nutze den Augenblick und »Tun Sie's sofort«!
- Witzesammlungen können Sie sich zu Hause aufhängen, aber am Arbeitsplatz haben sie nichts verloren!

Diese Liste erhebt keinen Anspruch auf Vollständigkeit. Auf unserer Homepage (ibt-pep.de) erhalten Sie weitere Informationen zum Thema.

Was bei einem ANG noch zu beachten ist

An einem ANG stürmen viele Sinneseindrücke auf uns ein, und die offene Arbeitsumgebung macht es erforderlich, dass wir unser Verhalten entsprechend ändern. Wichtig sind vor allem folgende Bereiche:

1. Essen. Essensgeruch und Essensgeräusche können extrem störend sein. Nehmen Sie Ihr Mittagessen oder eine kleine Zwischenmahlzeit deshalb in der Kantine oder im Gemeinschaftsraum ein. Sie werden außerdem effektiver, wenn Sie ab und zu eine Pause einlegen.

2. Laute Kollegen. In einem modernen, offenen Büro sollte jeder Rücksicht auf den anderen nehmen. Das ist leichter gesagt als getan. Es gibt immer wieder Menschen, die überhaupt nicht bemerken, in welcher Lautstärke sie zum Beispiel Telefonate führen. Das ist in einer ANG-Umgebung noch fataler, da durch mobile Telefone der Kollege beim Telefonieren vielleicht sogar noch im Raum herumläuft. Obwohl dies so störend ist, finden sich selten Menschen, die bereit und mutig genug sind, hierzu ein offenes Feedback zu geben. Sollte Sie ein solches Verhalten stören, sprechen Sie es frühzeitig an oder bitten Sie Ihren Vorgesetzten um Unterstützung. Für Privatgespräche gilt das Gleiche. Diese sollten in Besprechungsräumen oder den mit »Nicht zu buchen« gekennzeichneten Bereichen stattfinden, die es in jedem Unternehmen mit ANGs gibt.

3. Unterbrechungen. Normalerweise gibt es an ANGs keine Türen, die man hinter sich schließen könnte. Daher sollten wir noch sorgfältiger darauf achten, wann wir wen stören. Wir müssen uns klar machen, was es heißt, wenn wir unseren Kollegen mitten aus seiner Arbeit reißen. In den meisten Fällen können wir auch warten, bis er Zeit für uns hat und das auch signalisiert. Oder man legt bestimmte »Sprechzeiten« fest.

4. Telefone mit Lautsprechfunktion. In einer offenen Büroumgebung ist die Lautsprechfunktion am Telefon aus offensichtlichen Gründen fehl am Platz. Müssen Telefongespräche geführt werden, die mehrere Teamkollegen mithören sollen oder bei denen man selbst beide Hände frei haben muss, um beispielsweise gleichzeitig am Computer zu arbeiten, sollte dies in einem geschlossenen Konferenzraum erfolgen.

5. Beachtung der neuen Arbeitsvorschriften. An die neuen Regeln der Zusammenarbeit an Arbeitsplätzen der Neuen Generation muss man sich erst einmal gewöhnen. Hängen Sie eine Liste mit den vereinbarten Arbeitsregelungen und -methoden gut sichtbar an mehreren Stellen im Büro aus. Unserer Erfahrung nach dauert es in etwa ein halbes Jahr, bis die Kollegen an ANGs ein eingespieltes Team sind und die neuen Regelungen zur Routine werden.

6. Bleiben Sie im für Sie reservierten Bereich. Haben Sie sich an Ihrem Arbeitstag für einen Arbeitsplatz entschieden, sollten Sie auch dort bleiben. Meist ist die Arbeitsplatzbuchung elektronisch gespeichert und Anrufe oder Besucher werden dorthin geleitet. Wenn Sie sich dann plötzlich an einem anderen als dem für Sie gebuchten ANG aufhalten, kann Sie nichts und niemand erreichen. Außerdem verursachen Sie damit ein allgemeines Durcheinander, denn Sie zwingen ja denjenigen, der normalerweise dort arbeitet, auch dazu, sich einen anderen Arbeitsplatz zu suchen und der wiederum ... Sie sehen schon, ein Schneeballeffekt findet statt. Für gebuchte Arbeitsbereiche gilt wie bei allen anderen Reservierungen auch: Je früher Sie buchen, umso wahrscheinlicher erhalten Sie einen Arbeitsplatz, der Ihren Bedürfnissen entspricht.

7. Rückgabe von Funktelefonen und anderen Büroutensilien. Funktelefone müssen regelmäßig aufgeladen werden. Bringen Sie es also an die zentrale Vergabestelle zurück, wo es aufgeladen werden kann, wenn Sie das Büro verlassen und es nicht mehr benötigen. Dasselbe gilt natürlich auch für schnurlose Telefone, bei denen im entladenen Zustand außerdem häufig die Voicemail-Bearbeitung langsamer wird.

Eigentlich überflüssig zu erwähnen, dass alle gemeinsam genutzten Geräte und Büroutensilien nach Gebrauch wieder an ihren Platz oder die zentrale Vergabestelle zurückgebracht werden, sodass sie jeder verwenden kann.

8. Büroutensilien in frei verfügbaren Bürobereichen. An diesen ANGs ist der Papiervorrat, die Anzahl der Stifte, Büroklammern und so weiter auf geringe Mengen begrenzt. Befindet sich zum Beispiel kein Bleistift im Büro, sollten Sie sich einen Hängeordner anschaffen, in dem Sie Ihre persönlichen Büroutensilien aufbewahren und ihn in Ihrem Aktenschrank lagern, sodass Sie alles jederzeit sofort zur Verfügung haben.

9. Bitte nicht stören. Uns begegnet es manchmal, dass Mitarbeiter ein Schild mit der Aufschrift »Bitte nicht stören« an ihrem Arbeitsplatz anbringen, die Kollegen aber keine Rücksicht darauf nehmen. Vielleicht ist das aber auch richtig so. Eine Aussage wie »Bitte nicht stören« ist viel zu allgemein und gibt keinerlei Aufschluss darüber, ob man denjenigen nicht doch stören kann, wenn man etwas Wichtiges mit ihm zu besprechen hat.

Stellen Sie sich bitte folgende Situation vor: Eine Kollegin hat eine Frage, die bis 14.00 Uhr geklärt sein muss. Nur Sie allein können ihr weiterhelfen, doch an Ihrem Arbeitsplatz hängt ein Schild mit der Aufschrift »Bitte bis 10.00 Uhr nicht stören«. Aufgrund dieser Information weiß Ihre Kollegin, dass sie in Ruhe abwarten kann. Steht auf Ihrem Schild allerdings »Bitte bis 15.00 Uhr nicht stören«, wird sich Ihre Kollegin vermutlich, aber zu Recht, nicht an Ihre Bitte halten.

Machen Sie also immer deutlich, bis zu welchem Zeitpunkt Sie in Ruhe arbeiten möchten. Dadurch ist sichergestellt, dass Sie weniger oft bei Ihrer Arbeit gestört werden – es wird aber dennoch immer wieder Situationen geben, in denen eine kurze Störung unvermeidlich ist.

Was im Home-Office zu beachten ist

In einem perfekt ausgestatteten Home-Office werden Informationen systematisch verwaltet, organisiert und wieder aufgefunden, damit die Arbeit effizient erledigt werden kann. Bitte berücksichtigen Sie dabei folgende Faktoren:

1. Separater Arbeitsbereich. Daran führt kein Weg vorbei. Das Esszimmer oder der Küchentisch sind nicht als Büro geeignet. Selbst in der kleinsten Wohnung lässt sich der Arbeitsbereich zum Beispiel mit Regalen oder einem Vorhang abtrennen. In einer großen Wohnung oder einem Haus sollte ein komplettes Arbeitszimmer eingerichtet werden.

Vorsicht: Wir haben schon öfter die Empfehlung gelesen, dass ein Home-Office sozusagen mitten im Geschehen liegen soll. Wir sind da anderer Ansicht: Es macht keinen Sinn, wenn Sie zum Beispiel in einem Durchgangszimmer arbeiten, da Sie dort niemals in Ruhe arbeiten können, weil ständig Familienmitglieder – und wenn es nur der Hund ist – bei Ihnen aufkreuzen. Richten Sie Ihr Büro zu Hause deshalb an einer ruhigeren Stelle ein.

2. Kaufen Sie nur hochwertiges Mobiliar. Damit ist nicht unbedingt gemeint, dass Sie viel Geld ausgeben sollen. Sie können entweder neue Büromöbel oder gebrauchte erwerben. Fast überall finden Sie eine Firma, die Büromöbel aus Konkursmassen oder aus irgendwelchen Gründen ausgemusterte Möbel anbietet. Achten Sie aber auf die Qualität. Denken Sie daran, dass zum Beispiel Aktenschränke mehrmals täglich geöffnet und wieder verschlossen werden und einiges aushalten müssen.

3. Sparen Sie unter keinen Umständen am Bürostuhl. Ein Klappstuhl oder Küchenstuhl hat nichts in Ihrem Home-Office verloren. Sparen Sie, wenn es sein muss, überall, aber nicht am Bürostuhl. Schließlich sitzen Sie mehr oder weniger den ganzen Tag darin. Nur wer wirklich bequem sitzt, kann auch gut arbeiten.

4. Lichtverhältnisse. In jedem normalen Büro wird viel Wert darauf gelegt, dass eine gute Beleuchtung vorhanden ist und der Lichteinfall von Fenstern keine Spiegelungen am Bildschirm verursacht. Auch Sie sollten für gute Lichtverhältnisse in Ihrem Büro sorgen und sich genau überlegen, wo Sie welche Lampe aufstellen, sodass Sie einerseits gutes Licht haben und andererseits nicht geblendet werden, was schnell zu Ermüdung führen kann.

5. Hintergrundgeräusche abstellen. Menschen reagieren sehr unterschiedlich auf Geräusche, weshalb auch dieser Punkt gründlich überlegt werden muss. Selbst wenn Sie sich selbst besser konzentrieren können, wenn im Hintergrund Musik läuft, ist das beim Telefonat mit einem Kunden nicht nur störend, sondern unter Umständen sogar geschäftsschädigend. Denn Sie können nicht wissen, wie Ihre Kunden reagieren, wenn im Hintergrund bürountypische Geräusche wie Musik, Hundegebell oder Kindergeschrei zu hören sind. Auf die meisten Menschen wirkt eine solche Geräuschkulisse unprofessionell – und das ist das Letzte, was Sie für Ihr Geschäft gebrauchen können.

6. Raumtemperatur. Alles, was sich auf Ihr Wohlbefinden auswirkt, wirkt sich auch auf Ihre Produktivität aus. Folgende Punkte sollten Sie beim Einrichten Ihres Home-Office beachten: Sonnenlichteinfall, Heizung, Klimaanlage, Fensterarbeitsplatz, Zugluft.

7. Feste Arbeitszeiten. Auch im Home-Office sollten Sie geschäftsmäßig auftreten. Am besten, Sie legen feste Bürozeiten fest. Dies muss an Ihre Familie kommuniziert und von ihr auch respektiert werden.

In Ihrer Termingestaltung sind Sie im Home-Office sicherlich freier; dennoch sollten Sie sich erst einmal, wenn Sie zum Beispiel an einer Familienfeier teilnehmen wollen, die während der normalen Bürozeiten stattfindet, so verhalten, als ob Sie Angestellter wäre. Das heißt, private Termine sollten schon weit im Voraus in Ihre Arbeit eingeplant und als Termin in Ihren Kalender eingetragen werden.

Auf der anderen Seite sollten Sie sich durch ein Home-Office nicht als Sklave Ihrer Arbeit fühlen. Legen Sie täglich eine Mittagspause ein, und lassen Sie sich durch nichts auf dieser Welt davon abhalten, Ihren Hobbys nachzugehen (zum Beispiel Joggen am Morgen), auch wenn der Arbeitstag voller wichtiger Termine ist. Durch die richtige Planung Ihrer Arbeitszeit können Sie die anfallende Arbeit erledigen, es bleibt genug Zeit für Ihre Familie und Sie können pünktlich Feierabend machen.

8. Anlaufstellen und Ansprechpartner. Wenn man zu Hause arbeitet, braucht man unbedingt Anlaufstellen und Ansprechpartner, die Hilfe bieten, wenn zum Beispiel die Technik nicht funktioniert. Sie sollten sich eine nach Branchen geordnete, umfassende Adressenliste aller Anlaufstellen, die Ihnen bei Problemen weiterhelfen können, anlegen. Es wäre hilfreich, mit Ihrer Firma oder Ihren EDV-Lieferanten und Beratern festzulegen, wie lange es dauert, bis Sie Unterstützung bekommen. Das erhöht für beide Seiten die Verbindlichkeit und Sie können Ihre Zeit besser verplanen. Zum Beispiel: Wenn Ihr Drucker nicht funktioniert, sollte innerhalb von einem halben Tag jemand aus der Kundendienstabteilung vorbeikommen, um das Problem zu lösen. Sie können sich dann für diesen halben Tag andere Arbeiten einplanen.

9. Ganz einsam und allein zu Hause. Das muss doch nicht sein. Sie können zum Beispiel regelmäßig Arbeitsessen mit Kunden oder Kollegen um die Mittagszeit einplanen.

Außerdem bedeutet ein Arbeitsplatz zu Hause nicht notwendigerweise, dass man nicht auch im Unternehmen arbeiten könnte. Planen Sie einfach ein, dass Sie einen Teil Ihrer Arbeitswoche in der Firma verbringen. Am besten ist das Verhältnis von 80:20, das heißt, Sie sollten mindestens einen kompletten Arbeitstag im Unternehmen verbringen. Dies kann wie ein Jour fixe immer der gleiche Tag sein, sodass Kollegen und Mitarbeiter wissen, wann Sie turnusmäßig im Haus sind.

10. Sich selber führen. Ein Problem kann es sein, dass Sie vom Arbeitsverhalten dazu neigen, sich selbst von den wichtigen Aufgaben abzulenken und den ganzen Tag mit allen möglichen C-Prioritäten zu verbringen. Vielleicht ist ein fester Arbeitsplatz mit sozialer Kontrolle bisher für Sie die Motivation gewesen, stringent auch die wichtigen Dinge abzuarbeiten. Sie sollten sich hier selbst beobachten. Ob als Führungskraft oder als Sachbearbeiter – Sie brauchen klare Ziele, um, wie das Wort schon sagt, auch gezielt arbeiten zu können. Wenn Sie Führungskraft sind und demnächst einige Mitarbeiter in Home-Offices führen werden, sollte es Ihre erste Priorität sein, konkrete, zeitlich fixierte und nachprüfbare Ziele vorzugeben. Sind Sie selbst der Heimarbeiter, und Sie bekommen diese Ziele nicht von Ihrem Unternehmen, denken Sie selbst unternehmerisch und vereinbaren Sie nach dem gleichen Muster Ziele mit sich selbst. Dies ist eine hervorragende Selbstmotivation und wird Ihre Arbeitszufriedenheit entscheidend erhöhen.

Arbeiten in einem mobilen Büro

1. Kunde, Auto, Hotel oder Flughafen. Ihr Büro ist dort, wo Sie sind, und Arbeit ist das, was Sie tun, egal wo Sie sich aufhalten. Viele unserer Berater reisen in ihrer Tätigkeit für IBT durch die halbe Welt und haben die Erfahrung gemacht, dass sie nur durch eine sorgfältige

Planung immer in der Lage sind, ihre Arbeit erfolgreich zu erledigen, egal wo Sie gerade sind und was sie tun müssen.

Gewöhnen Sie es sich an, vor jeder Geschäftsreise oder Besprechung einen Termin in Ihren Kalender einzutragen, an dem Sie detailliert planen, was Sie benötigen, um die Arbeit erfolgreich zu erledigen. Planen Sie sofort! Auf diese Weise können Sie sich darauf verlassen, dass alles klappen wird, und können Ihrem Geschäftstermin mit Zuversicht entgegenblicken. In der modernen Geschäftswelt können Sie sich Unsicherheit und Vergesslichkeit nämlich nicht leisten. Planen Sie nach jeder Reise ebenfalls einen Zeitblock ein, sodass Sie Ihre Reise sofort und komplett nachbereiten. Sie brauchen doppelt so lange, wenn Sie Informationen und Eindrücke von Kundenbesuchen oder Messen erst einige Tage liegen lassen und vor sich herschieben.

2. Alles rechtzeitig erledigen. Diejenigen, die die meiste Zeit dienstlich unterwegs sind, müssen auch unterwegs Zeit dafür einplanen, all das zu erledigen, was sich während der Dienstreise ergibt. Erfahrungsgemäß bedeutet eine einstündige Besprechung zwei Stunden zusätzliche Arbeit – zum einen für die Vorbereitung und zum anderen für die nachträgliche Auswertung. Halten Sie sich strikt an die Regel »Planen Sie sofort« und Sie können alle Zusagen an Kunden, Geschäftspartner, Kollegen und Vorgesetzte einhalten.

3. Anlaufstellen und Ansprechpartner. Sie erinnern sich doch sicherlich an die Adressenliste, die im vorherigen Kapitel »Was im Home-Office zu beachten ist« beschrieben wurde. Das Gleiche gilt für Ihre Kundenadressen. Sie sollten alle relevanten Adressen in Ihrem Laptop speichern und immer bei sich haben, sodass Sie flexibel und ohne Telefonate die Daten Ihrer Ansprechpartner zur Hand haben.

Haben Sie auch immer einige Bögen Briefpapier, Firmenbroschüren, Visitenkarten und Briefmarken in Ihrer Aktentasche. So sind Sie in jedem bestens ausgestattet, wenn Sie unerwartet Kunden treffen und diese sofort mit Informationen versorgen möchten.

Eine Warnung an alle Notebook-Besitzer

Für alle Notebook-Besitzer gilt: Sie müssen mindestens einmal die Woche ein Backup erstellen – ohne Wenn und Aber. Legen Sie dafür einen bestimmten Wochentag und eine bestimmte Uhrzeit fest, zum Beispiel freitags, wenn Sie die kommende Arbeitswoche planen. Tragen Sie diesen Termin in Ihren Kalender ein, und halten Sie ihn ein. Es gibt keine Entschuldigung, es nicht zu tun. Das Risiko ist einfach zu hoch.

Es gibt keine dummen Fragen, nur dumme Antworten!

Gerade wenn es um moderne Technik geht, gibt es keine dummen Fragen. Mit Sicherheit weiß jemand die Antwort darauf, und vermutlich sitzt der- oder diejenige keine zehn Meter entfernt von Ihnen. Ganz gleich, wo Sie sich gerade aufhalten – trauen Sie sich, Fragen zu stellen. Ihre Kollegen und Kolleginnen liefern Ihnen bestimmt ganz vorzügliche Lösungen für Ihre Probleme. Am besten ist es allerdings, wenn man in Besprechungen ein paar Minuten für technische Fragen reserviert, denn so erhält man hervorragende Antworten auf alle Fragen, von denen das ganze Team profitieren wird.

Zusammenfassung

Der Weg in effiziente ANGs

1. Ermitteln Sie, welche Arbeitsplätze der Neuen Generation für Sie selbst und Ihr Unternehmen geeignet sind. Sind Sie der englischen Sprache mächtig, sollten Sie sich unbedingt das hervorragende Buch *Workplace by Design* von Dr. Franklin Becker und Fritz Steele zu Gemüte führen.

2. Büromöbel gibt es in allen Preisklassen. Suchen Sie einen Hersteller, der Büroeinrichtungen speziell für Arbeitsplätze der Neuen Generation im Programm hat und die Anforderungen an derartige Arbeitsplätze kennt. Vermutlich werden Sie mehr Zeit mit dessen Mitarbeitern verbringen als Ihnen lieb ist; daher sollten Sie darauf achten, dass Sie einen Büromöbelverkäufer finden, dem Sie vertrauen und mit dem Sie Ihre Zeit auch gerne verbringen.
3. Architekturbüros und Bürodesigner gibt es viele und vor allem in den verschiedensten Preisklassen. Suchen Sie sich nur Firmen aus, die sich mit Arbeitsplätzen der Neuen Generation auskennen und Ihre Zielsetzungen nachvollziehen können.
4. Überprüfen Sie die Einrichtungspläne auf ein ausgewogenes Verhältnis zwischen Form und Funktionalität. Fragen Sie die Mitarbeiter, die in den künftigen Bürobereichen arbeiten werden, nach ihren Anforderungen.
5. Beziehen Sie das Management in die Planung ein. Vom obersten Firmenchef angefangen muss jeder die geplante Umstellung unterstützen. Nehmen Sie sich die Zeit, um mit Ihren Mitarbeitern alle offenen Fragen zu klären, damit Ihr gemeinsames Ziel auch reibungslos umgesetzt wird.
6. Finden Sie eine gemeinsame Linie für die Erwartungen der Mitarbeiter und die Unternehmensziele. Führen Sie Mitarbeiterbefragungen durch, und geben Sie den jeweils aktuellen Stand der Umsetzung bekannt.
7. Berücksichtigen Sie bei der Planung sämtliche Eventualitäten. Unterstützen Sie Ihre Mitarbeiter vor, während und nach der Umstellung, und schützen Sie sie so vor unliebsamen Überraschungen.
8. Prüfen Sie anhand der ANG-Checkliste, ob Sie selbst den vereinbarten Regeln Punkt für Punkt entsprechen. Sie besitzen keine solche Checkliste? Na, dann: Tun Sie's sofort!

Wie PEP die Umstellung erleichtern kann

9. Setzen Sie sich damit auseinander, welche Faktoren in Ihrem Unternehmen dafür verantwortlich sind, dass Informationen ihren Wert verlieren.

10. Überprüfen Sie Ihr derzeitiges Organisations- und Verwaltungssystem für Informationen und ändern Sie es gegebenenfalls, um keine Zeit für die Suche nach Informationen zu vergeuden.
11. Setzen Sie die Tipps aus dem Kapitel 2 dieses Buchs in die Tat um – und wenn möglich auch die aus Kapitel 2 unseres Buchs *Hi-Tech PEP* – und gleichen Sie Ihr System bei papiernen und elektronischen Unterlagen an.
12. Der sparsame Umgang mit Papier muss sorgfältig geplant werden. Bestimmen Sie Ihr Ziel und die dafür erforderlichen Maßnahmen. Suchen Sie nach Unterstützung innerhalb und außerhalb Ihres Unternehmens.
13. Notebook-Anwender müssen regelmäßige Backups durchführen. Legen Sie fest, wie oft das in Ihrem Fall notwendig ist und welche Medien und Programme Sie dafür verwenden wollen. Backups sollten mindestens einmal in der Woche durchgeführt werden.

Noch effizienter von zu Hause aus arbeiten

14. Halten Sie auch in Ihrem Home-Office feste Arbeitszeiten ein, und setzen Sie Ihre Familie, Bekannten und Freunde darüber in Kenntnis.
15. Legen Sie fest, an welchen Tagen Sie in Ihrem Unternehmen arbeiten, und tragen Sie diese Termine in Ihren elektronischen Kalender ein.
16. Stellen Sie fest, wann Besprechungen und Dienstreisen geplant sind, und nehmen Sie sich die Zeit, diese entsprechend vor- und nachzubereiten.
17. Ihr Home-Office muss eine Atmosphäre ausstrahlen, in der man effektiv arbeiten kann. Wenn Sie von zu Hause aus arbeiten, prüfen Sie, ob Ihre jetzige Situation (körperlich und menschlich gesehen) auch darauf ausgelegt ist, ob etwas fehlt und wie Sie eventuelle Missstände beheben, um aus Ihrem Home-Office ein produktives Arbeitsumfeld zu machen. ■

Werden Sie ein Tun-Sie's-sofort-Manager

Wenn Sie darauf warten, dass die Leute zu Ihnen kommen, werden Sie nur die kleinen Probleme erhaschen. Sie müssen sich aufmachen und sie herausfinden. Die großen Probleme sind dort, wo die Menschen nicht erkennen, dass sie überhaupt eines haben.

W. Edwards Deming

Überblick: In diesem Kapitel lernen Sie,

- erfolgreich andere dazu zu bringen, sich zu organisieren;
- Ihre neu gewonnene Zeit bestmöglich zu nutzen;
- eine der wirksamsten Methoden des Delegierens anzuwenden;
- effektiv zu managen nach dem Prinzip, die »Runde zu machen«.

Unsere englischen Kollegen führten das Persönliche Effektivitäts Programm (PEP) einmal in einem Fertigungsbetrieb durch. Die Teilnehmer waren Manager, Geschäftsführer und Abteilungsleiter. Es waren mehrere PEP-Trainer gleichzeitig tätig. Ein Abteilungsleiter war von der Aussicht, sich besser organisieren zu können, besonders begeistert. Er wollte alles über PEP und seine Anwendungsmöglichkeiten wissen. Wir gaben ihm die Empfehlung: »Wenn Sie glauben, dass PEP gut für Sie ist, warten Sie ab und schauen Sie, was es den Menschen bringt, die mit Ihnen zusammenarbeiten.«

Darüber hinaus empfahlen wir ihm, seine durch PEP gewonnene neue Zeit am besten damit zu verbringen, jeden Tag im Betrieb umherzugehen und seine Leute aufzusuchen, um von ihnen aus erster Hand zu erfahren, was sie brauchen, um sich selbst besser zu organisieren und gute Arbeit zu leisten.

Als wir nach Abschluss des Trainings ein paar Monate später wieder vor Ort waren, kam derselbe Abteilungsleiter auf uns zu. Er berichtete uns von seinen Erfahrungen mit PEP und fragte, ob wir von dem Streik im Werk letzten Monat wüssten. Er fragte: »Wussten Sie, dass die ganze Belegschaft mit Ausnahme meiner Abteilung gestreikt hat?« Als sich die oberen Manager erkundigten, warum diese Abteilung als einzige nicht streikte, erfuhren sie, dass die Mitarbeiter keinen Grund zur Klage hatten. Sie berichteten, dass sich der Abteilungsleiter in den letzten Monaten um die ganzen Dinge, die ihrer Meinung nach schief liefen, gekümmert und sie behoben habe.

Was dieser Tun-Sie's-sofort-Manager tat, wird in diesem Kapitel beschrieben.

Management By Walk About

Eines der wichtigsten Hilfsmittel, die ein Manager besitzt, damit die Arbeit effektiv und effizient erledigt wird, ist eine Technik, die mit Management By Walk About (MBWA) oder von manchen auch mit »sichtbares« Management bezeichnet wird.

Ein Manager beschrieb seinen Lernprozess so: »Vor etlichen Jahren arbeitete ich als Manager in einem Unternehmen, wo die Mitarbeiter unter enormem Druck standen, Dienstleistungen zu erbringen, Produkte herzustellen und sie auszuliefern. Ich war für etwa 200 Personen verantwortlich. Mein Arbeitstag lief in der Regel so ab, dass ich mich mit den oberen Managern traf, um Interna zu diskutieren, mich mit Kunden besprach und anschließend eine Menge Papierkram erledigen musste, der in erster Linie der Befriedigung des Informationsbedarfs der Führungsriege diente. Ich beschäftigte mich eigentlich die ganze Zeit mit Krisenmanagement und kam selten, wenn überhaupt, dazu, das Büro zu verlassen.

Das konnte ich aber dann mithilfe von PEP verändern. Zum Ersten organisierte ich mich selbst. Ich baute mit Unterstützung meiner Sekretärin Routinen auf und begann, den Papierkram, für den ich verantwortlich war, effektiver zu bewältigen. Zum Zweiten nutzte ich die aus meiner Umorganisation gewonnene Zeit dafür, aus meinem Büro herauszukommen und Management By Walk About zu praktizieren. Ich verbrachte täglich fast meine halbe Arbeitszeit damit, jeden einzelnen der mir unterstellten Mitarbeiter aufzusuchen. Ich setzte mich zu ihnen an den Schreibtisch oder Arbeitsplatz und plauderte mit ihnen, um herauszufinden, wie die Dinge liefen. Ich erkannte bald, dass die meisten Menschen zwar sehr hart, aber nicht besonders effizient oder effektiv arbeiteten. Systemlosigkeit war die Regel.

Meine Mitarbeiter begegneten meinem MBWA zunächst mit Misstrauen. Sie wunderten sich über meine Anwesenheit und fragten sich, was ich wollte. Dieser Argwohn verschwand allerdings schnell, als sie merkten, dass ich regelmäßig vorbeikam und mich echt für ihre Arbeit interessierte. Sie begannen bald, sich mir zu öffnen und seit langem existierende Produktivitätsprobleme anzusprechen. Ich hörte aufmerksam zu und versuchte, auf ihre Bedürfnisse einzugehen.

Wenn ich einen Wunsch nicht erfüllen konnte, fühlte ich mich beim nächsten Kontakt mit der betreffenden Person sehr unbehaglich. MBWA zwang mich, effektiv mit aufgeworfenen Problemen umzugehen, besonders mit jenen, bei denen ich ganzen Herzens zustimmte, dass sie angegangen werden sollten.

Ich entdeckte, dass die meisten Menschen, die ich managte, keine Vorstellung von effektivem Arbeiten hatten. Nicht dass sie sich nicht ins Zeug legten, sie arbeiteten offensichtlich sogar viel härter, als es hätte sein müssen. Mir wurde damals klar, dass sich meine Bemühungen als Manager am stärksten auszahlen würden, wenn ich ihnen helfen könnte, etwas zur Verbesserung ihrer Arbeitsweise zu tun.

Ich hörte zu und reagierte, aber ich leitete meine Mitarbeiter auch an, wie sie sich am besten organisierten und ihre Arbeit in den Griff bekamen. Ich trainierte sie, sich zu organisieren und ihre Arbeitsmethoden zu verbessern. Ich half ihnen, ihre Organisationsfähigkeiten zu steigern und sie auf ihre Arbeitsumgebung anzuwenden. Und das war nicht nur ein Lippenbekenntnis: Ich coachte und unterstützte den Arbeitsprozess sichtbar. Ich hörte nicht nur zu, ich sah auch hin. Immer wenn ich Desorganisation bemerkte, versuchte ich, die Gründe dafür herauszufinden. Oft stellte ich fest, dass die Menschen ihre aktuellen Arbeitsbedingungen gar nicht mehr wahrnahmen.

Ich könnte beispielsweise jemanden bitten, seinen Schreibtisch aufzuräumen. Nachdem er damit fertig ist, würde ich mir den Schreibtisch anschauen. Und in der Mehrzahl der Fälle würde ich Dinge finden, die von ihm übersehen wurden oder ihm überhaupt nicht bewusst waren.

Allmählich glaubte ich an schwarze Löcher oder zumindest an das Phänomen von schwarzen Löchern in Organisationen. Man schickt etwas ab, und es scheint verloren zu gehen und nie wieder aufzutauchen. Diese schwarzen Löcher sind gewöhnlich Schreibtischschubladen und Akten. Dinge machen sich einfach davon, ohne überhaupt behandelt worden zu sein.«

Warum werden viele wichtige Probleme nicht angegangen? Dafür gibt es zahlreiche Gründe: schlechte Arbeitsgewohnheiten, Aufschub, keine genaue Kenntnis, was zu tun ist, schlechte Planung, schlechte Organisation, Krisenmanagement und vieles mehr. Selten sind schlechte Absichten oder fehlendes Engagement der Grund für Produktivitätsschwierigkeiten. Die Leute besitzen oft nicht die Weisungsbefugnis, um auftretende Probleme zu lösen. Oder sie finden es schwierig, Dinge anzugehen. Oder sie glauben, dass sie, was immer sie auch tun, gegen eine Wand rennen, und geben die Versuche auf.

Diese negativen Gefühle werden oft durch willkürliche Regeln, unzureichende unternehmenspolitische Maßnahmen und ineffektive Arbeitsmethoden hervorgerufen. Die Abschaffung dieser Regeln und die Entwicklung neuer Standards verbessern fast immer die Arbeitsmoral und Produktivität der Menschen. Probleme, die ihnen unüberwindbar und hartnäckig erscheinen, lassen sich in den meisten Fällen lösen. Wenn beispielsweise eine Mitarbeiterin einen Computer dringend benötigt, um ihre Arbeit besser zu verrichten, könnte der Abteilungsleiter den Kauf umgehend genehmigen und die Beschaffung schnell in die Wege leiten, damit die Person mit den Ressourcen weiterarbeiten kann, die sie braucht.

Unser Manager beschreibt weiter: »Durch MBWA entdeckte ich eine äußerst wirksame Methode, um Menschen bei der Arbeit zu coachen: Ich ließ mir die laufende Arbeit erklären, und wir sahen uns nacheinander jeden Vorgang an. Bei dieser Vorgehensweise stieß ich auf Verschleppung, Missverständnisse und willkürliche Regeln, die die Mitarbeiter davon abhielten, die Dinge zu tun, die sie hätten tun müssen. Hätte ich einfach nur nachgefragt, wäre ich wahrscheinlich nie auf diese Probleme gestoßen, denn wenn den Menschen das Problem offenkundig gewesen wäre, hätten sie es sicherlich gelöst. Ich musste ihre Arbeitsweise sehen, um zu erkennen, dass sie nicht die notwendigen Hilfsmittel besaßen, fortwährend gestört wurden oder was sonst die Arbeit für sie schwierig machte.

Schon nach kurzer Zeit in dieser Managementposition erlebte ich etwas völlig Neues, nämlich sichtbare Ergebnisse, nicht nur für mich, sondern für jedermann. Das Büro wurde viel ordentlicher. Sachen wurden beschriftet und gemeinsame Akten verständlich und brauchbar. Die Mitarbeiter fingen an, stolz auf ihre Umgebung zu sein. Sie arbeiteten zusammen, um die Probleme zu lösen, die ihren Job schwieriger machten. Je mehr ich mich auf die Arbeitsgrundlagen konzentrierte, desto sichtbarer wurden die Erfolge.

Und je mehr Zeit ich außerhalb meines Büros mit den Leuten zubrachte, die die Arbeit machten – diskutierte, schaute, prüfte, löste, Produktivitätsbarrieren abbaute, koordinierte –, desto erfolgreicher arbeiteten wir und desto einfacher wurde es für sie. Das war für mich damals wie eine richtige Offenbarung.«

IBT versucht bei vielen Führungskräften, MBWA zu initiieren. MBWA wird von Führungskräften und Managern nicht in dem Maße eingesetzt, wie es sein könnte. Wie oft hören wir von den Teilnehmern, dass ihr Chef noch nie in ihrem Büro gewesen war. Die meisten Manager geben nur Lippenbekenntnisse zum MBWA-Konzept ab.

Verwenden Sie die Zeit, die Sie durch PEP gewinnen, unterwegs bei

Ihren Leuten und werden Sie zum Tun-Sie's-sofort-Manager. Das ist der größte Nutzen von PEP.

Ein Beispiel für MBWA

Ein PEP-Trainer aus den Benelux-Ländern berichtet: Eine der besten Führungskräfte, die ich kenne, leitet eine Bank in Luxemburg. Er übertrifft seine Kollegen Jahr um Jahr in guten wie in schlechten Zeiten mit einer ausgewiesenen Eigenkapitalrendite von 20 bis 25 Prozent.

Er arbeitet an einem flachen Tisch ohne Schubladen in einem Großraumbüro. Er erledigt seine Arbeit sofort und delegiert großzügig. Man findet ihn selten an seinem Schreibtisch, weil er die meiste Zeit auf den sieben Stockwerken des Unternehmens verbringt. Er hasst Besprechungen und beschränkt sie deshalb auf ein Minimum. Die wenigen, die sein müssen, werden außerhalb der offiziellen Öffnungszeiten der Bank am Morgen oder am Abend abgehalten und laufen daher auf den Punkt gebracht und kurz ab.

Er hasst Unordnung und macht keinen Hehl daraus, wenn er auf Durcheinander stößt. Seine Mitarbeiter wechseln ziemlich oft (die Bank hat ihren Stammsitz im Ausland, und die Belegschaft wird regelmäßig zu Trainings- und Erfahrungszwecken zwischen den Häusern ausgetauscht), deshalb lautet seine Botschaft an die alten und neuen Mitarbeiter stets: Seien Sie ordentlich und schnell und häufen Sie nichts an; erledigen Sie alles sofort! Er konzentriert sich auf das Grundlegende und demonstriert das sichtbar. Das ist MBWA.

Warum MBWA funktioniert

Viele Erfolgsfaktoren resultieren aus MBWA. Wenn Sie Ihre Runde machen, sehen und hören Sie Dinge, die Sie anderenfalls nicht mitbekommen würden. Sie werden zu Fragen angeregt, und Ihre Fähigkeiten zu kommunizieren und zuzuhören verbessern sich. Die meisten schwierigen Probleme lassen sich nicht gleich beim ersten Versuch lösen; aber wenn Sie unterwegs und bei Ihren Leuten sind, nehmen Sie deren Impulse auf. Sie bleiben am Ball, widmen sich dem Problem und testen Lösungen.

Produktivitätsprobleme der Mitarbeiter werden zu oft von Dingen beeinflusst, die außerhalb ihrer Kontrolle liegen. Möglicherweise müssen Leute aus anderen Abteilungen mitarbeiten, um eine Lösung zu finden, auch wenn ihre Prioritäten anders gelagert sind. Als Manager sind Sie die einzige Person, die diese Gruppen zusammenbringen und Lösungen ausarbeiten kann. Wenn Sie bei Ihren Mitarbeitern gewesen sind, kennen Sie die wirklichen Probleme und können helfen, Lösungen zu finden.

MBWA funktioniert auch, weil die Menschen dadurch die von ihnen ersehnte Aufmerksamkeit erhalten. Vielleicht haben Sie über die Ende der dreißiger Jahre in den Hawthorne-Werken der Western Electric Company in Chicago durchgeführte experimentelle Untersuchung gelesen, die darauf abzielte herauszufinden, wie sich die Arbeitsproduktivität steigern lässt. In dieser Studie wurde eine Gruppe von Arbeiterinnen einer Vielzahl spezifischer Bedingungen ausgesetzt, wozu unter anderem als Beispiel auch eine Variation der Beleuchtung gehörte. Die Produktivität der Frauen stieg interessanterweise sowohl bei einer Verstärkung als auch Dämpfung der Lichtquelle an. Unabhängig davon, was die Forscher letztendlich taten, arbeiteten sie effektiver und effizienter. Ihr Verhalten wurde einfach durch die Aufmerksamkeit, die ihnen entgegengebracht wurde, beeinflusst. Die Produktivität stieg selbst dann, wenn den falschen Dingen Aufmerksamkeit gewidmet wurde.

Wenn Sie umhergehen und sich um die Probleme und Bedürfnisse der Menschen, die die Arbeit verrichten, kümmern, wird sich die Produktivität erhöhen. Konzentrieren Sie sich auf die richtigen Dinge, und Ihre Belohnungen werden umso größer sein.

Persönliche Kommunikation

Unser Stolz macht es oft schwierig, über unsere Schwachstellen zu sprechen, besonders mit unseren Vorgesetzten. Was für andere augenscheinlich ist, wird von uns gern übersehen. Diese blinden Flecke erzeugen eine Kluft zwischen dem Management und den Personen, die die Arbeit machen. Der beste Weg, die Lücke zu überbrücken, ist, persönlich miteinander zu reden. Wenn Sie auf einer Ebene und im selben Raum über die gleichen Probleme sprechen, kommunizieren Sie effektiver. Mit MBWA ist dieser Königsweg möglich. Sie ermuntern zu offener Kommunikation, wenn Sie die Menschen danach fragen, wie sie arbeiten, was sie tun und durch was ihr Leben und ihre Arbeit einfacher wird. Ein Tun-Sie's-sofort-Management bedeutet, bei den Menschen zu sein, Fragen zu stellen, Beobachtungen zu machen, sodass Sie in die Lage versetzt werden zu verstehen, zuzuhören und zu lernen.

Im Rahmen von PEP bitten wir die Teilnehmer oft, eine kurze Beschreibung der Strategie ihres Betriebs zu geben. Ein oberer Manager war einmal über die Erkenntnis schockiert, dass außer ihm keiner der anderen Teilnehmer in der Lage war, die Strategie des Unternehmens zu umreißen. Als wir die Angelegenheit später besprachen, erzählte er, dass er dachte, alle wüssten darüber Bescheid. Das Unternehmen hatte einen Jahresbericht zu diesem Thema veröffentlicht, den alle lesen sollten, und in zwei Mitarbeiterversammlungen hatte er es detailliert erläutert.

Es kam sehr selten vor, dass die Mitarbeiter die Unternehmensstrategien tatsächlich kannten. Oftmals wurde im Unternehmen auch ohne jegliche Strategie gearbeitet. Und bei denjenigen, die eine besaßen, ließ die Kommunikation darüber arg zu wünschen übrig.

Wenn Sie eine Botschaft zu übermitteln oder einen Plan haben, der durchgeführt werden soll, wenn Sie versuchen, eine Strategie zu verfolgen, oder Ihre Zukunftsvision verdeutlichen möchten, gibt es keine effektivere Methode, als sich persönlich mit den Leuten zu treffen.

Ein Tun-Sie's-sofort-Manager vermittelt die Unternehmensvision und -strategie fortwährend durch Taten ebenso wie durch seine Worte. Wenn die Unternehmensstrategie darin besteht, sich durch einschneidende Verbesserungen des Kundendienstes einen Wettbewerbsvorteil zu verschaffen, demonstriert der Tun-Sie's-sofort-Manager das durch Aktionen an vorderster Front mit den Menschen, die mit den Kunden zu tun haben, und oft mit den Kunden selbst. MBWA weitet das Kommunikationsspektrum enorm aus.

Systematisch nachhaken

Im Kapitel »Ziehen Sie eine Sache durch und bleiben Sie am Ball« wurde bereits besprochen, wie wichtig es ist, bei einer Sache bis zum Ende am Ball zu bleiben. Mit MBWA machen Sie dies zu einem geplanten Teil Ihres Arbeitsprozesses. Bei Ihren Mitarbeitern zu sein, ist eine Methode, bei der es sich von selbst ergibt, dass Sie bezüglich der Dinge, die Sie erledigt haben wollen, auf dem Laufenden bleiben.

Delegieren

Wird bei Führungskräften ihre Schwäche im Delegieren angesprochen, bekommt man am häufigsten zu hören, dass ihre Mitarbeiter sowieso schon so viel zu tun haben und man ihnen nicht noch mehr Arbeit aufhalsen könne. Diese Auffassung wird oft dadurch genährt, den Schreibtisch der betreffenden Person voll von Papieren zu sehen oder zu hören, dass sie noch bis spät in die Abendstunden im Büro ist. MBWA vermittelt Ihnen ein viel genaueres Gespür für die Arbeitsbelastung Ihrer Mitarbeiter. Darüber hinaus können Sie sehen, wie die Arbeit anders verteilt werden könnte. Ein Tun-Sie's-sofort-Manager, der seine Runde macht, delegiert im Endeffekt viel mehr und wirkungsvoller.

Was macht ein Tun-Sie's-sofort-Manager?

Ein Tun-Sie's-sofort-Manager liefert die Ressourcen, Unterstützung und Schulung, die die Menschen für ihre Arbeit benötigen, und zwar so effektiv und effizient wie möglich. Er macht das, indem er sich sichtbar an der vordersten Front des Geschäfts bewegt.

Konzentrieren Sie sich auf den Arbeitsablauf

Um als Tun-Sie's-sofort-Manager effektiv zu sein, sollten Sie sich zuallererst auf den Arbeitsablauf konzentrieren. Meist stehen die Mitarbeiter zwar unter Leistungsdruck, es wird aber kaum Druck in Bezug auf ihre Arbeitsmethode ausgeübt. Wenn Sie als Tun-Sie's-sofort-Manager den Menschen helfen, sich auf ihre Arbeitsweise zu konzentrieren, sorgen Sie dafür, dass sich ihre Arbeit kontinuierlich verbessert und die Dinge leichter für sie werden. So können sie zentrale Probleme lösen, was gleichzeitig zu einer Qualitätsverbesserung des Arbeitsergebnisses führt.

Auf was sollten Sie Ihr Augenmerk richten? Sind Ihre Leute gut organisiert? Arbeiten sie mit Unterlagen und Akten, die für sie und ihre Kollegen leicht verständlich und handhabbar sind? Besitzen sie die Utensilien, die sie benötigen, und sind diese in Ordnung? Haben sie gute Arbeitsroutinen? Schieben sie Dinge hinaus? Planen sie? Sehen sie, wie sich ihr Teil in das große Ganze einfügt?

Einen Wandel führt man am wirksamsten durch kleine, aber stetig wachsende Schritte herbei. Ein Tun-Sie's-sofort-Manager ist nicht gezwungen, seine Mitarbeiter mit zu vielen Dingen auf einmal zu überhäufen. Gewöhnlich reicht es, sie zu bitten, sich jeweils einen kleinen Teil des Puzzles vorzunehmen und ihn zu bearbeiten. Wie bereits erwähnt, ist es sehr schwierig, Menschen wieder unter die Augen zu treten, wenn man versprochen hat, ein Problem zu lösen, es aber nicht konnte. Was tun? Setzen Sie sich mit dem Problem auseinander. Packen Sie es an. Und bis zur Lösung suchen Sie die Person weiterhin auf und lassen Sie sie wissen, was Sie versuchen und noch probieren wollen.

Gruppen aufbauen

Im Zuge der Durchführung eines sichtbaren Managements entdeckt man durchaus des Öfteren, dass die individuellen Probleme der Gruppenmitglieder aufeinander prallen. Es ist in Organisationen auch nichts Ungewöhnliches, dass sich informelle Gruppen bilden. Durch ein sichtbares Management können Sie sich Klarheit über den Arbeitsprozess verschaffen und darüber, aus welchen Individuen sich das Team zusammensetzt. Sie sind dann besser imstande, sowohl die Arbeitsmethode als auch die Gruppe umzustrukturieren. Sichtbares Management ist ein wirksames Hilfsmittel im Reengineering-Prozess. Sie können die Gruppenaktivität in der Organisation enorm steigern, indem Sie die Barrieren zwischen den Gruppenmitgliedern abbauen. Ohne sichtbares Management ist es äußerst schwierig, diese willkürlichen Regeln und Barrieren auszuschalten, die das Team daran hindern können, richtig zu funktionieren.

Lassen Sie sich nicht an Ihren Schreibtisch fesseln

Ein oberer Manager, der eine Abteilung von 900 Personen in einem großen Fertigungsbetrieb unter sich hatte, spürte ganz deutlich, dass MBWA eines der wichtigsten Dinge war, die er tun musste, meinte aber, dass er keine Zeit dafür hätte. Laufend musste er sich mit anderen Problemen, Besprechungen und Krisen herumschlagen. Er fühlte sich an seinen Schreibtisch gefesselt.

Die Lösung, die er zusammen mit IBT erarbeitete, war relativ einfach. Er würde den ganzen Morgen in den verschiedenen Betriebsstätten, wo seine Mitarbeiter arbeiteten, unterwegs sein und erst gegen 13 Uhr wieder in seinem Büro erscheinen. Durch eine verbesserte Organisation, Filtern von eingehenden Informationen, stärkeres Delegieren und Ausmerzen von Zeitverschwendung konnte er interessanterweise jeden Tag früher das Büro verlassen und trotzdem noch vier bis fünf Stunden zusätzlich einschieben, um bei seinen Mitarbeitern zu sein.

»An den Schreibtisch gefesselt« zu sein, ist eine allgemeine Klage von Führungskräften. Bei einigen funktioniert es, einfach MBWA einzuplanen, bevor sie sich an ihren Schreibtisch setzen. Eine dauerhaftere Lösung ist, seinen Schreibtisch völlig abzuschaffen. Ein Manager tat dies und führte sein Unternehmen von einem Clipboard aus. Keinen Schreibtisch zu haben zwang ihn, fast die ganze Zeit vor Ort und bei seinen Mitarbeitern zu sein. Wichtige Besprechungen hielt er im Konferenzraum ab.

Tom Peters berichtet in seinem Buch *Kreatives Chaos* von einem anderen Manager, der sich seines Schreibtischs entledigte und sich eines kleinen Arbeitsbereichs in zwei Abteilungen, eines runden Tisches mit drei Stühlen und eines Aktenschranks im Eingangsbereich des Unternehmens, bediente. Dadurch konnte er besser mit seinem Sekretariat zusammenarbeiten und seine Post effizienter bearbeiten. Wenn man keinen Schreibtisch besitzt, hat man auch keinen Platz, um zusätzliche Papiere und Materialien zu lagern, die man sowieso nicht verwendet.

Beginnen Sie bei sich selbst

Menschen neigen dazu, die Ursachen für ihre eigenen Schwierigkeiten bei anderen zu suchen. Aber viele Verbesserungen können mit geringem oder gar keinem Aufwand innerhalb des eigenen Bereichs durchgeführt werden. Das ist die allgemeine Erfahrung bei der Einführung von Maßnahmen zur Qualitätsverbesserung in Unternehmen. Falls Sie einem Hirngespinst hinterherlaufen – einem neuen, neun Millionen US-Dollar teuren Computersystem, wenn Sie das Geld nicht haben oder seine Installation zwei Jahre benötigen würde –, versäumen Sie die zahlreichen Verbesserungen, die Sie in der Zwischenzeit hätten vornehmen können.

Elektronische Mittel zur Effektivitätssteigerung von MBWA

Wahrscheinlich liegen ein paar Führungsebenen zwischen Ihnen als Manager und den Sachbearbeitern. Sie zu übergehen, kann Probleme schaffen. Eine Lösung ist, sie elektronisch einzubeziehen. Sie können MBWA praktizieren, indem Sie elektronische Hilfsmittel benutzen. Wenn es Ihnen nicht möglich ist, Ihre Mitarbeiter oft genug aufzusuchen, kann die Elektronik helfen.

Ein solches Hilfsmittel ist E-Mail. Mitarbeiter auf allen Ebenen aufzufordern, Probleme und Vorschläge direkt mitzuteilen, öffnet die Kommunikation. Ihre regelmäßige physische Anwesenheit in ihrem Bereich macht E-Mail noch viel effektiver.

Netzwerk-Software ermöglicht es auch in kleinen Unternehmen, ohne große Geldinvestitionen direkt über PCs miteinander zu kommunizieren. Beispielsweise lässt sich Lotus Notes, ein solches Softwareprogramm, leicht auf die Bedürfnisse Ihres Unternehmens zuschneiden. Zu den entsprechend eingerichteten Datenbanken kann jede autorisierte Person an jedem Ort, wo Telefon ist, Zugang haben. Jeder in der Organisation kann an wichtigen Problemen und Fragen, die Sie oder andere aufgeworfen haben, teilhaben und zu ihrer Lösung beitragen. Für den Informationsaustausch über E-Mail sind lediglich ein PC und ein Modem vonnöten.

MBWA in alternativer Büroumgebung

Beim Management By Walk About geht man davon aus, dass Manager und Mitarbeiter an derselben Arbeitsstätte arbeiten. Doch wie Sie wissen, zeichnet sich der deutliche Trend ab, das Personal so nahe wie möglich beim Kunden einzusetzen. Für Vertriebs- und Dienstleistungspersonal bedeutet dies normalerweise, direkt vor Ort beim Kunden zu arbeiten. Viele Menschen arbeiten zumindest zeitweise zu Hause. In einer alternativen Büroumgebung (die sich dadurch auszeichnet, dass die Mitarbeiter keine festen Arbeitsplätze oder Schreibtische haben), lässt sich nur sehr schwer einschätzen, welcher Mitarbeiter sich wann wo befindet. Wie soll ein Tun-Sie's-sofort-Manager damit umgehen? Nun, er muss sich noch besser organisieren.

Schon seit Jahren bietet IBT unterstützend ein Spezialtraining für Vertriebsmitarbeiter (und manchmal auch für Servicemitarbeiter) an und besucht sie dabei in ihren Büros zu Hause, um ihnen bei der Organisation zu helfen. Das Interessante dabei ist, dass uns immer wieder bestätigt wird, wie wichtig es ist, dass ein Außenstehender (das heißt jemand, der nicht zum eigenen System gehört) vorbeischaut und den Arbeitsplatz begutachtet. Ein Außenstehender erkennt nicht nur besser, wie sich der Büroarbeitsplatz optimal gestalten lässt und mit welchen Routinen der Mitarbeiter stressfreier und produktiver arbeitet, sondern hat auch meistens größeren Einfluss darauf, dass bestimmte Verbesserungen rasch und effizient genehmigt werden. Im Wesentlichen entspricht die Rolle eines PEP-Beraters der eines guten MBWA-Managers.

Ein guter Manager begleitet seine Mitarbeiter zu Verkaufsgesprächen und beobachtet dabei zum einen die Verkaufstaktik des jeweiligen Mitarbeiters und prüft zum anderen, ob dessen Organisation auch wirklich verkaufsfördernd ist. Dazu gehört zum Beispiel auch ein Blick in den Firmenwagen oder die Überprüfung, ob der Mitarbeiter einfachen Zugang auf das Firmennetzwerk hat und auf E-Mails schnell reagieren kann.

Da viele Mitarbeiter mittlerweile nur noch selten an einem festen Arbeitsplatz in ihrem Unternehmen arbeiten, ist es für sie bisweilen schwierig, über aktuelle Strategien oder Ziele (beziehungsweise über deren Änderungen) informiert zu bleiben. Der Tun-Sie's-sofort-Manager muss deshalb verstärkt dafür sorgen, dass auch diese Arbeitnehmer auf dem Laufenden gehalten werden.

Auch hier hilft uns die moderne Technologie durch Handys und Pager und die Möglichkeit, E-Mails von jedem beliebigen Rechner aus abzurufen, ein großes Stück weiter. Wichtig ist aber vor allem, diese modernen Errungenschaften nicht nur zu erwerben, sondern auch zu nutzen. Denken Sie jedoch daran, dass ein qualitativer Unterschied zwischen einer Besprechungen über eine Konferenzschaltung und einem persönlichen Treffen besteht, bei dem Sie Ihrem Gesprächspartner auch in die Augen sehen können, wenn Sie wichtige Angelegenheiten diskutieren. Außerdem können auch die ausgeklügelsten Technologien nicht Ihre persönliche Beobachtungsgabe ersetzen, wenn Sie Mitarbeiter an deren Arbeitsplatz aufsuchen und ihnen beim Arbeiten zusehen. Zugegeben, durch Videokonferenzen könnte auch dieser Punkt stark vereinfacht werden.

Denken Sie jedoch immer daran, dass Sie als Manager die besten Einsichten gewinnen, wenn Sie direkt am Ort des Geschehens sind.

Abschließende Gedanken zu MBWA

Als Manager glauben Sie möglicherweise, dass Ihr Terminkalender MBWA unmöglich zulässt. Woher sollen Sie die zusätzliche Zeit zum Herumgehen nehmen? Sam Walton aus den USA, ein brillanter Kopf hinter den Kulissen der größten Einzelhandelskette der Welt, war ungefähr 80 Prozent seiner Arbeitszeit unterwegs in seinen Läden. Er verbrachte, so heißt es, wöchentlich vier Tage auf Reisen und nur einen Tag im Büro. Mit einem Erlös von 70 Milliarden US-Dollar hätte Sam gewiss in seinem Büro genug zu tun gehabt. Er machte es anders. Dadurch, dass er vor Ort war, löste er viele Managementprobleme direkt und verringerte die Schreibtischarbeit und andere zeitraubende

Tätigkeiten wie das Ersinnen von Verfahrensweisen, die Festlegung von Strategien, die Bearbeitung des Budgets und den Kundenkontakt enorm. Sam war der Meinung, dass diese Aufgaben effektiver außerhalb des Büros mit der Unterstützung jener erledigt werden, die die Arbeit tun müssen.

Die Frage ist weniger, wie viel Zeit Sie haben, sondern vielmehr, wie Sie sie nutzen. Ist es Ihnen wichtig, ein sichtbares Management zu praktizieren und zu wissen, was vor Ort passiert?

Sie nutzen Ihre Zeit als Manager am effektivsten, wenn Sie häufiger auf Tour und bei Ihren Mitarbeitern sind. Wenn Sie sich auf den Arbeitsprozess konzentrieren und diesen Menschen ihre Arbeit erleichtern, werden Sie viel dazu beitragen, die Vision, Strategie und Ziele des Betriebs zu verwirklichen.

Zusammenfassung

1. Planen Sie täglich eine feste Zeit ein, in der Sie in den Ihnen unterstellten Geschäftsbereichen unterwegs sind. Wahrscheinlich tun Sie das am besten gleich als Erstes am Morgen. Und machen Sie sich keine Gedanken darüber, erst wieder ins Büro zurückzukommen, nachdem Sie sichtbar Ihre Runden gemacht haben.
2. Konzentrieren Sie sich auf den Arbeitsablauf und seine Verbesserungsmöglichkeiten.
3. Teilen Sie die Vision mit. Machen Sie die Strategie Ihres Betriebs bekannt, und verdeutlichen Sie sie durch Worte und Taten. Helfen Sie Ihren Mitarbeitern, sich vorzustellen, wohin der Betrieb steuert.
4. Halten Sie Ihre Versprechen. Wenn Sie einem Mitarbeiter sagen, dass Sie etwas für ihn tun werden, dann tun Sie's auch. Falls es für Sie schwierig oder unmöglich ist, gehen Sie zu ihm und lassen Sie ihn den Stand der Dinge wissen. Tun Sie alles, was in Ihrer Macht steht, um Ihr Wort zu halten.
5. Konzentrieren Sie sich darauf, wenn Sie Ihre Runde machen, Ihren Mitarbeitern zu helfen, die Gruppenarbeit effizienter zu gestalten. ■

Bringen Sie Ihr Team dazu, sofort zu handeln

Je mehr Sie Ihre Mitarbeiter in die Suche nach Problemlösungen einbeziehen, desto einfacher fällt die Steigerung der Teameffizienz.

Überblick: In diesem Kapitel lernen Sie,

- wie Sie die Bereiche erkennen, die Sie in Ihrem Team verbessern können;
- wie Sie gemeinsame Standards und Basiswissen für eine ganze Abteilung entwickeln;
- wie Sie Ihre modernen Geräte und Ihre Büroausstattung noch besser nutzen können;
- auf welche Weise Sie Aufgaben innerhalb eines Teams delegieren und managen können;
- wie Sie gemeinsam einen Kalender nutzen können;
- alles über Projektplanung – und wie sich Verbesserungen in die Tat umsetzen lassen.

Sie haben es mittlerweile geschafft und alle guten Ratschläge aus den vorherigen Kapiteln in die Tat umgesetzt. Sprich, Sie sind jetzt besser organisiert und auf Ihre eigentliche Arbeit vorbereitet. Als Teamleiter haben Sie sich ganzen Herzens dem Prinzip »Tun Sie's jetzt« verschrieben und möchten nun die Leistungen Ihres Teams verbessern. Es ist gut möglich, dass Sie auf dem besten Weg dazu sind, dass Ihr Team die Nummer eins Ihres Unternehmens in Sachen Effizienz wird.

Eine unserer leitenden Beraterinnen führte vor einiger Zeit das PEP-Programm in einer Abteilung eines multinationalen Großkonzerns aus Europa ein. Nachdem sie die Grundzüge von PEP vermittelt hatte und sich daran machte, diese Abteilung neu zu organisieren, teilte die Abteilungsleiterin ihr mit, dass sie ihre Mitarbeiter erst vor kurzem auf ein Teamseminar geschickt hätte. Dort sollten sich alle untereinander besser kennen lernen und ihre Zusammenarbeit verbessern. Die Teammitglieder, die auch am PEP-Programm teilgenommen hatten, bestätigten nachher in einer Befragung, dass PEP wesentlich mehr dazu beigetragen hätte, im Team erfolgreicher zu arbeiten als das eigentliche Teamseminar. Lesen Sie nun die von ihnen genannten Gründe:

- Bei der PEP-Schulung hatten sie gelernt, die Probleme der Gruppe auf einfache, persönliche, niveauvolle und unterhaltsame Weise auf den Punkt zu bringen.
- Das PEP-Programm und die Form seiner Präsentation waren an das Tempo der Teilnehmer angepasst. Außerdem war allen Teilnehmern die Möglichkeit eingeräumt worden, an der Entwicklung von Lösungen für ihre Probleme mitzuwirken – sowohl während der Schulung als auch in der seminarfreien Zeit.
- Die Teilnehmer erfuhren ganz genau, was ihre Kollegen den ganzen Tag über machten, sodass es ihnen anschließend leichter fiel, die Gruppe als Ganzes zu sehen, anstatt Probleme oder die Arbeit immer nur aus der Sicht eines Einzelkämpfers zu betrachten.

Diese Erfolgsgeschichte ist beileibe kein Einzelfall. Wir haben den Eindruck, dass den Teilnehmern unserer PEP-Schulungen die Augen für ansonsten oft übersehene Vorgänge geöffnet werden und sie nachvollziehen können, wie sich diese sowohl auf sich selbst als auch auf die anderen Teammitglieder auswirken.

Doch nun möchten wir Sie nicht länger auf die Folter spannen: Lesen Sie jetzt, wie Sie Ihr Team effektiver, effizienter, produktiver und zufriedener machen können.

Wie Sie feststellen, welche Bereiche verbessert werden können

IBT hat für einen unserer Kunden, ein Pharmazieunternehmen, ein Formular für eine Mitarbeiterbefragung entwickelt, mit dessen Hilfe sich Inhalt und Anzahl der am Computer erzeugten Dateien überprüfen ließ. Das Unternehmen arbeitete mit Lotus Notes und wollte wissen, wie viele Dateien doppelt abgespeichert worden waren.

Der Umfragebogen wurde allen Mitarbeitern vorgelegt, die ihn anschließend ausgefüllt an den Teamleiter und IBT zurückgaben. Es stellte sich heraus, dass die Mehrheit der Unterlagen in zweifacher Form – elektronisch und als Ausdruck – abgelegt wurden. Außerdem gab es keine gemeinsam genutzte Datensicherung.

Durch eine Mitarbeiterbefragung können auch Sie wertvolle Informationen erhalten. Welche Kalendersysteme haben Ihre Mitarbeiter, und mit welcher Art von Kalendern arbeiten sie tatsächlich? Ist die Ablagestruktur so gut strukturiert, dass auch Kollegen gesuchte Dateien problemlos finden können? Drucken Ihre Mitarbeiter E-Mails aus und speichern sie gleichzeitig in elektronischer Form ab? Werden Dateien auf einem persönlichen Laufwerk oder auf der Festplatte abgelegt, obwohl sie auf ein gemeinsam genutztes Teamlaufwerk gehören? Gibt es in Ihrem Unternehmen Programme, mit deren Hilfe Daten strukturiert verwaltet werden können? Werden diese von Ihren Mitarbeitern auch verwendet? Gibt es entsprechende Vorschriften, so dass jeder weiß, was wie zu tun ist?

Wenn Sie diese und andere Fragen auf einem elektronischen Fragebogen zusammenstellen, ihn an Ihre Mitarbeiter weiterleiten und ihnen eine vernünftige Abgabefrist nennen, werden Sie schon bald wissen, wo sich was verbessern lässt.

Tipp: Wenn Sie mit Lotus Notes arbeiten, dürfte es ein Kinderspiel sein herauszufinden, wie viele Dateien in Ihrer Abteilung doppelt vorhanden sind. Unserer Meinung nach ist die Ansicht »nach Datei-

✗

größe sortiert« dafür besonders hilfreich. So können Sie auf einen Blick die Namen der Dateien sehen und erkennen, welche davon doppelt vorhanden sind.

Gemeinsame Standards aufstellen

Ein höchst erfolgreicher Bankdirektor aus Luxemburg hat uns gegenüber einmal geäußert, »Teams arbeiten besser, wenn sie dieselben Hilfsmittel verwenden«. Ein erfahrener Manager eines Pharmakonzerns hat denselben Sachverhalt so ausgedrückt: «Ich nehme mir die Zeit, um über alles Mögliche nachzudenken. Doch das ist nur möglich, wenn man organisiert ist und die Kontrolle über alle vorhandenen Informationen hat. Mit PEP ist es uns möglich, eine Plattform zu schaffen, auf der alle Mitarbeiter stehen können.«

In vielen Unternehmen ist es gar nicht so einfach, die tägliche Arbeit zu schaffen, weil sich dort niemand die Zeit genommen hat, Standards festzulegen. Gleichwohl gibt es in nahezu allen Unternehmen die dafür nötigen Hilfsmittel, wie Microsoft Outlook oder Lotus Notes. Doch eine Mitarbeiterbefragung würde schnell deutlich machen, dass einige der Mitarbeiter mit einem elektronischen Kalender arbeiten, manche mit einem papiernen und manche abwechselnd beides nutzen. Und nur einige wenige nutzen diese Programme für ihre Arbeitsplanung: Die meisten notieren sich alles auf Zettel, die dann ihren Schreibtisch überhäufen.

Sie können die Effizienz Ihres Teams bereits um Einiges verbessern, wenn Sie dafür sorgen, dass jedes Mitglied die vorhandenen Mittel zur Arbeitserleichterung auch tatsächlich nutzt.

- Werden in Ihrer Abteilung alle Dateien auf einem gemeinsam genutzten Server abgespeichert, oder speichern manche ihre Dateien auf individuellen Laufwerken oder der Festplatte?

- Gibt es Vorschriften für die Dateiverwaltung auf dem Server und sind diese allen Mitarbeitern bekannt? Entspricht die Dateiverwaltung auf dem Server dem Ablagesystem für papierne Unterlagen, sodass sich elektronische Daten ebenso schnell auffinden lassen?
- Gibt es eine Begrenzung der Datenmenge, die aufbewahrt werden darf? Wenn ja: Wissen Ihre Mitarbeiter, wie sie Dateianhänge auf dem Server abspeichern und entsprechende Links erstellen können, anstatt die Anhänge von E-Mails im Posteingang zu lassen? Gibt es klare und eindeutige Vorschriften zur Dateiverwaltung einschließlich zum Löschen, Umbenennen und Speichern von Dateien? Wurden diese Vorschriften in einem Handbuch zusammengefasst oder sind sie über das firmeninterne Netzwerk für das gesamte Personal zugänglich?
- Gibt es in Ihrem Unternehmen ein einheitliches Kalendersystem für alle Mitarbeiter? Wenn ja: wird es auch tatsächlich benutzt? Gibt es Vorschriften darüber, wie die eingetragenen Termine und Daten in Umlauf gebracht werden sollen? Kennen Ihre Mitarbeiter dieses Regelwerk?
- Arbeiten Sie mit Outlook, Lotus Notes oder einem ähnlichen Programm, das die Terminverwaltung, Urlaubsplanung oder Ähnliches viel einfacher macht? Wird auch tatsächlich damit gearbeitet?
- Verwenden Ihre Mitarbeiter für E-Mails und papierne Unterlagen dasselbe Ordnungssystem? Kennen sie bewährte Tipps und Tricks, wie man E-Mails am effizientesten bearbeitet?

Wissensmanagement

Eines Ihrer wertvollsten Besitztümer ist das Wissen Ihres Teams oder Ihrer Abteilung. Doch um dieses Wissen in vollem Umfang nutzen zu können, braucht es eine bestimmte Struktur, damit der Zugriff darauf intuitiv erfolgen kann. In den meisten Unternehmen gibt es zwar Strukturen, doch diese sind im Laufe der Zeit unter dem Zutun unzähliger Mitarbeiter entstanden, sodass es für neue Mitarbeiter nahezu unmöglich ist, diese nachzuvollziehen. Wenn es jedoch dem Einzelnen überlassen bleibt, sich sein eigenes System zu schaffen, ist ein erfolgreiches Wissensmanagement so gut wie ausgeschlossen.

Wir haben schon unzähligen Unternehmen dabei geholfen, die Bereiche zu identifizieren, in denen Standards und Vorschriften unerlässlich sind. Dann haben wir – das Management, die Mitarbeiter und IBT – die Ärmel hochgekrempelt und gemeinsam Spitzenleistungen im Team erzielt.

Die effiziente Verwaltung von Unterlagen

Ihr Team kann bis zu 20 Prozent seiner Arbeitszeit dadurch gewinnen, wenn alle Mitglieder schnell auf sämtliche Informationen zugreifen können. Als ersten Schritt empfehlen wir die bewährte PEP-Methode, mit der sich Ordnung in das Ablagesystem für Unterlagen bringen lässt – das heißt, Ihr Team muss alle offensichtlich überflüssigen Unterlagen aussortieren. Als nächstes wird entschieden, welche Unterlagen für alle oder nur für einen einzelnen Mitarbeiter zugänglich aufbewahrt werden müssen. Wir haben die Erfahrung gemacht, dass umso weniger Dateien im eigenen Ablagesystem aufbewahrt werden, je besser die gemeinsam genutzten Daten organisiert sind. Dies gilt insbesondere dann, wenn es jemanden gibt, der dafür verantwortlich ist. Brainstormen Sie, welche Ablagesysteme optimal für einzelne Mitarbeiter und die ganze Abteilung sind, und einigen Sie sich auf bestimmte Oberbegriffe, Kategorien, farbliche Codes und Ähnliches, das die Verwaltung von Daten für alle Mitarbeiter übersichtlicher und einfacher macht.

Beziehen Sie den IT-Verantwortlichen oder die IT-Abteilung in diesen Prozess mit ein. Legen Sie fest, auf welche Server Ihre Abteilung Zugriff hat. Erstellen Sie das gleiche Ablagesystem mit identischen Oberbegriffen für elektronische und papierne Unterlagen.

Stellen Sie Vorschriften auf, welche Dateien wo gespeichert werden müssen. Teilen Sie einen Mitarbeiter ein, der für die gesamte Dateiverwaltung verantwortlich ist. Sorgen Sie dafür, dass die IT-Abteilung Ihren Mitarbeitern dabei hilft, ihre Dateien und persönlichen Unterlagen zu überprüfen und die entsprechenden Unterlagen auf den Server zu verschieben. Stellen Sie sicher, dass jeder Mitarbeiter erfährt, wie die Dateiverwaltung auf dem Server einschließlich der jeweiligen Kategorien abläuft, und verteilen Sie die entsprechenden abteilungsinternen Informationen.

Tipp: In den meisten Unternehmen steht jedem Mitarbeiter – besonders im Groupware-Programm – nur ein begrenzter Speicherplatz zur Verfügung. Speicherplatz lässt sich zum Beispiel sparen, indem Anhänge von E-Mails am Server gespeichert und die entsprechenden Links erzeugt werden... ■

Gibt es in Ihrem Unternehmen Vorschriften darüber, wie lange welche Unterlagen aufbewahrt werden müssen, muss dafür gesorgt sein, dass sich auch wirklich jeder daran hält. Sollte es noch kein entsprechendes Regelwerk geben, müssen Sie eines erarbeiten, damit in Zukunft jeder Mitarbeiter nachvollziehen kann, weshalb bestimmte Unterlagen wo aufbewahrt werden.

Tipp: Ihre Mitarbeiter müssen genau wissen, welche Bereiche ihr jeweiliger Verantwortungsbereich umfasst, damit klar ist, was sie speichern müssen. Aus diesem Grunde sind Arbeitsplatzbeschreibungen und eine klare Definition der jeweiligen Zuständigkeiten unerlässlich – denn nur so können Ihre Mitarbeiter eindeutig beurteilen, ob eine bestimmte Information aufbewahrt werden muss. ■

Sie werden feststellen, dass eine gut organisierte Verwaltung von papiernen Unterlagen den Informationsfluss viel einfacher gestaltet.

Dasselbe gilt natürlich auch für den gemeinsam genutzten Server. Wenn es dann noch die entsprechenden Regelwerke gibt, werden sich die Produktivität und die Qualität der Leistungen Ihrer Mitarbeiter rasch verbessern, weil ihnen sämtliche für ihre Arbeit notwendigen Informationen quasi auf Knopfdruck zur Verfügung stehen.

Gemeinsam genutzte Software

Gemeinsam genutzte Software fördert die Kommunikation innerhalb eines Teams, erleichtert die Verbreitung von Informationen und ist bestens dafür geeignet, die Produktivität zu erhöhen.

Inzwischen haben Sie ja die papiernen und elektronischen Dokumente systematisch geordnet, sodass der Zugriff darauf viel schneller vonstatten geht. Nun können Sie einen weiteren Schritt in Richtung Steigerung der Teameffizienz unternehmen, indem Sie die gemeinschaftliche Nutzung von Programmen wie Lotus Notes und Microsoft Outlook oder ähnlicher im Handel erhältlicher Software initiieren.

Da die Mehrzahl unserer Kunden mit Outlook oder Lotus Notes arbeitet, möchten wir Ihnen gerne einige Vorteile dieser Programme nahe legen. In unseren Augen können Sie damit in hohem Maße beeinflussen, wie produktiv Ihr Team arbeitet.

Microsoft Outlook ist – ganz im Gegensatz zu Lotus Notes – keine eigentliche Groupware. Dennoch verfügen die beiden Programme zum Großteil über identische Funktionen und können für folgende Anwendungen eingesetzt werden:

- E-Mails,
- Gemeinsame Terminverwaltung,
- Gruppenkonferenzen,
- Vor- und Nachbereitung von Besprechungen,
- Austausch von Informationen,
- Erstellen von individuellen Funktionen in diesen Bereichen.

Lotus Notes bietet des Weiteren noch folgende Funktionen:

Diskussionsforum: Dieses Forum bietet Ihrem Team die Möglichkeit, interessante Themen online zu besprechen. Sie können sich überall und jederzeit einloggen. Die Diskussion selbst wird für einen späteren Verwendungszweck aufbewahrt. Es gibt jedoch nur ein Dokument (und keine unzähligen E-Mails), was sich mühelos aktualisieren lässt und nur wenig Speicherplatz erfordert.

Replizieren: Lotus Notes aktualisiert Datenbanken, die sich auf mehreren Servern oder Computern gleichzeitig befinden. Beim Replizieren werden die entsprechenden Dateien miteinander auf unterschiedliche Inhalte verglichen. Neue Daten werden in allen Dateikopien ergänzt und veraltete Daten gelöscht. Diese Funktion ermöglicht es den Benutzern zu arbeiten, ohne direkt am Netzwerkserver angeschlossen zu sein.

Unformatierte Daten: In Lotus Notes ist es möglich, Daten ohne bestimmtes Format und ohne vorgegebene Struktur einzugeben. So könnte zum Beispiel eine unstrukturierte Datei als Textverarbeitungsdatei erzeugt werden. Manchmal lassen sich solche Dateien nur schwer durchsuchen. Und genau hier liegt die Stärke von Groupware, denn so können Textdateien auf bestimmte Begriffe und Wörter durchsucht werden.

Erweiterte Diskussionsfunktion: Diskussionsthemen werden als Items bezeichnet. Nachdem ein Anwender ein bestimmtes Item gelesen hat, wird er aufgefordert, darauf zu reagieren. Sein Beitrag wird dem ursprünglichen Diskussionsdokument angehängt. Items und die entsprechenden Beiträge stehen für eine Suchfunktion zur Verfügung. Die Anwender werden über die aktuellen Items und Beiträge informiert, die seit ihrem letzten Zugriff neu dazugekommen sind. Dabei werden neue Items und Beiträge in der eingegangenen Reihenfolge und nach Themen geordnet angezeigt, was den Austausch unter den Anwendern anregt.

Ansichten: Die Auflistung aller Dateien einer Datenbank ist meistens nach bestimmten Kategorien geordnet, damit schneller auf die gesuchten Dateien zugegriffen werden kann. Bei einer Datenbank können folgende Ansichten gewählt werden: sortiert nach Verfasser, Datum, Thema und so weiter.

Sowohl Outlook als auch Lotus Notes verfügen über ein paar weitere raffinierte Funktionen: Die Anwender können Informationen teilen und auf Funktionen wie den Kalender zugreifen, Projekte strukturieren und ausführen, Aufgaben verwalten und delegieren und noch vieles mehr.

Obwohl ein Großteil unserer Kunden entweder mit Outlook oder mit Lotus Notes arbeitet, ist der Begriff »arbeiten« in diesem Kontext eigentlich fehl am Platz. Denn nur wenige Programmfunktionen werden auch tatsächlich genutzt. Großzügig geschätzt kann man sagen, dass etwa drei Viertel der Anwender lediglich die E-Mail-Funktion beider Programme nutzen – und sonst nichts.

Unsere Kunden haben herausgefunden, dass sie nur gewinnen können, wenn sie ihre Teams dazu bringen, die ihnen zur Verfügung stehenden Hilfsmittel auch tatsächlich einzusetzen. Erfahrungsgemäß bietet die gemeinsame Anwendung bestimmter Programme folgende Möglichkeiten:

- Die Kalenderfunktion kann für eigene Termine, aber auch für die des gesamten Teams verwendet werden.
- Aufgabenverwaltung – hier lässt sich planen und zurückverfolgen, was alles erledigt werden muss.
- Projektplanung – komplexe Aufgaben, an denen eine ganze Reihe von Mitarbeitern beteiligt ist, können bearbeitet werden.
- Das Delegieren und Rückverfolgen von Aufgaben wird zum Kinderspiel, da Outlook und Lotus Notes sowie andere Groupware darauf ausgelegt sind.
- Bearbeiten von E-Mails – sie können ohne weiteres abgespeichert werden, was den erneuten Zugriff stark vereinfacht.
- Kontakte können einfach gemanagt werden.

Kalenderfunktion

Wenn in Ihrem Unternehmen mit Outlook oder einem ähnlichen gemeinsam genutzten Programm gearbeitet wird, müssen Sie auf jeden Fall veranlassen, dass Ihr Team die Kalenderfunktion nutzt. Einer unserer Kunden hat vor kurzem ein Update dieses Programmes bei sich eingeführt. Zuvor wurde die Kalenderfunktion zwar von einigen Mitarbeitern verwendet, aber alle notierten sich ihre Aufgaben und Termine auf einem Blatt Papier. Durch die Umstellung auf die neue Version und die gleichzeitige verbindliche Anordnung, den elektronischen Kalender zu nutzen, können mittlerweile alle Mitarbeiter auf einen Blick sämtliche Termine einsehen. Deshalb ist die Planung von Besprechungen viel einfacher, weil man sofort weiß, wer zum gewünschten Termin Zeit hat.

Tipp: Es ist sehr wichtig, dass Sie auch Ihre Termine und Projektarbeiten elektronisch planen, denn sonst kann über Ihre Arbeitszeit frei verfügt werden – und das wollen Sie ja sicherlich nicht! ■

X

Wenn es in einem Team üblich ist, dass jeder Zugriff auf den Kalender aller Teammitglieder hat, weiß jeder, wann der Kollege oder die Kollegin Zeit hat – und unnötige Telefonate oder E-Mails, um zu Gesprächen einzuladen, entfallen. Unsere Kunden sind alle höchst zufrieden und sehr begeistert von dieser Neuerung in ihren Abteilungen.

Unsere Kunden verwenden die Kalenderfunktion, um Besprechungen zu vereinbaren, Konferenzräume und Firmenwagen zu buchen, die Betriebsmittel zu verteilen sowie Aufgaben und Projekte terminlich zu planen.

Abschließend raten wir, dass jeder Mitarbeiter die Kalenderfunktion so einstellt, dass eine Übersicht von fünf beziehungsweise sieben Wochentagen auf einmal angezeigt wird. Auf diese Weise fällt die Wochenplanung deutlich leichter.

Aufgabenverwaltung

Sowohl Outlook als auch Lotus Notes verfügen über eine ausgezeichnete Funktion zur Aufgabenplanung und -verwaltung. Das Problem ist leider, dass nur wenige die Möglichkeiten der Aufgabenfunktion kennen und damit arbeiten. Das ist bedauerlich, denn wer diese Funktionen kennt, ist meist begeistert.

Sämtliche Aufgaben sollten vom Mitarbeiter elektronisch eingegeben werden. Sowohl bei Outlook als auch bei Lotus Notes lassen sich Aufgaben so organisieren, dass sie nach unterschiedlichen Kategorien geordnet angezeigt werden können.

Mithilfe dieser Kategorien von Outlook und Lotus Notes können komplexe Aufgaben in Einzelaufgaben zerteilt werden (Projektplanung). Außerdem lassen sie sich dann zu den gewünschten Terminen in den Kalender übertragen. Möglich sind folgende Kategorien: Projektname, Mitarbeiter, Abteilung, Funktion und so weiter.

Sie haben mehrere Darstellungsmöglichkeiten, um sich nur die Aufgaben und Termine einer Woche anzeigen zu lassen. Sie können zum Beispiel in Outlook eine Ansicht aufrufen, die Ihnen sämtliche, in der kommenden Woche anstehenden Aufgaben zeigt. Außerdem sind Kalender und Aufgabenliste miteinander verbunden, sodass die für den Tag terminierten Aufgaben zu den Terminen und Besprechungen in den Kalender übernommen werden. Auf diese Weise haben Sie den kompletten Überblick über Ihre Verabredungen, Termine und Aufgaben (siehe Abbildung 9.1).

Da Aufgaben unterschiedlichen Kategorien zugewiesen werden können, stehen dem Nutzer unterschiedliche Anzeigemöglichkeiten zur Verfügung. Gibt man das Mitarbeiterkürzel oder sein eigenes Kürzel als Kategorie an, kann man zum Beispiel sehen, welche Aufgaben man selbst oder ein bestimmter Mitarbeiter zu erledigen hat. Man kann sich dieselben, an einen Kollegen delegierten Aufgaben auch unter einer anderen Kategorie wie zum Beispiel »Etat« anzeigen lassen. Diese Funktion ist dann besonders nützlich, wenn man alle Etat-Aufgaben auf einmal sehen möchte – unabhängig davon, an wen

Abbildung 9.1
Musterkalendereintrag mit wöchentlicher Aufgabenplanung: Sämtliche Aufgaben für diese Woche können auf einmal angezeigt werden.

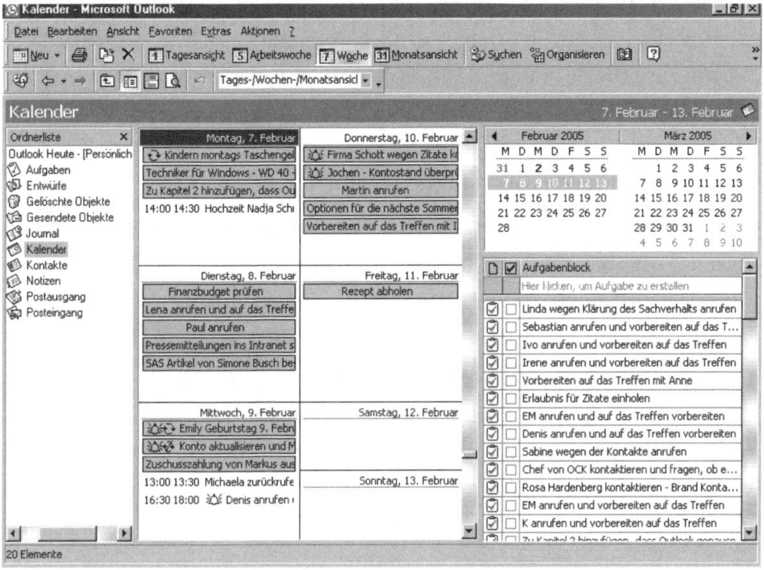

sie delegiert wurden. Mit dieser Funktion lässt sich leicht verfolgen, welche Aufgaben noch erledigt werden müssen. Doch Outlook und andere Programme halten noch eine weitere grandiose Funktion bereit, die für jeden Manager oder Teamleiter von unschätzbarem Wert ist.

Aufgaben delegieren

Das Delegieren von Aufgaben wird mit Outlook zum Kinderspiel. Auch Lotus Notes kann für das Delegieren von Aufgaben eingesetzt werden.

Als Erstes muss jeder Teamleiter dafür sorgen, dass alle Mitglieder seines Teams das System zum Delegieren von Aufgaben einschließlich sämtlicher Funktionen voll und ganz verstehen. Wie bereits in dem Kapitel *Organisieren Sie sich sofort* dieses Buchs erwähnt, gibt es Menschen, die es überhaupt nicht mögen, wenn sie für eine bestimmte Aufgabe eingeteilt werden. Die Art und Weise, wie man Aufgaben delegiert und trotzdem dran bleibt, wirkt sich in hohem Maße darauf aus, ob derjenige dann voll hinter dieser Arbeit steht und sie engagiert ausführt oder nicht. Deshalb ist es wichtig, dass Sie Grundregeln für alle Beteiligten aufstellen.

In Outlook und Lotus Notes können Sie eine Aufgabe an einen Ihrer Mitarbeiter delegieren (diese Aufgabe wandert automatisch in dessen Aufgabenliste), wobei der Manager im richtigen Moment automatisch auf noch offene Aufgaben hingewiesen wird. Wenn Sie eine Aufgabe delegieren möchten, müssen Sie einen Start- und Abgabetermin oder nur einen Abgabetermin eingeben. In Outlook können Ihre Mitarbeiter eingeben, zu wie viel Prozent eine Aufgabe bereits erledigt ist. Das Einzige, was der Teamleiter dann noch zu erledigen hat, ist, sich die Aufgabenliste anzeigen zu lassen. Wenn er dann sieht, zu wie viel Prozent die Aufgabe bereits erledigt ist, weiß er genau Bescheid, ob eine Aufgabe vorankommt oder nicht – ohne direkt nachfragen zu müssen.

Tipp: Eine Faustregel besagt, dass man umso effizienter arbeiten kann, je eher man eine Überlastung erkennt und direkt Aufgaben delegiert. ■

Einer unserer Kunden, ein Bankdirektor, teilte seine persönlichen und die an andere delegierten Aufgaben bestimmten Kategorien zu. Außerdem stellte er sicher, dass bei allen offenen Aufgaben nachgehakt wurde (sein Assistent kümmerte sich darum). Er teilte uns mit, dass sich das Aufgabenmanagement auf diese Weise enorm verbessert hatte: Outlook war für ihn unentbehrlich in seinen Bemühungen, dafür zu sorgen, dass alle Aufgaben termingerecht erledigt wurden.

Sie können sich in Outlook Aufgaben auf unterschiedliche Weise darstellen lassen. Dazu brauchen Sie lediglich das Menü »Aufgaben« zu öffnen und Ihre Auswahl zu treffen: nach Kategorie, nach Fälligkeit, nach dem zuständigen Sachbearbeiter oder einfach nur alle Aufgaben, die in der laufenden Woche erledigt werden müssen.

Ein australischer Kollege von mir hat noch eine andere Technik entwickelt, um delegierte Aufgaben im Outlook zu managen: Dafür erstellen Sie unter »Aufgaben« einen weiteren Ordner, der nur für delegierte Aufgaben gebraucht wird. (Eine neue Aufgabe wird delegiert, indem Sie diese aus einem der E-Mail-Ordner anklicken und verschieben.) Anschließend kategorisieren Sie diese Aufgaben je nach zuständigem Bearbeiter. Wenn Sie sich dann die Aufgaben nach Kategorie geordnet anzeigen lassen, können Sie auf einen Blick alle Aufgaben eines jeden Mitarbeiters einsehen. Diese können dann erneut sortiert werden, zum Beispiel nach Fälligkeit.

In Lotus Notes werden neue Aufgaben für ein Team erstellt, indem Sie die persönliche Aufgabe in eine Gruppenaufgabe umwandeln und an das entsprechende Teammitglied weiterleiten. Lotus Notes teilt Ihnen die Entgegennahme dieser Aufgabe automatisch mit und führt die Aufgabe solange in Ihrer eigenen Aufgabenliste mit, bis sie erledigt ist.

Ein weiterer Kunde von uns, der mit Lotus Notes arbeitet, nutzt die Funktion »TeamRoom«, um die Aufgaben seines Teams zu koordinieren. Diese Funktion muss von Ihrer IT-Abteilung eingestellt werden. Der Abteilungsleiter übernimmt die Funktion des Leiters des TeamRooms. Die Teammitglieder lesen und stellen Dateien zur Verfügung, um den TeamRoom mit Aufgaben und relevanten Informationen zu füllen. Die Aufgaben werden nach Kategorien sortiert und enthalten Formblätter oder Formulare zum Ausfüllen in Word. Auch hier gibt es verschiedene Ansichten: nach Person, nach Besprechung, nach Kategorie oder nach Fälligkeit. Außerdem können Links zu Berichten über ein bestimmtes Thema erstellt werden. »TeamRoom« ist eine von vielen Optionen von Lotus Notes, wobei sie wohl zu den fortschrittlichsten und nützlichsten zählen dürfte.

Ganz gleich, ob Sie sich für Outlook, Lotus Notes oder ein anderes Programm für das Aufgabenmanagement entscheiden: Wichtig ist, dass alle Mitarbeiter sich dafür ausgesprochen haben und dass mithilfe eines Probelaufs sämtliche Fehler festgestellt und ausgemerzt wurden. Unnötig zu erwähnen, dass der Erfolg dieser Software natürlich davon abhängt, ob die Mitarbeiter im täglichen Arbeiten ihre Aufgabenliste auch wirklich verwenden.

Projektplanung: komplexe Aufgaben managen

Viele von uns kennen Programme für die Projektplanung und nutzen sie auch. Bedauerlicherweise übersehen aber zu viele die Tatsache, dass wir es mit komplexen Aufgaben zu tun haben, die wir bei unserer Planung nicht (ausreichend) berücksichtigt haben. Manchmal bleiben diese Aufgaben solange in unserer Aufgabenliste, bis sie Schimmel angesetzt haben, weil wir nicht daran gedacht haben, sie in

Abbildung 9.2
Musterprojektplan in Outlook, nach Kategorien sortiert

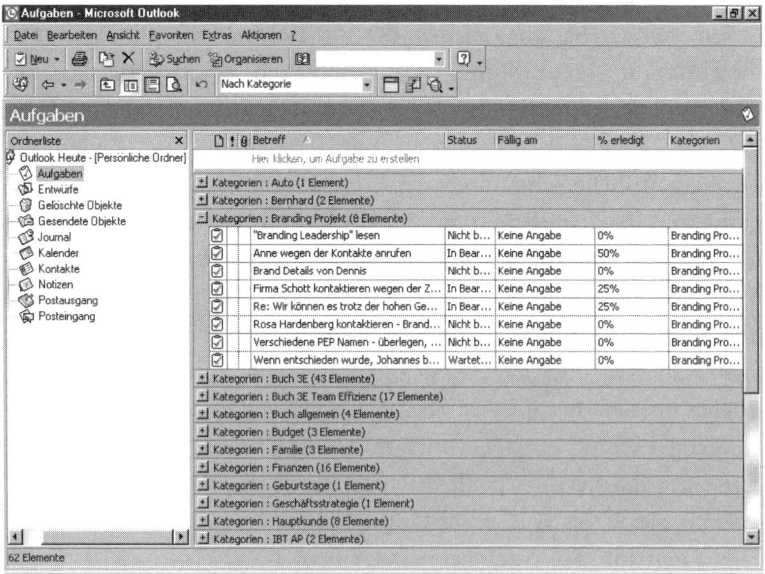

kleine, gut verdauliche Häppchen aufzuteilen. Sowohl Outlook als auch Lotus Notes sind sehr gut für die Portionierung dieser Aufgaben geeignet, da bei beiden Programmen zugleich umfassende Zusatzinformationen angezeigt werden können (siehe Abbildung 9.2).

Als Teamleiter sollten Sie komplexe Aufgaben in Outlook planen, indem Sie eine Kategorie für dieses Projekt erzeugen. Sämtliche zu diesem Projekt gehörende Aufgaben können per Mausklick angezeigt werden. Sie können diese Aufgaben dabei auch delegieren, weiterverfolgen und sich anzeigen lassen, welche Aufgaben jeder Mitarbeiter noch zu erledigen hat.

In Lotus Notes ist das Delegieren von Aufgaben nicht ganz so einfach wie in Outlook. Es ist möglich, eine E-Mail in eine Aufgabe umzuwandeln. Das Erzeugen einer eigenen Kategorie (zum Beispiel mit dem Namen des Projekts) ist in Lotus Notes jedoch etwas umständlicher, speziell wenn man mit mehreren Kategorien arbeiten will.

Kontaktlisten und Adressverzeichnisse

Jedes Team profitiert von einem gemeinsamen Kontaktverzeichnis, in dem unter anderem auch die Adressen der Ansprechpartner vermerkt sind. Je nach Programm, mit dem Sie arbeiten, können Sie dort üblicherweise Informationen über Ihre Ansprechpartner oder Kunden einschließlich Adresse, E-Mail-Adresse sowie Details und spezielle Anmerkungen eingeben, die in Ihren Augen dem gesamten Team zur Verfügung stehen sollten.

In Outlook ist es neben unterschiedlichen Ansichten auch möglich, zusätzliche Informationen zu einem Kontakt abzurufen. Mit nur einem Mausklick können Sie im geöffneten Kontakt die Lasche »Aktivitäten« aktivieren – und sofort werden die gesamte Korrespondenz, alle E-Mails und Notizen angezeigt, die im Zusammenhang mit Ihrer Kontaktperson stehen und die Sie über Outlook versendet haben. Lotus Notes verfügt wie die meisten anderen Programme dieser Art über vergleichbare Funktionen.

Tipp: Sie können bei der Kontaktpflege kostbare Zeit sparen, wenn Sie Ihre Ansprechpartner bitten, Ihnen eine virtuelle Visitenkarte, die so genannte »vCard«, zu übersenden. Normale Visitenkarten lassen sich prima einscannen, und die Daten können ohne weiteren Aufwand in Ihr Kontaktverzeichnis übernommen werden.

Im Handel erhältlich sind viele Zusatzprogramme für Outlook und Lotus Notes. Damit können Sie die Funktionalität dieser Programme noch weiter erhöhen sowie wichtige Kundenaktivitäten verfolgen. Sie empfehlen sich vor allem für Ihre Außendienstmitarbeiter.

Das Intranet

Die meisten unserer Firmenkunden verfügen zusätzlich zur Groupware über ein Intranet. Ein Intranet ist ein optimaler Speicherplatz für innerbetriebliche Dokumente, weil jeder Mitarbeiter schnell darauf zugreifen kann.

Wir haben jedoch die Erfahrung gemacht, dass Intranets schnell chaotisch werden. Normalerweise ist die IT-Abteilung für die Verwaltung des Intranets zuständig, doch meistens haben diese Experten keine Ahnung davon, wie Daten in den einzelnen Abteilungen strukturiert und organisiert sind. In den meisten Fällen befinden sich zu viele Daten auf der ersten Ebene eines Intranets, was den Anwender in Verwirrung stürzt. Wir wissen aus eigener Erfahrung, dass es sehr wichtig ist, dass das Intranet genauso aufgebaut wird wie die gemeinsam genutzten Server oder die Computer in den einzelnen Abteilungen, da es dann viel einfacher und schneller geht, die gesuchten Informationen intuitiv zu finden.

Viele unserer Klienten nutzen das Intranet zudem für die Planung von Besprechungen, zum Verteilen von Kalendern und für die Buchung von gemeinsam genutzten Räumlichkeiten, wie zum Beispiel den Konferenzsälen. Je nachdem, mit welcher Version Ihrer Groupware Sie arbeiten und wie Ihr Intranet aufgebaut ist, kann ein elektronischer Kalender von allen Mitarbeitern genutzt oder über das Intranet angezeigt werden. Der Anwender loggt sich in dem Mailserver ein und öffnet die Kalenderfunktion von Outlook oder Lotus Notes (über die Funktion »Gruppendatenbank«). Je nach Autorisation kann der Anwender dann Informationen lesen oder Einträge vornehmen, sodass jeder, der Zugang zu dieser Kalenderfunktion hat, immer auf dem aktuellsten Stand ist.

Diese Funktion ist auch möglich, indem Kollegen Zugriff auf den eigenen Kalender erteilt wird. Bei Lotus Notes werden alle Mitarbeiter über die Funktion »Replikation« auf dem Laufenden gehalten, wenn die Daten aus dem Laptop täglich auf den Zentralserver gespielt werden.

Unsere Kunden verwenden das Intranet auch, um ihre Mitarbeiter über wichtige Neuigkeiten – wie die Firmenziele für das kommende Geschäftsjahr oder gemeinsame Projekte – zu informieren, wobei die Möglichkeit besteht, einen Kommentar einzugeben.

In Outlook und in Lotus Notes kann die Kalenderfunktion mit der Anzeigetafel des Unternehmens verknüpft werden. Daran ist ein Bildschirm angeschlossen, und alles, was man tun muss, ist, den Namen eines bestimmten Mitarbeiters einzugeben, damit dessen Kalender angezeigt wird. Auf diese Weise weiß jeder Bescheid, wo sich die Mitarbeiter gerade aufhalten, woran sie arbeiten, und eingehende Telefongespräche können entsprechend weitergeleitet werden. Wenn Informationen aus dem Kalender und der Kontaktliste über die Anzeigetafel und/oder einen Assistenten zur Verfügung stehen, fällt es allen Beteiligten viel leichter, die anstehenden Aufgaben zu erledigen.

Technisch unaufwändige Lösungen

Eine der wahrscheinlich offensichtlichsten Möglichkeiten zur effizienten Teamarbeit ist die gemeinsame Nutzung von Daten. Dem Teamleiter stehen aber noch zahlreiche weitere Lösungen zur Verfügung.

Proaktive Einstellung zur Arbeit

Der eigentliche Sinn und Zweck dieser Teamorganisation ist, die einzelnen Mitglieder zu sofortigem Handeln zu bewegen. Die meisten Menschen bearbeiten am liebsten einfache Aufgaben: Wenn durch gute Organisation rasch und ohne Aufwand auf die benötigten Informationen zugegriffen werden kann, fangen die meisten Mitarbeiter gleich mit dieser Aufgabe an. Einer der bestechendsten Vorteile eines gut organisierten Teams ist es also, dass so gut wie nichts mehr auf die lange Bank geschoben wird.

Ein weiterer Vorteil dieser Teamorganisation ist es, dass die Arbeitszufriedenheit der Mitarbeiter positiv beeinflusst wird. Einer unserer Kunden hat uns erzählt, dass die in diesem Buch bereits ausführlich beschriebene Umstellung der Organisation wie am Schnürchen klappte und dass sich die gemeinsamen Arbeitsmethoden auszahlten, da die Umstellung das Wir-Gefühl des Teams verstärkt hatte. Ein anderer Kunde stellte zufrieden fest, dass sich als Folge der Umstellung ein aktiveres Arbeitsverhalten zeigte. In seinem Unternehmen wurde vor allem Wert darauf gelegt, dass die Schreibtische nicht überquollen – was auch erreicht werden konnte: Die Umsetzung einer gemeinsamen Arbeitsplanung und die verstärkte Nutzung von Outlook machten die Arbeit viel übersichtlicher und erhöhten die Transparenz innerhalb einer Abteilung. Wir haben die Erfahrung gemacht, dass es sich durchaus lohnt, seinen Mitarbeitern bei der Organisation ihrer Arbeit unter die Arme zu greifen, da sich das durchweg positiv auf die Arbeitsatmosphäre auswirkt.

Bis jetzt haben wir immer nur von Teammitgliedern einer Abteilung oder Firma gesprochen. Einer unserer Kunden, ein großer Automobilhersteller, hat aber nicht nur festgestellt, dass innerhalb der einzelnen Teams Verbesserungen festzustellen waren, sondern auch, dass unter den Mitarbeitern, die in PEP geschult wurden, insgesamt ein Zusammenhalt entstand und die Bereitschaft zugenommen hat, abteilungsübergreifende Hilfestellungen zu leisten.

Die fleißigen Helfer

Mehrere persönliche Assistenten aus der Personalabteilung arbeiteten in Teilzeit für einen unserer multinationalen Bankkunden. Diese Assistenten betreuten eine eigene Gruppe von Mitarbeitern für den Fall, dass sie allein nicht zurechtkamen und Hilfe benötigten. Tauchte ein dringendes Problem auf, das sofort gelöst werden musste, waren Aussagen wie »Es tut mir leid, aber meine Kollegin ist die nächsten paar Tage außer Haus« oder »Ich weiß nicht, ob sie sich schon daran gemacht hat« inakzeptabel.

Jeder der Assistenten musste sich mit den Unterlagen der Kollegen auskennen, um sämtliche Fragen zur Genüge beantworten zu können – was alles andere als ein Kinderspiel war. Unser IBT-Mitarbeiter entwickelte ein standardisiertes Ablagesystem (das für alle Assistenten identisch war), bei dem Unterlagen in dieselben Kategorien eingeteilt und gleich beschriftet wurden. Die Unterlagen wurden sogar am selben Platz am Schreibtisch abgelegt. Auf jeder Akte befand sich eine Aufgabenliste, der zu entnehmen war, was zu tun war und was sich in Planung befand. Außerdem wurde die Regel aufgestellt, dass alle Akten am Ende eines Arbeitstags wieder in ihren ursprünglichen Ablageort eingeordnet werden mussten – selbst wenn die jeweilige Aufgabe noch nicht abgeschlossen war. Wann immer einer der Assistenten etwas anstelle der Kollegen erledigen musste, brauchte er nur zu deren Schreibtisch zu gehen und die entsprechende Akte zu holen. Diese einfache Methode verbesserte die Produktivität der gesamten Gruppe erheblich.

Der Direktor dieses Kunden ging sogar noch einen Schritt weiter: Die papiernen Akten wurden außen mit einem Farbcode versehen, wodurch nicht nur für eine einheitliche Organisation gesorgt war, sondern die Mitarbeiter auch auf einen Blick erkennen konnten, um welche Art von Unterlagen es sich handelte.

Projektteams bilden

Je stärker Sie Ihr Team in die Entwicklung von Problemlösungen einbeziehen, umso einfacher ist es, die Teameffizienz nachhaltig zu verbessern.

Andererseits ist dieses Vorhaben ein ziemlich komplexer Vorgang. Denken Sie immer daran, dass Ihre Mitarbeiter das Beste sind, was Sie haben. Deren Mitarbeit und Leistungen bestimmen in höchstem Maße den Erfolg und die Nachhaltigkeit neuer Arbeitsprozesse, die Sie einführen wollen.

Achten Sie darauf, dass Sie Ihr Vorhaben Schritt für Schritt und Projekt für Projekt umsetzen. Bilden Sie Arbeitsgruppen, die sich um die verschiedenen Verbesserungen kümmern. Diese Arbeitsgruppen sollen über brainstorminggeeignete Lösungen entwickeln. Achten Sie darauf, dass die Ziele des Teams berücksichtigt werden, wenn es um die Umsetzung bestimmter Handlungsweisen geht. Schließlich ist Sinn und Zweck einer guten Organisation das Erreichen gemeinsamer Ziele.

Stellen Sie Projekte zur schrittweisen Verbesserung der Arbeitsbedingungen zusammen, und kümmern Sie sich um Folgendes:

- Teilen Sie jemanden zum Projektleiter ein.
- Legen Sie gemeinsam die Ziele eines jeden Projektes fest.
- Besprechen Sie detailliert die Einzelaufgaben der Projekte, um die Ziele erreichen zu können.
- Halten Sie den Projektbeginn, das Projektende und wichtige Zwischentermine schriftlich fest, ebenso wie die Namen der Mitarbeiter, die für die Einzelaufgaben eines Projekts verantwortlich sind.
- Kümmern Sie sich um das Projekt, und greifen Sie Ihren Mitarbeitern unter die Arme.
- Aktualisieren Sie Ihre Pläne gegebenenfalls, bis das Projektziel erreicht ist.

Halten Sie sich vor Augen, dass nur dieser Weg zum Ziel führt. Einer unserer Kunden hat sich genau dafür entschieden und zunächst zwei

Arbeitsgruppen gebildet: Die eine sollte den Projektarbeitsplatz standardisieren, und die andere hatte die Aufgabe, sich ein Ablagesystem für komplizierte Verträge zu überlegen. Die Ergebnisse waren umwerfend. Die erste Arbeitsgruppe kam zu dem Ergebnis, dass es möglich war, ähnliche Strukturen und einen identischen Arbeitsfluss für folgende Bereiche zu schaffen:

- Bestellungen,
- Umbestellungen,
- Auftragsbestätigungen,
- Struktur von Projektunterlagen,
- Datenbank für die Zulieferer.

Die zweite Arbeitsgruppe hat das optimale Ablagesystem für komplizierte Verträge entwickelt. Nachdem sie genau wusste, wie diese Verbesserungen umgesetzt werden sollten, war sie in der Lage, Projektgruppen zu bilden, die ihre Vorschläge in die Praxis umsetzen sollten.

Laut Aussage unseres Kunden wusste er von unserer Seite aus besonders zu schätzen, dass wir uns an »heiße Eisen« wagten, vor denen sich bislang jeder gedrückt hatte.

Wir konnten unseren Kunden beispielsweise dabei helfen,

- den Verbesserungsbedarf zu ermitteln,
- Arbeitsgruppen zu bilden, um in Brainstorming-Sitzungen Lösungen zu entwickeln,
- Projekte zu entwerfen und Projektteams zusammenzustellen, die für die Umsetzung der Lösungen zuständig waren,
- dafür zu sorgen, dass diese Projekte höchste Priorität genossen und
- diese Projekte umzusetzen.

Teamleiter haben viel zu tun! Worauf warten Sie noch?

Zusammenfassung

1. Befragen Sie Ihre Mitarbeiter, um herauszufinden, welche Bereiche verbesserungswürdig sind. Wie verfolgen Ihre Mitarbeiter den Bearbeitungsverlauf ihrer Aufgaben? Welches Kalendersystem nutzen Ihre Mitarbeiter? Wird es einheitlich genutzt? Wie ist die Ablage organisiert? Was passiert mit wichtigen Unterlagen? Mithilfe dieser und anderer Fragen lässt sich ganz einfach herausfinden, wo kostbare Arbeitszeit verloren geht und wie sich was verbessern lässt.
2. Bilden Sie Arbeitsgruppen, die über Brainstorming Lösungen für die wichtigsten Probleme entwickeln sollen, die Sie im ersten Schritt entwickelt haben.
3. Legen Sie unter der Berücksichtigung der Ergebnisse der Arbeitsgruppen fest, welche Bereiche als Erstes verbessert werden müssen, und bilden Sie für die Umsetzung wiederum Arbeitsgruppen.
4. Setzen Sie diese Projekte der Reihe nach in die Tat um.
5. Aktualisieren Sie Ihre Pläne gegebenenfalls, damit Sie Ihre Ziele auch wirklich erreichen. ■

Halten Sie alles sofort in Schuss

Dächer repariert man bei Sonnenschein.

John F. Kennedy

Überblick: In diesem Kapitel lernen Sie,

- dass eine Aufgabe dann getan ist, wenn Sie alles in einem besseren Zustand hinterlassen, als Sie es vorgefunden haben;
- dass Sie umso weniger in Schuss halten müssen, je weniger Sie aufbewahren;
- dass eine gute Wartung dafür da ist, die Arbeit beim nächsten Mal zu erleichtern;
- in Ihre Wochenplanung immer Aufgaben einzubeziehen, die Ihre Arbeitsbedingungen verbessern.

Ein Kollege erzählte einmal von einem jungen Mann, der zu seinem 18. Geburtstag und zur Feier seines Schulabschlusses von seinen Eltern ein Auto geschenkt bekommen hatte. Obwohl der junge Mann es sich zum Prinzip machte, sein Auto einmal die Woche zu waschen, wechselte er nie das Öl. Die wiederholte Vernachlässigung dieser einfachen Routinewartung führte natürlich dazu, dass die Motorteile jede Schmierung verloren und es schließlich zum Kolbenfresser kam. Das Ergebnis war ein kaputter Motor und ein wertloses Auto, und alles nur deshalb, weil der Wagen nicht ordnungsgemäß gewartet worden war.

Dieser junge Mann hatte die grundlegendsten Praktiken der Autopflege vernachlässigt und Routineaufgaben ignoriert, die ihm auf Jahre hinaus ein gut funktionierendes Auto hätten garantieren sollen. Möglich ist, dass die Eltern ihren Sohn vielleicht nie darauf hingewiesen hatten, wie wichtig es ist, das Motoröl auszutauschen. Oder dass sie einfach annahmen, er wüsste es und würde das Öl regelmäßig erneuern. Es ist ein so elementarer, unerlässlicher Bestandteil der Fahrzeugwartung, dass sie vielleicht gar nicht darauf gekommen sind, ihr Sohn würde keine Ölwechsel vornehmen.

Übertragen wir die Situation des jungen Mannes auf unsere Arbeitssituation. Erstens haben wir während unserer Ausbildung niemals gelernt, wie man eine Organisation in Schuss hält. Darüber hinaus ist es auch heute noch nicht in der Strategie eines Unternehmens verankert, eine gute Organisation als A-Priorität zu verfolgen. Die Menschen achten im Rahmen ihrer Verwaltungstätigkeit nur minimal auf optimales Werkzeug. Für uns als Effektivitäts-Spezialisten ist eine transparente klare Ablagestruktur das wichtigste Tool von Organisationen. Und auf das In-Schuss-Halten dieses Werkzeugs sollten vor allem die Führungskräfte achten. Führungskräfte, die erklären sollen, warum sie sich nicht darum kümmern, sagen, dass sie von ihren Mitarbeitern »erwarten«, diese Dinge zu tun, weil »sie Fachleute sind«. Wenn sie überhaupt darüber nachdenken, gehen sie davon aus, dass andere sich damit beschäftigen. Damit haben sie ihre Führungsaufgaben vernachlässigt und handeln nach dem Nobody-, Everybody- und Somebody-Prinzip. Sie fordern ihre Mitarbeiter auf: Man müsste mal ... oder wir sollten ... – Resultat ist, dass niemand sich verantwortlich fühlt und die Verbesserung entweder verschleppt oder gar nicht umgesetzt wird.

Entropie

Entropie kann als Maß oder Grad an Unordnung innerhalb eines Systems definiert werden, das vor dem Zusammenbruch steht. In der Physik bezeichnet man Entropie als Größe, die die Verlaufsrichtung eines Wärmeprozesses kennzeichnet. Die Chaostheorie besagt, dass Systeme immer von einem Zustand der Ordnung in einen Zustand der Unordnung übergehen und dabei immer komplexer werden.

Möchten Sie es im Leben gern einfach haben? Dann sollten Sie sich Ordnung angewöhnen – insbesondere bei Ihrer Arbeit.

Möchten Sie in einer aufgeräumten und ordentlichen Arbeitsumgebung arbeiten, müssen Sie sich die Chaostheorie vor Augen halten und aktiv für Ordnung sorgen, da sich die Unordnung sonst naturgemäß von selbst einstellt. Vernachlässigen Sie doch einmal für ein paar Wochen Ihren Garten, dann werden Sie die Auswirkungen der Entropie sehr schön beobachten können.

Wir hoffen sehr, dass Sie dieses Buch und der darin beschriebene PEP-Prozess inzwischen zu einigen Änderungen und Verbesserungen angeregt haben. Vielleicht ist Ihr Schreibtisch nun aufgeräumt und Ihre Aktenordner systematischer geordnet, und Ihre Sachen liegen da, wo sie hingehören. Anders ausgedrückt, Sie arbeiten nun mit System. Lassen Sie sich aber eines gesagt sein: Alle Systeme funktionieren nach den Gesetzmäßigkeiten der Chaostheorie, das heißt, sie tendieren dazu, in den Zustand der Unordnung überzugehen, sofern Sie nicht aktiv daran arbeiten, die Ordnung aufrechtzuerhalten.

Und der Trick an der Sache? Die Instandhaltung der Ordnung muss Teil Ihrer Arbeitsabwicklung sein.

Instandhaltung und Arbeitsabwicklung

Ein perfektes Beispiel war ein Serviceangestellter von IBM. Seine Aufgabe bestand darin, die Großrechner von Kunden vor Ort zu reparieren, wobei er auf seinen Reisen oft jüngere Techniker mitnahm. Wegen seiner »seltsamen« Kleidung und Arbeitsgewohnheiten war er eine Zielscheibe des Spotts. Er pflegte Overalls mit Dutzenden von eingenähten Taschen zu tragen. In diesen befanden sich alle möglichen Werkzeuge, die er brauchte oder brauchen könnte.

Wenn er etwas bemerkte, das es zu reparieren galt, behob er den Schaden, selbst wenn die Reparatur nicht zu seinem ursprünglichen Auftrag gehörte. Sah er einen Tropfen Öl auf dem Boden, zog er ein

Tuch hervor und wischte ihn unverzüglich auf. Benutzte Werkzeuge wurden von ihm sofort gesäubert und wieder in die entsprechende Tasche zurückgesteckt. Ging ein Werkzeug kaputt, holte er ein Antragsformular für ein neues aus der Tasche und füllte es auf der Stelle aus, um Ersatz zu bekommen. Seine Kollegen wehrten sich dagegen und kümmerten sich nicht darum, alles immer sofort sauber und ordentlich zu hinterlassen, aber wenn der Feierabend nahte, war der alte Hase zwangsläufig stets als Erster fertig und konnte vor den anderen gehen. Das war seine Arbeitsweise. Er war durch und durch organisiert.

Instandhaltung ist Teil des Arbeitsprozesses. Man muss sich darüber im Klaren sein, dass jede Arbeit, jede Aufgabe einen Anfang, eine Mitte und ein Ende hat. Am Beginn einer Aufgabe muss unter anderem die Organisation (Planung, Vorbereitung, Einstellung auf die anstehende Arbeit) stehen. Dann kommt in der Mitte die Erledigung der Aufgabe. Das Ende ist nicht nur die Fertigstellung der Arbeit, sondern auch ihre Dokumentation in Form von Ablage. Damit wird ein Wertzuwachs für Ihr Unternehmen erzielt, da andere Mitarbeiter auf solche vollständigen Dokumentationen zurückgreifen können. Fragen der Instandhaltung beinhalten auch, »die Dinge dahin zurückzulegen, wo sie hingehören« und »alles in Ordnung zu bringen, mit dem man gearbeitet hat« (Akten, Utensilien und so weiter).

Über Wartungsroutinen sollte in gleicher Weise nachgedacht werden. Am einfachsten geht das, wenn Sie sie ebenso geplant in Ihren Arbeitsablauf einbeziehen, wie Sie das Motoröl Ihres Wagens wechseln. Genauso automatisch, wie Sie hinter das Lenkrad rutschen, den Schlüssel ins Zündschloss stecken und den Motor starten, wissen Sie, dass das Motoröl routinemäßig ausgetauscht werden muss, soll Ihr Auto in Topzustand sein. Warum sollte es mit der Arbeit anders sein?

Es wäre gut, wenn Sie es sich zur Routine machen würden, dass Sie von Ihrer Arbeitseinstellung gar nicht mit weiterer Arbeit beginnen können, bevor Sie nicht den wichtigen Brief an einen A-Kunden erledigt haben. Sie sollten die gut gepflegten Daten des Kunden sofort zur Hand haben, sodass Sie schnell, einfach und richtig auf sachdienliche Fakten zurückgreifen können.

Der springende Punkt ist, dass Sie dadurch, dass Sie sich die Kundenakte vornehmen, nicht riskieren, sich (und Ihr Unternehmen) zu blamieren, weil Sie nicht informiert sind. Ihr Wissen beeinflusst die Abfassung des Antwortbriefs, dessen Qualität dadurch wahrscheinlich erheblich verbessert wird.

Nehmen wir an, Sie haben den Brief fertig und sind bereit, ihn in Ihren Ausgangskorb zu legen – was machen Sie dann mit der Kundenakte? Sie nehmen sich eine oder zwei Minuten, um sie in Ordnung zu bringen. Überprüfen Sie, dass die Briefe chronologisch sortiert sind, sodass der aktuellste oben liegt. Entfernen Sie Duplikate. Falls die Akte lose Visitenkarten enthält, heften Sie sie im Aktendeckel selbst ab, damit sie nicht herausfallen und verloren gehen. Oder sortieren Sie sie in den Adresskarteikasten ein. Das alles dauert keine zwei Minuten! Und wenn Sie anschließend die Akte zurücklegen, wird sie in einem besseren Zustand und aktueller sein als in dem Augenblick, wo Sie sie herausgezogen haben. So hält man Unterlagen auf dem Laufenden.

Diese Wartungsroutine lässt sich auch auf Ihre elektronischen Akten anwenden. Wenn der verfasste Brief in einem Kundenverzeichnis abgespeichert ist, werfen Sie einen Blick auf das Verzeichnis, löschen Sie überholte Dokumente und bringen Sie den Rest in Ordnung. Ein IBT-Trainer fand einmal 1 800 Mitteilungen in der Gruppensoftware-Datenbank eines Kunden. Niemand kann so viele Informationen gebrauchen oder pflegen. Sein Klient organisierte (oder wahrscheinlicher: löschte) einfach nichts, wenn er mit seiner Arbeit fortfuhr. Es geht dabei nicht um Zeit. Es geht darum, die Organisation zu einem Teil des Arbeitsprozesses zu machen.

Erleichtern Sie die Arbeit

Der Zweck der Wartung ist, sich selbst, Kollegen und Mitarbeitern die Arbeit zu erleichtern. Wenn Sie kopieren und das Papier geht aus, dann füllen Sie die Maschine bis obenhin auf. Legen Sie nicht ein Dutzend Blätter in die Ablage, sodass Sie Ihre Arbeit beenden können, der Nächste aber kein Papier mehr vorfindet. Das Gleiche gilt für Ihre Akten: Belassen Sie Ihre Akten nicht in einem so katastrophalen Zustand, dass kein Mensch – Sie eingeschlossen – aus ihnen schlau wird. Verwandeln Sie stattdessen alles, was Ihnen in die Hände kommt, in ein Werkzeug zur Steigerung der Effizienz und Produktivität.

Die Dinge in Schuss zu halten bedeutet, sich so zu organisieren, dass man leicht vorankommt. Wenn Ihr Hefter leer ist, füllen Sie ihn wieder auf. Falls Sie in Ihrer Schreibtischschublade keine Heftklammern mehr vorfinden, gehen Sie sofort in die Materialabteilung und besorgen Sie sich neue. Füllen Sie Ihren Hefter auf und fahren Sie mit Ihrer Arbeit fort. Lassen Sie Kleinigkeiten nicht unerledigt in der Luft hängen, sodass sie Ihnen zu einem späteren Zeitpunkt nicht in die Quere kommen können. Es gibt wenige Dinge, die so frustrierend sind wie keinen Stift zu finden, wenn man sich eine telefonische Mitteilung notieren möchte, oder ein halbes Dutzend ausprobieren zu müssen, bis man einen findet, der tatsächlich funktioniert.

Was sollten Sie überhaupt in Schuss halten?

Die stetige Instandhaltung sollte so schnell und mühelos vonstatten gehen wie möglich. Anderenfalls werden Sie sie, der menschlichen Natur folgend, wahrscheinlich aufschieben, bis »es Ihnen besser passt« oder Sie »nicht ganz so müde sind« oder »Zeit haben« oder welche Ausrede Sie auch immer finden mögen. Deshalb muss die Instandhaltung sowohl effizient als auch leicht sein.

Sortieren Sie Ihre Akten gründlich aus, und Sie müssen wenig (oder zumindest viel weniger) in Schuss halten. Wenn Sie merken, dass Sie Zeit damit verbringen, etwas in Ordnung zu halten, was Sie selten oder nie verwenden, müssen Sie sich fragen, ob es das wert ist. Stellen Sie sich gleich die Frage, warum Sie es aufbewahren. Wenn es sich um etwas handelt, das nicht lebensnotwendig ist – weg damit!

Instandhaltung und »Tun Sie's sofort«

Wenn Sie sich das Konzept »Tun Sie's sofort« zu Herzen genommen haben, werden Sie reichlich Gelegenheit haben, es durch Instandhaltung zu untermauern. Warum? Weil die Instandhaltung nicht immer das »Wichtigste« oder »Dringendste« ist. Es wird immer Gründe geben, sie auf die lange Bank zu schieben. Aber wenn Ihnen die Worte »Tun Sie's sofort« in dem Moment durch den Kopf schießen, wo Sie erkennen, dass etwas einer Wartung bedarf, werden Sie sie vornehmen. Wenn Sie sehen, dass irgendein Werkzeug repariert werden muss, werden Sie es sofort tun. Geht Ihnen Material aus, werden Sie es sich sofort besorgen. »Tun Sie's sofort« wird Ihnen zur Gewohnheit und überträgt sich auch auf die Instandhaltung von Dingen.

Machen Sie sich Wartung zur Gewohnheit

Genauso wie Sie sich morgens automatisch die Zähne putzen, ist es am besten und einfachsten, die Instandhaltung zu einer effizienten Arbeitsroutine werden zu lassen, über die Sie nicht weiter nachdenken. Wie bereits im Kapitel »Bauen Sie Routinen auf« dargelegt, können Sie Ihre tagtägliche Arbeitsflut unter Kontrolle halten, indem Sie die Bearbeitung Ihrer Papiere und E-Mail-Nachrichten bündeln und planen. Organisieren Sie sich wöchentlich im Rahmen Ihrer Wochenplanung. Bringen Sie Ihr Aktensystem auf den neuesten Stand. Sichern Sie Ihre Festplatte. Überprüfen Sie Ihre Materialvorräte.

Ebenso wie Sie für jeden Tag eine bestimmte Zeit eingeplant haben, um Ihren Eingangskorb zu leeren, sollten Sie sich eine feste Zeit für die aufwändigen Arbeiten nehmen, bei denen die Versuchung groß ist, sie aufzuschieben, wie das Ausmisten Ihrer Akten. Es gibt viele Menschen, die ihr Büro einmal im Jahr gründlich aufräumen, gewöhnlich zwischen Weihnachten und Neujahr, wenn dort nicht mehr viel los ist. Sie nutzen die Zeit, um Papiere des alten Jahres auszusortieren, die Akten für das kommende Jahr einzurichten, seit längerem nicht mehr Benutztes auszurangieren, die Stapel von Zeitschriften, die sie noch lesen wollten, loszuwerden und ganz allgemein Ordnung zu

Abbildung 10.1
Mithilfe dieses Zeitplans können Sie Ihr System in Schuss halten

Zeitplan zur Aufrechterhaltung Ihres Systems

Zeitintervall	Was	Handlung
Ständig →	Schreibtisch und Desktop am Computer →	❑ Befördern Sie alle Papiere von der Schreibtischoberfläche in den richtigen Teil Ihres Ordnungssystems, und verschieben sie alle Dateien vom Desktop in den richtigen Ordner
Ständig →	Individuelle Akten →	❑ Wann immer Sie eine Akte zur Hand nehmen, sortieren Sie alte Papiere aus, bevor Sie sie zurücklegen
1 x täglich →	Ablage und eingehende E-Mails →	❑ Neue Akten einfügen/E-Mails in den entsprechenden Ordner ablegen ❑ Laufendes überprüfen/erledigen ❑ Ausgangskorb leeren
1 x wöchentlich →	Arbeitsakten →	❑ Neue Akten einfügen ❑ Projektpläne schreiben ❑ Erledigte Akten entfernen
1 x monatlich oder vierteljährlich →	Nachschlageakten →	❑ Wieder gebrauchte Akten zu den Arbeitsakten legen ❑ Dicke Akten und volle Schreibtischschubladen aussortieren
1 x halbjährlich →	Das gesamte System →	❑ Nicht mehr gebrauchte Akten archivieren ❑ System überprüfen ❑ Einen PEP-Tag einplanen, um das System gegebenenfalls zu überholen

schaffen. Obgleich das besser ist als nichts, reicht es unserer Erfahrung nach nicht aus. Am besten scheint es, das Büro einmal im Vierteljahr komplett aufzuräumen. Planen Sie dafür etwa einen halben Tag fest ein. Schließen Sie die Tür und machen Sie sich an die Arbeit, nehmen Sie Umstrukturierungen vor, sortieren Sie aus, sehen Sie Ihre ganzen Bücher, Nachschlage-, Archivakten und dergleichen durch. Abbildung 10.1 zeigt Ihnen einen Zeitplan zur Aufrechterhaltung Ihres Systems.

Der 3-Wochen-Plan

Eine unserer Kolleginnen in Australien hat mit dem von ihr entwickelten 3-Wochen-Plan großen Erfolg. Am Anfang des PEP-Kurses bittet Sharon jeden der Teilnehmer, sich eine bestimmte Arbeitsgewohnheit zu überlegen, die verbessert werden soll. Der schwierige Teil der Aufgabe ist dann, jeden Tag an dieser Angewohnheit zu arbeiten. Der Haken dabei ist, dass jeder Teilnehmer auch wirklich drei Wochen lang jeden Tag daran arbeiten muss oder die Zeitzählung wieder von vorn beginnt.

Sharon und die anderen Teilnehmer passen auf, welche Fortschritte während des gesamten PEP-Kurses (der mehrere Monate dauern kann) gemacht werden. Die Teilnehmer lernen dabei, welche Prozesse notwendig sind und welche Hindernisse auftreten, wenn man versucht, seine Angewohnheiten zu ändern. Diese Erkenntnisse dienen wiederum als Grundlage für weitere Aktionspläne und Verhaltensänderungen.

Sind Sie bereit, sich dieser Herausforderung zu stellen? Welche Ihrer Arbeitsgewohnheiten würden Sie am liebsten ändern? Entwickeln Sie eine Strategie, mit deren Hilfe Sie einen Schlussstrich unter diese Gewohnheit ziehen können. Dann arbeiten Sie konsequent die nächsten drei Wochen an Ihrem Vorhaben. Denken Sie daran: Tun Sie einen Tag nichts dafür, müssen Sie von vorn anfangen! Notieren Sie Ihre Erfahrungen und Gefühle. Wenn Sie wissen, wie Sie auf bestimmte Herausforderungen reagieren, können Sie das nächste Mal bestimmt besser damit umgehen.

Instandhaltung allgemein genutzter Akten

Wir haben die Erfahrung gemacht, dass in der Praxis niemand die Verantwortung für die Aktenablage übernimmt, wenn theoretisch jeder dafür verantwortlich ist.

Als Teamleiter sind Sie dafür zuständig, einem bestimmten Mitarbeiter das Ablagesystem Ihrer Abteilung anzuvertrauen. Natürlich können Sie je nach Umfang auch mehrere Mitarbeiter auswählen, wobei sich einer um elektronische Dokumente kümmert und der andere um papierne. Alle Teammitglieder wissen dann, wer für was verantwortlich ist.

Das Gleiche gilt auch für gemeinsam genutzte Hilfsmittel: Wird zum Beispiel ein Kalender gemeinsam benutzt, um die Termine des ganzen Teams zu überwachen oder genau zu wissen, wo sich der einzelne Mitarbeiter gerade aufhält, ist es ebenfalls unverzichtbar, dass ein Mitarbeiter dafür verantwortlich ist.

Instandhaltung und Reisen

Immer mehr Menschen sind in Ihrem Beruf ständig unterwegs. Sie fliegen mehrmals im Monat oder reisen per Auto oder Bahn kreuz und quer durchs Land. Viele Menschen haben trotz dieser hohen Belastung keine Sekretärin. In einem solchen Fall müssen Sie umso besser organisiert sein, um nicht unterzugehen.

Teilen Sie dieses Schicksal mit mehreren Kollegen, gibt es probate Mittel, um sich gegenseitig zu informieren und zu unterstützen. Nutzen Sie verschiedene elektronische Geräte und natürlich die Leistungen der Telefongesellschaft. Führen Sie es als gängige Praxis ein, jeden Tag im Büro anzurufen und neu eingegangene Informationen oder Korrespondenz über das Telefon zu bearbeiten. Dazu gehört natürlich die oben erwähnte gute Organisation. Wer auch immer im Büro ist, hält die ganze eingegangene Korrespondenz für den jeweiligen Ansprechpartner bereit und beim täglichen Anruf wird alles schnell durchgegangen. Nach dem Sofort-Prinzip sollten Sie Korrespondenz dann gleich von Ihrem jeweiligen Aufenthaltsort per Telefon beantworten. Sie können sich vorstellen, dass das sehr schnell geht, weil Sie nicht unnötig viel Geld für Telefongebühren ausgeben wollen. Falls ein Fax abgeschickt werden muss, macht das die Person im Büro. Werbebriefe und andere nutzlose Schreiben werden sofort weggeworfen. Es gibt zwar immer wieder Angelegenheiten, die Sie erst nach der Rückkehr ins Büro erledigen können, aber es sind weit weniger, als sich sonst ansammeln würden. Dieses System hat sich in allen Unternehmen, in denen es eingeführt wurde, sehr gut bewährt.

Ein guter Manager plant niemals direkt im Anschluss an eine Reise eine Besprechung ein. Er nimmt sich nach seiner Rückkehr immer zunächst ein paar Stunden Zeit, um die Angelegenheiten, die im Zusammenhang mit seiner Reise stehen, aufzuarbeiten (Zusammenfassung seiner Aktivitäten, Quittungen, irgendwelche Angebote, die er infolge der Reise vorbereiten muss) und um bei allem, was sich während seiner Abwesenheit angehäuft hat, auf den neuesten Stand zu kommen.

IBT arbeitete einmal mit einem Unternehmen zusammen, dessen Vertreter von zu Hause aus agierten. Sie organisierten ihre Woche so, dass sie von Montag bis Donnerstag ihre Verkaufsgespräche führten und den Freitag im Büro verbrachten, um die Verwaltungsarbeiten zu erledigen und die kommende Woche zu planen. Die Vertreter beklagten sich regelmäßig, dass ein Tag im Büro nicht genug wäre. Sie müssten am Wochenende arbeiten, um alles zu schaffen. Einem Vertreter gelang es jedoch immer, seine Arbeit in den vorgesehenen fünf Tagen zu erledigen, und seine Methode war ganz einfach. Er hatte stets

Briefumschläge in seiner Aktentasche, die an die Bezirksfiliale, die Generalvertretung, seinen Chef, die Buchhaltung und seine Geschäftsstelle voradressiert waren. Wenn etwas an eine dieser Stellen gesandt werden musste, steckte er es sofort in den entsprechenden Umschlag. Er bearbeitete seine Abrechnungen täglich und packte sie in den Umschlag für die Buchhaltung. Das Einzige, was er am Donnerstag auf dem Weg nach Hause dann noch tun musste, war, die Umschläge in den Briefkasten zu werfen. Zwischenzeitlich rief er mehrmals am Tag im Büro an und kümmerte sich um seine Telefonmitteilungen, die er alle sofort erledigte. Als dieses System auch von den anderen Vertretern übernommen wurde, gab es keine Probleme mehr.

Vorbeugende Instandhaltung

Sie müssen sich nicht nur darauf konzentrieren, stets gut organisiert zu sein, sondern auch daran denken, was Sie unternehmen können, um zukünftigen Organisationsproblemen vorzubeugen. Richten Sie beispielsweise gleich eine Akte für das kommende Jahr ein, wenn Sie Ihre Steuererklärung für das vergangene machen. Legen Sie alle Papiere, die im Laufe des Jahres hereinkommen und steuerrelevant sind, sofort in dieser Akte ab. Wenn Sie im Voraus planen, die Steuererklärung frühzeitig vorbereiten und während des Jahres die notwendigen Informationen sammeln, geraten Sie in den Wochen vor dem Fälligkeitstermin nicht in Panik.

Falls zu bestimmten Zeiten im Jahr mit einer großen Arbeitsbelastung zu rechnen ist, können Sie alles so organisieren, dass Sie diese Perioden effektiv meistern. Eine rechtzeitige Vorbereitung auf Spitzenzeiten kann die Last verringern.

Instandhaltung und kontinuierliche Verbesserung

Obgleich das Wort »Instandhaltung« in diesem Kapitel zigmal verwendet wurde, ist es nicht eigentlich das, worauf Sie sich konzentrieren sollten. Natürlich dient sie dazu, Sie davon abzuhalten, in alte, unproduktive Gewohnheiten zurückzufallen. Es genügt jedoch nicht, sich aufzuPEPpen und dann nur noch darauf zu konzentrieren, dass alles so bleibt. Sie müssen sich auch bemühen, die Dinge besser zu machen. Sie sollten gewissenhaft und besonnen daran arbeiten, Ihre Arbeitsmethoden zu verbessern. Unter den heutigen schnelllebigen, kompetitiven Bedingungen reicht es nicht aus, besser zu sein und so zu bleiben. Sie müssen sich selbst stetig übertreffen. Selbst wenn Sie bereits beträchtliche Fortschritte gemacht haben, sollte Ihr wahres Ziel eine ständige Verbesserung bei allem sein, was Sie tun.

Menschen nehmen selten Arbeiten in ihre Aufgabenlisten auf, die auf eine Verbesserung ihrer Arbeitsweise abzielen. Nicht dass sie darüber nicht nachdenken – ganz im Gegenteil. Angetrieben durch die Qualitätsverbesserungs- und Reengineeringkonzepte, die in den meisten Unternehmen laufen, tun viele Menschen genau das, setzen es aber nicht in Beziehung zu ihrer tagtäglichen Arbeit. Stattdessen denken sie an stetige Verbesserung im Hinblick auf die Wahrung der geringen jährlichen Produktausschussrate ihres Betriebs.

Sie sollten sich prinzipiell jede Woche die Frage stellen: »Was werde ich in der kommenden Woche tun, um meine Arbeitssituation zu verbessern?« Der Wochenplan sollte mehrere Aufgaben enthalten, die Ihr Arbeitsleben einfacher machen, Ihre Effektivität steigern, Ihr Wissen erweitern oder Ihre derzeitige Arbeitsweise irgendwie zum Besseren verändern.

Zum Beispiel könnten Sie die Aufgabe hinzunehmen, zwei Kapitel aus der Beschreibung eines Softwareprogramms zu lesen, das Sie umfassender einsetzen möchten. Manche Menschen wählen Aufgaben aus ihren persönlichen Verbesserungszielen und planen sie in ihrem Arbeitskalender ein. Es ist wichtig, solche spontan aufkommenden Ideen einzubeziehen und in Angriff zu nehmen. Zu lernen, wie man einen neuen

Drucker benutzt, könnte eine sein. Wir alle würden gern tausend und mehr Dinge tun oder erlangen, damit alles besser läuft. Machen Sie sie!

Beziehen Sie diese Ziele in Ihren Wochenplan ein. Planen Sie sie. Sie werden entdecken, dass Sie ausknobeln werden, wie Sie sie in kürzester Zeit über die Bühne bringen. Weil die Aufgabe da ist, werden Sie sie auch durchführen. Allmählich und kontinuierlich wird Ihr Büro zudem nicht nur an Image und Effizienz gewinnen, sondern beides wird sich auch stetig verbessern. Sie machen Veränderungen zu einem Teil Ihres Alltagslebens. Und Sie sind derjenige, der den Wandel dirigiert.

Periodisches Aufarbeiten

Manche Menschen haben nicht das Bedürfnis, ihre Organisation von Minute zu Minute in Schuss zu halten. Sie wollen nicht dauernd darauf achten müssen. Sie haben mit ihrer Arbeitslast erfolgreich Schritt gehalten, indem sie regelmäßig Organisationsrückstände aufgeholt haben. Wenn sie ihre Organisation während eines Projekts oder mitten in einer Spitzenzeit so gut pflegen, wie sie nur können, können sie sich hinterher die Zeit nehmen, um alles wieder vollständig in Ordnung zu bringen. Ein paar wichtige Dinge sollten jedoch bedacht werden, sofern Sie sich dafür entscheiden, so zu arbeiten. Lassen Sie nichts länger als ein paar Wochen schleifen, bevor Sie sich wieder organisieren. Räumen Sie sehr sorgfältig auf. Arbeiten Sie mit sehr guten Erinnerungssystemen, sodass Ihnen keine wichtigen Dinge durch die Lappen gehen.

Minimale Instandhaltung

Sobald Sie sich organisiert haben, sollten Sie zumindest jeden Tag, bevor Sie nach Hause gehen, Ihren Schreibtisch aufräumen. Dieses minimale Instandhalten ist schon besser als gar nichts.

Aber was tun Sie, wenn dennoch alles den Bach runtergeht? Also, Sie haben nun Schreibtisch und Büro aufgeräumt. Sie sind organisiert wie nie zuvor. Sie haben sich schließlich eine Routine aufgebaut, mit der Sie Ihre tägliche Papierflut, die Mitteilungen, Informationen, E-Mail-Nachrichten und so weiter unter Kontrolle halten. Sie planen Ihre Arbeit jeden Freitag. Sie haben sich ein Notebook gekauft und angefangen, sich in Organisations-Software einzuarbeiten, und Sie fühlen sich so richtig wohl. Alles läuft gut, aber plötzlich tut es einen Schlag. Sie laufen gegen eine Wand! Sie werden nach Tokio beordert, um einen Kollegen für sechs Wochen zu vertreten. Oder ein Großkunde verlangt eine Kontoüberprüfung, für die Sie eine Präsentation vorbereiten müssen, um die Situation zu retten, und Sie werden volle zwei Wochen lang täglich 16 Stunden mit nichts anderem beschäftigt sein. Oder Sie gehen in Urlaub, kommen zurück und stehen einem Berg von Rückständen und einem erneuten totalen Chaos gegenüber. Irgend so etwas wird Ihnen passieren. Dann aber sollten Sie klug reagieren.

Erfahrungsgemäß fallen Menschen nicht in ihre neuen Arbeitsmethoden zurück, sondern viel eher in ihre alten Gewohnheiten. Sie machen sich deutlich, dass es Ihnen doch gelang, mit Ihren alten Arbeitsmethoden zurande zu kommen. Darüber hinaus war sich zu organisieren wahrscheinlich ein echter Kampf. Das gesamte Persönliche Effektivitäts Programm nochmals von vorn anfangen zu müssen! Der Versuch war nicht schlecht, aber eigentlich sind Sie nicht der Typ Mensch, der sich organisiert. Diese Argumente kommen uns in solchen Situationen zu Ohren. Verzweifeln Sie nicht und geben Sie nicht auf. Es ist ganz einfach, etwas dagegen zu unternehmen. Legen Sie einen »Tun-Sie's-sofort«-Tag ein. Hängen Sie ein Schild an die Tür, auf dem steht, dass Sie heute nicht zu sprechen sind, stapeln Sie Ihre ganzen Papiere auf Ihrem Schreibtisch und machen Sie alles wie gehabt. Das geht viel leichter und schneller als beim ersten Mal. Nach ein paar Stunden haben Sie Ihren Papierkram wahrscheinlich schon wieder unter Kontrolle.

Um diesen »Tun-Sie's-sofort«-Tag einfacher zu gestalten, versuchen Sie irgendwie, über Ihren täglichen Informationsfluss auf dem Laufenden zu bleiben. Wenn Sie Ihre Tage mit der Vorbereitung der Präsentation verbringen müssen, nehmen Sie sich trotzdem eine Stunde Zeit, und gehen Sie alles kurz durch, was am Vortag hereingekommen ist. Delegieren Sie großzügig, und zwar auf der Stelle. Bestimmen Sie entschlossen (sogar rücksichtslos), was Sie nicht tun werden. Verwenden Sie Ihr Wiedervorlagesystem (und halten Sie es in Schuss), um die Papiere von Ihrem Schreibtisch und an den richtigen Ort zu bekommen. Nutzen Sie die Umstände und schauen Sie, wie effizient Sie sein können, und lassen Sie nicht nach, wenn alles wieder seinen normalen Gang geht!

Vielleicht wird es nie so schlimm für Sie kommen. Aber die Arbeitsflut ist in der Regel nicht konstant, und Sie könnten irgendwann darin ertrinken. Ein Kunde, Direktor in einem der größten Industriekonzerne der Welt, beschreibt es wie folgt:

»Wenn sich die Arbeit vor mir auftürmt und mir vorübergehend über den Kopf wächst, weiß ich, wie ich damit fertig werde, weil ich die dafür nötigen Methoden gelernt habe.«

Sie haben diese Methoden nun ebenfalls gelernt.

Instandhalten bedeutet zu erkennen, dass jede Arbeit mit der Vorbereitungsphase beginnt und, nachdem sie getan ist, damit endet, alles wieder dorthin zurückzulegen, wo es hingehört, und dafür zu sorgen, dass alles in einem guten oder besseren Zustand ist als in dem Moment, wo man es erstmalig zur Hand nahm. Instandhaltung bedeutet, sich selbst zu organisieren, während man arbeitet.

Das Wichtigste, was Sie bewahren sollten, ist die Veränderung zum Besseren.

Zusammenfassung

1. Erkennen Sie, dass die Instandhaltung die grundlegendste und nützlichste Arbeitsroutine ist, und Sie werden jahrelang mit Garantie ein

gut funktionierendes Arbeitssystem besitzen. Machen Sie sich elementare, praktische Wartungsroutinen zum Prinzip, die gewährleisten, dass sich die harte Arbeit, die Sie investiert haben, um sich »aufzuPEPpen«, über viele Jahre auszahlen wird.

2. Führen Sie Ihre Wartungsroutinen auf genau die gleiche geplante Weise automatisch durch, wie Sie das Motoröl Ihres Wagens wechseln. Der Aufbau täglicher Routinen, über die Sie nicht mehr nachdenken müssen, um den eigenen und allgemeinen organisierten Zustand aufrechtzuerhalten, ist die investierte Zeit und Mühe wert.
3. Arbeiten Sie mit Systemen, die Sie davon abhalten, in alte Arbeitsgewohnheiten zurückzufallen. Besitzen Sie Routinen, die eine kontinuierliche persönliche Verbesserung bewirken und Ihnen helfen, dieses System als Selbstverständlichkeit zu erhalten. Planen Sie sie in Ihre Woche ein.
4. Denken Sie daran, dass jede Arbeit einen Anfang, eine Mitte und ein Ende hat. Am Anfang steht die Vorbereitung und Einstellung auf die Aufgabe, die Mitte bildet die Verrichtung der Arbeit. Das Ende umfasst nicht nur die völlige Erledigung der Aufgabe, sondern auch die Instandhaltung der verwendeten Hilfsmittel, einschließlich des Zurücklegens von Dingen, wo sie hingehören, und der Verbesserung des Zustands von allem, was Sie in der Hand hatten, also Ihrer Akten, Utensilien und so weiter.
5. Denken Sie immer daran, dass es heutzutage nicht mehr ausreicht, nur die Papiere in Ordnung zu halten, sondern dass auch die elektronischen Dateien und E-Mails in Ihrem Computer in Ordnung gehalten werden müssen. Zur Instandhaltung Ihrer Festplatte gehört, Sicherungssysteme zu besitzen und sie regelmäßig zu benutzen, sodass Ihre elektronisch gespeicherten Daten nicht einem plötzlichen Stromausfall zum Opfer fallen.
6. Identifizieren Sie alle Unterlagen, mit denen das ganze Team oder die ganze Abteilung arbeitet. Teilen Sie einen Mitarbeiter ein, der die Verantwortung für die Ablagesysteme übernimmt.
7. Legen Sie wöchentlich eine bestimmte Zeit fest, in der Sie sich organisieren, damit Sie Ihre langfristige Arbeitsflut beherrschen. Nehmen Sie

sich jede Woche Zeit für die Planung der kommenden Woche und die Aufrechterhaltung Ihrer Organisation. Bringen Sie Ihre Akten auf den neuesten Stand. Überprüfen Sie Ihre Materialien. Halten Sie in einem vierteljährlichen, halbjährlichen, jährlichen oder einem anderen Turnus alles in Schuss, damit Ihre Instandhaltung auf dem Laufenden und immer aktuell bleibt.

8. Wenn Sie bemerken, dass Sie Zeit damit verbringen, etwas zu warten, was Sie selten benutzen, fragen Sie sich ernsthaft, ob es das wert ist. Wenn es keinen vernünftigen Grund dafür gibt, sollten bei Ihnen die Alarmglocken läuten. Müssen Sie es aufbewahren? Wenn es etwas ist, was Sie wirklich nicht brauchen, weg damit!
9. Organisieren Sie sich bei der Arbeit. Machen Sie die Instandhaltung zu einem Teil Ihrer Planung, und Sie werden sie vom ersten bis zum letzten Arbeitsschritt einbeziehen. Planen Sie für den Erfolg. Legen Sie sich gute Gewohnheiten zu. Machen Sie Instandhalten zu einer unbewussten Gewohnheit, und Sie werden sehen, dass es ein einfacher Schritt auf Ihrem Weg zum Erfolg ist.
10. Werden Sie nicht bequem! Ihr eigentliches Ziel sollte in einer kontinuierlichen Verbesserung von allem bestehen, was Sie tun. PEP ist ein Hilfsmittel oder ein Gerüst, mit dem Sie dieses Ziel erreichen können. ■

Epilog

> Ein Mensch, der sich gut anpassen kann, charakterisiert sich nicht vornehmlich durch seine guten Gewohnheiten, sondern vielmehr durch die Geschicklichkeit, mit der er sie modifiziert oder auf sich verändernde Umstände reagiert. Er ist auf Wandel eingestellt, im Gegensatz zu dem unbeweglicheren, dogmatischeren, selbstgerechteren Typen, der sich nicht vom Fleck rühren will.
>
> *Wendel Johnson*

Einfach nur eine neue Gewohnheit

Das vorliegende Buch mag Ihnen wenig tiefschürfend erscheinen, aber aus ihm spricht eine große Erfahrung.

Im Wesentlichen haben wir darüber diskutiert, wie Sie es schaffen, sich so zu konditionieren, dass Sie sich selbst führen und Ihr Arbeitsverhalten verändern. Die meisten Menschen glauben, dass es sehr schwierig ist, Gewohnheiten zu verändern. Zweifellos ist das nicht leicht, aber es kann einfacher gehen. Neue Arbeitsmethoden anzunehmen, neue persönliche Gewohnheiten zu entwickeln, ist durchaus möglich. Sind Sie nicht auch schon einmal rein aus Neugier oder Zufall in einem neuen Restaurant gelandet, haben es für gut befunden und sich dann zum Prinzip gemacht, immer wieder hinzugehen?

Alles fängt damit an, sich eine neue Gewohnheit zu Eigen zu machen, nämlich die des Handelns. Tun Sie's sofort, wenn Sie die Idee haben, eine neue Arbeitsmethode auszuprobieren. Fahren Sie auf einem anderen Weg zur Arbeit, wenn es Ihnen in den Sinn kommt.

Die »schlechte« Gewohnheit heißt nicht unbedingt, »schlampig zu sein«. Die schlechte Gewohnheit ist vielmehr, niemals etwas gegen diese Angewohnheit zu tun. Durchbrechen Sie diesen Kreislauf, unternehmen Sie sofort etwas dagegen, schieben Sie nichts auf die lange Bank. Sie werden sehen, dass Sie schneller, besser und effektiver werden. Es liegt an Ihnen, Ideen, die Ihnen in den Sinn kommen, gleich nachzugehen. Sie werden entdecken, dass Sie Ihre Gewohnheiten tatsächlich verändern können.

Anhang

Checkliste für effizientere Besprechungen

Vorbereitung

1. Der Zweck der Besprechung steht fest. ____
2. Die richtigen Ansprechpartner sind eingeladen. ____
3. Der Tagungsort wurde gebucht. ____
4. Das benötigte Material ist bestellt und verfügbar. ____
5. Die Einladungen wurden rechtzeitig verschickt. ____
6. Die Einladung beinhaltet folgende Punkte:
   - Zweck der Besprechung ____
   - Zur Diskussion stehende Punkte der Tagesordnung ____
   - Tagungsort ____
   - Anfang und Ende der Besprechung ____
   - Von den Teilnehmern im Zuge der Vorbereitung ____

zu erledigende Aufgaben ____

Diskussionsleiter

1. Er leitet die Besprechung. ____
2. Er ist für die Einhaltung des Zeitplans zuständig. ____
3. Er fordert die Anwesenden auf, aktiv Beiträge zur Diskussion zu leisten. ____

4. Er sorgt dafür, dass die Teilnehmer nicht unterbrochen werden, wenn sie ihre Meinung darlegen. ____
5. Er stellt sicher, dass man sich an die festgelegten Besprechungsthemen hält und nicht abschweift. ____
6. Er fasst die besprochenen Punkte zusammen. ____
7. Er sorgt dafür, dass die Entscheidungen gefällt werden. (Wer macht was wann?). ____

Assistentin

1. Sie protokolliert die Besprechung. ____
2. Sie notiert, wer was wann erledigt. ____
3. Sie verteilt das Besprechungsprotokoll innerhalb kurzer Zeit. ____

Teilnehmer

1. Sie kommen pünktlich zur Besprechung. ____
2. Sie hören den anderen Teilnehmern zu und versuchen, deren Standpunkt nachzuvollziehen. ____
3. Sie unterbrechen die anderen nicht. ____
4. Sie schaffen eine offene und kreative Atmosphäre. ____
5. Sie bringen ihre Meinung auf den Punkt, verhalten sich professionell und beziehen einen klaren Standpunkt. ____
6. Sie geben Feedback, was bei der nächsten Besprechung besser gemacht werden könnte. ____

Zeitkiller

Zeitkiller bei Besprechungen

- Der Zweck der Besprechung ist unklar. ____
- Die falschen Personen wurden eingeladen. ____
- Es gibt zu viele Besprechungen. ____
- Es gibt keine Tagesordnung. ____
- Das Protokoll ist schlecht formuliert oder fehlt. ____
- Es werden sachfremde oder sinnlose Gespräche und Diskussionen geführt. ____
- Das Feedback bleibt aus. ____
- Es werden keine Entscheidungen getroffen. ____
- Das Nachfassen erfolgt nicht oder nur ungenügend. ____
- Der Besprechungsleiter kann sich nicht durchsetzen. ____
- Die Besprechung fängt zu spät an. ____
- Die Besprechung wird ständig gestört. ____
- Die Tagesordnung wird nicht eingehalten. ____
- Die Besprechung zieht sich endlos hin. ____
- Es werden immer wieder die gleichen Themen von neuem diskutiert. ____
- Die Besprechung dauert länger als geplant. ____
- Es gibt keine Zeitbegrenzung pro Thema. ____
- Der Diskussionsleiter hat die Besprechung schlecht vorbereitet. ____
- Die Teilnehmer sind nicht oder nur mangelhaft vorbereitet. ____
- Es mangelt an Struktur. ____
- Es bleibt keine Zeit zum Nachdenken. ____
- Der Tagungsort liegt weit ungünstig, sodass die Anfahrt zeitaufwändig ist. ____

Zeitkiller am Telefon

- Man kann nicht ungestört telefonieren. ____
- Das Gespräch verläuft ziel- und planlos. ____
- Man möchte über alles informiert werden. ____
- Man kann sich nicht kurz fassen. ____
- Man ruft zur unpassenden Zeit an. ____
- Es wurden keine Prioritäten gesetzt. ____
- Die Sekretärin stellte jedes Gespräch ungefiltert durch. ____

Unfähigkeit, Aufgaben weiterzudelegieren

- Unsicherheit (Angst zu versagen und dadurch alles selbst machen wollen) ____
- Mangelndes Vertrauen in andere ____
- Zu starkes Bedürfnis nach Kontrolle ____
- Keine oder unzulängliche Richtlinien ____
- Delegation der Aufgaben ohne die entsprechende Entscheidungsbefugnis ____
- Angst, ein Kollege könnte besser sein als man selbst ____
- Man macht lieber alles selbst, als Aufgaben abzugeben und andere anzuleiten ____
- Überlastete Kollegen ____

Unschlüssige Manager

- Sich überlappende Zuständigkeitsbereiche ____
- Widersprüchliche Anweisungen ____
- Mangel an Selbstdisziplin ____
- Kann Arbeiten nicht delegieren, macht sie lieber selbst ____
- Fehlende Aufgabenbeschreibung ____
- Unklare Prioritäten ____

Mangelhafte Kommunikation

- Ignoranz, dass Kollegen und Mitarbeiter bestimmte Informationen benötigen ____
- Einsatz unpassender Medien ____
- Schlechtes Timing ____
- Zuhörer sind nicht offen für neue Ideen ____
- Zu langsame Reaktionszeit für Weitergabe von Informationen ____
- Zu viele Informationen ____
- Zu viel Kommunikation ____
- Unklare Kommunikation ____
- Schlechtes Informationsmanagement ____
- Schlechtes Kommunikationsmanagement ____
- Unzuverlässige Informationsquellen ____
- Irrelevante Informationen ____
- Unvollständige Informationen ____

Mangelhafte Entscheidungsfindung

- Unschlüssigkeit/Verzögerungen ____
- Kein Vertrauen in den Entscheidungsfindungsprozess ____
- Angst vor den Konsequenzen eines möglichen Fehlers ____
- Unrealistische Zeitvorgaben ____
- Unangenehme und schwierige Aufgaben werden auf die lange Bank geschoben ____
- Konsequenzen von Entscheidungen werden ignoriert ____
- Fehlende Bilder für neue Strategien ____
- Unkenntnis der Ziele einzelner Abteilungen ____
- Unklare Ziele ____

Unsystematisches Arbeiten

- Fehlende Prioritäten ____
- Zu viele Themen werden auf einmal besprochen ____
- Keine Planung ____
- Alle Probleme werden mit gleicher Priorität behandelt ____
- Es wird zu wenig zu spät erledigt ____
- Keine Zeit für die Vorbereitung ____
- Unterbrechungen ____
- Unfähigkeit, Nein zu sagen ____
- Wunsch, es allen recht machen zu wollen ____
- Bedürfnis, sich wichtig zu machen und sich in alles einzumischen ____
- Hemmschwelle, offen zu sein ____
- Überall dabei sein wollen ____
- Bedürfnis, in alles Neue/Aufregende einbezogen zu werden ____
- Unfähigkeit, etwas zu beenden ____
- Keine Zeitvorgaben ____
- Mangelnde Rücksicht auf die Kollegen ____
- Unverständnis ____
- Unfähigkeit, die benötigten Daten in dem Chaos zu finden ____
- Stress ____
- Mangel an Disziplin ____
- Keine Zeit für die Planung ____
- Planloses Vorgehen ____
- Zeit-/Kapazitätenmangel ____
- Unterbrechungen durch unerwartete Besucher ____
- Unterbrechungen werden nicht bereits im Vorfeld ausgeschlossen ____
- Die Türen stehen immer offen ____
- Mitarbeiter stören ständig mit Bitten um Genehmigungen ____
- Unfähigkeit, einen Besucher zu verabschieden ____
- Unfähigkeit, einem Kunden eine Bitte abzuschlagen ____
- Zu viel Papierkram und Kleinkram ____

- Keine Prioritäten ____
- Kein Delegieren von Aufgaben, weil man das Gefühl hat, man könnte es selbst besser und schneller erledigen ____
- Alles wird nur auf dem Schreibtisch aufgehäuft ____
- Mangelnde persönliche Organisation ____
- Keine lang- und kurzfristigen Ziele ____

Computerstörungen

- Der Computer stürzt ab, und es ist kein Zugriff auf die Daten möglich. ____
- Die Internetverbindung ist zu langsam. ____
- Das Downloaden geht zu langsam. ____
- E-Mails enthalten Anhänge in Formaten, die Sie nicht lesen können. ____
- Sie finden die benötigten Informationen im Internet nicht. ____
- Der Computer hängt, und alle nicht gespeicherten Daten sind verloren. ____
- Peripheriegeräte (Drucker, Modem) sind kaputt. ____
- Der Computer stürzt ab und alle ungesicherten Daten sind weg. ____

(Die Zeitkiller wurden zusammengetragen und sind hier abgedruckt mit der Genehmigung von Time Manager International AIS.)

Nachwort: Das Persönliche Effektivitäts Programm

Wer Erfolg haben will, der sollte sich auf einfache, wirksame Prinzipien stützen und Mittel anwenden, die ihm sofort zur Verfügung stehen. Die Fähigkeit zu einfachen Lösungen ist in Zeiten wirtschaftlicher Unsicherheit eine Garantie für Sicherheit und Stärke.

Mit PEP an die Arbeit macht am Beispiel des Angestelltenalltags deutlich, worin der Schlüssel zum Erfolg liegt, wie Sie Ihre Effektivität steigern und dabei Zeit und Energie sparen können. Von seinem Ansatz her richtet sich das Buch auf die Darstellung realistischer, konkreter Erfahrungen. IBT stützt sich dabei auf eine Erkenntnis, die oft vergessen wird: Um wirklich etwas zu verändern, ändert man am besten zuerst seine täglichen Gewohnheiten.

Das Buch ist eine vorzügliche Anleitung, die theoretischen Beobachtungen der Wissenschaftler, die sich mit Managementtheorien beschäftigen, in die tägliche Praxis der kleinen und großen Unternehmen umzusetzen.

Dank der Beobachtung von 200 000 Führungskräften und Angestellten, die bei ihrer täglichen Arbeit im Büro individuell betreut werden, konnte IBT ungewöhnlich umfangreiche Erfahrungen sammeln und herausarbeiten, unter welchen Bedingungen sich Erfolg einstellt. IBT erfasst zunächst systematisch die verschiedenen Erfolgsstrategien, um diese dann mithilfe einer effizienten Technik weiterzugeben, die die meisten Menschen ihrerseits zum Erfolg führt. Die Stärke von IBT liegt darin, das Problem der Effektivität auf einen einfachen Nenner zu bringen – organisieren, agieren und planen nach dem Prinzip »Tun Sie's sofort«.

Diese Prinzipien sind einfach und leicht zugänglich. Sie in die eigenen Alltagsgewohnheiten aufzunehmen, ist nur noch eine Frage des Willens. Genau an diesem Punkt schaltet sich der IBT-Berater ein: Er entwickelt für jeden Mitarbeiter ein Persönliches Effektivitäts Programm (PEP), mit dessen Hilfe das oben genannte Prinzip auf seine individuellen Bedürfnisse zugeschnitten wird. In vielen Unternehmen geht man leider allzu häufig davon aus, dass Wissen gleich Können ist. In der Wirklichkeit sieht dies jedoch ganz anders aus. Wissen bedeutet erst, dass man darüber im Bilde ist, was getan werden kann. Doch die Umsetzung dieses Wissens in die Tat vollzieht sich erst in mehreren aufeinander folgenden Etappen: Kenntnis der Erfolgsregeln, Akzeptieren von neuen, effizienteren Verhaltensmustern, Versuche, Rückfall in alte Gewohnheiten, Infragestellen, Ermutigung, erste Erfolge und schließlich das definitive Integrieren der neuen, besseren Verhaltensweisen in die eigenen Reflexe. Wenn dies erreicht ist, kann ein neuer Lernzyklus mit neuen Zielen beginnen.

Der große Vorteil von PEP liegt darin, dass die Erfolgsregeln in die täglichen Verhaltensautomatismen übergehen, denn der Betroffene wird so lange betreut, bis sich das gewünschte Ergebnis einstellt.

Bei der Lektüre dieses Buches haben Sie gesehen, wie mit einfachen Worten und unübertrefflichem Pragmatismus die großen Managementtheorien, die für die heutige Unternehmensführung relevant sind, an die Praxis herangeführt wurden.

Fall Sie noch nicht die Zeit hatten, sich mit einigen dieser bekannten Autoren vertraut zu machen, werden Ihnen die folgenden Hinweise nützlich sein. Mit ihrer Hilfe werden Sie besser verstehen, warum PEP so wirkungsvoll ist und in welchen unterschiedlichen Bereichen in Unternehmen und Verwaltung es zum Einsatz kommen kann.

Henry Mintzberg[1] warnt die Unternehmen vor den Gefahren der Planung. Wenn man zu viel im Voraus plant, hat man keine Möglichkeit mehr, sich Veränderungen anzupassen. PEP bietet dagegen das Konzept des sofortigen Planens, bei dem die Verantwortung für die Planung auf jeder Ebene des Unternehmens, in jeder Phase eines Projekts und von jedem beteiligten Mitarbeiter übernommen wird; die daraus entstehende Dynamik führt dazu, dass alle Mitarbeiter in die Verantwortung eingebunden werden, anstatt sich einer von oben verordneten, strategischen Planung zu unterwerfen, der die notwendige Fantasie und Flexibilität fehlt.

Henry Mintzberg, der die Zeitpläne von Führungskräften genau untersucht hat, betont: »Der leitende Angestellte, der von einem Thema zum nächsten springt, hat in der Regel kaum zehn Minuten zur Verfügung, um sich den jeweiligen Problemen zu widmen. Da er bis zu 50 Projekte gleichzeitig beaufsichtigt, die er alle an jeweils einen Mitarbeiter delegiert hat, kommt seine Aufgabe einem regelrechten Jonglieren gleich.« Diese Realität im Berufsalltag von Führungskräften zeigt, wie wichtig ein strenges Organisieren nach dem Sofortprinzip ist, sowohl seitens der Führungskraft als auch ihrer Mitarbeiter.

Peter Drucker[2], Oberguru des Managements, definiert die fünf wesentlichen Aktivitäten eines leitenden Angestellten: Ziele bestimmen, Arbeitsverläufe organisieren, motivieren und kommunizieren, Leistungsnormen festlegen und Mitarbeiter ausbilden. PEP ist ein praktisches Instrument, mit dessen Hilfe Führungskräfte ihre Leistungsfähigkeit im Hinblick auf diese fünf Aufgaben steuern können. Die Prinzipien des Agierens, Organisierens und Planens nach dem Sofortprinzip werden so zu unumgänglichen Hilfsmitteln, durch die alle Mitarbeiter Verantwortungssinn entwickeln und ein Bewusstsein dafür gewinnen, dass sie kompetente Partner im Dienste eines gemeinschaftlichen Projekts sind. In den fünfziger Jahren entwickelte Peter Drucker die Theorie des Management by Objectives, um Führungskräften dabei zu helfen, ihre Rolle als Vordenker in acht für das Unternehmen entscheidenden Bereichen zu entwickeln: Marktlage, Innovation, Produktivität, Personal und Finanzmittel, Rentabilität, Leistung und Schulung der Unternehmensleitung, Leistung und Motivation der Angestellten, öffentliche Verantwortung. Um diese Philosophie des Managements weiterzuführen, hat John Humble[3] eine praktische Methodologie des Management by Objectives entwickelt.

Da diese jedoch die Führungskräfte zu sehr in den Mittelpunkt rückt, hat sie heute ihren Einfluss verloren. PEP bietet demgegenüber einen pragmatischen Ansatz, der sich auf die Ziele jedes einzelnen Mitarbeiters konzentriert, ihn bei der Definition dieser Ziele, für die er selbst die Verantwortung übernimmt, mit einbezieht und ihm dabei hilft, die dafür notwendigen Mittel zu bestimmen.

Thomas Gordon[4], eine Autorität im Bereich der Kommunikation im Unternehmen, der Konfliktlösungen ohne Verlierer und des partizipierenden Managements, betont die Notwendigkeit, auf allen Ebenen der Hierarchie die Kommunikation zu verbessern, um das Unternehmen zu besseren Leistungen und seine Angestellten zu größerer Zufriedenheit und Entfaltung zu führen. Dadurch, dass PEP die Verantwortung jedes Mitarbeiters genauer definiert und auf allen Ebenen ein Bewusstsein für Qualität und Effektivität einführt, wird es zahlreiche Spannungen und Konfliktsituationen lösen oder verhindern. Jeder wird seinen Aufgaben und auch der Art und Weise, wie das eigene Verhalten sich auf die anderen Partner im Unternehmen oder außerhalb auswirkt, größere Aufmerksamkeit schenken. Da nun jeder Angestellte den eigenen Bedürfnissen und denen seiner Ansprechpartner größere Bedeutung beimisst, wird er auch aktiver und fantasievoller versuchen, die Bedürfnisse aller zu befriedigen. So wird die Kommunikation insgesamt verbessert.

Viele Unternehmen sind aus guten Gründen versucht, auf die Methode des »Reengineerings« zurückzugreifen, um ihre Produktivität zu verbessern. Die Erfinder des Reengineerings, James Champy und Michael Hammer[5], Verfechter eines drastischen Wandels, haben sich hohe Ziele gesteckt. Sie rechneten damit, dass das Reengineering zum einen die Herstellungsdauer der Produkte um 70 Prozent und ihre Kosten um 40 Prozent senken würde und zum anderen die Qualität um 40 Prozent und die Marktanteile um 25 Prozent erhöhen und dabei auch noch die Zufriedenheit der Kunden und damit den Umsatz steigern würde! Zwei Jahre später gibt James Champy Alarm: »Das Reengineering ist in Gefahr«, ruft er im ersten Satz seines letzten Buches aus. Damit teilt er eine Sorge, die auch IBT beschäftigt: Der Umbau eines Unternehmens kann keinen Erfolg haben, wenn die Methoden der Unternehmensführung und das Verhalten der Angestellten im Arbeitsalltag nicht ebenfalls einer genauen Prüfung unterzogen werden. Wenn sich die Strukturen ändern, die Mentalitäten und Arbeitsweisen aber die gleichen bleiben, dann droht die gesamte Neuerung zu scheitern. Bei PEP kommt das Prinzip des Reengineerings auf jedem Entscheidungsniveau und bei jedem einzelnen Mitarbeiter zum Tragen. Es regt zu einem ständigen und sofortigen Infragestellen an.

Ziel des »Downsizings« ist es, dass das Unternehmen sich wieder auf das konzentriert, was es am besten beherrscht und was am gewinnbringendsten ist, indem es sich verkleinert. Hinsichtlich der Entwicklung oder der Überlebenschancen eines Betriebs ist diese Methode durchaus begründet. Sie hat jedoch in der Regel zwei äußerst schmerzhafte Folgen: Ein Teil der Mitarbeiter wird entlassen, während man die zurückgebliebenen überlastet. Viele glauben, dass man das Downsizing als eine Möglichkeit des Fortschritts begreifen sollte, durch die ein Unternehmen neue Kräfte schöpfen kann, um dann, sobald die Entwicklung wieder einsetzt, das Personal erneut zu erhöhen. Um die Härte der Entlassungen und die Ängste, die damit einhergehen, zu mildern, kommen die Betroffenen meistens in den Genuss begleitender Maßnahmen. Doch werden bei der Umstrukturierung eines Unternehmens häufig seine »Überlebenden« vergessen; sie sind überlastet, stehen einer größeren Verantwortung gegenüber, müssen zusätzlich zu ihrem bisherigen Arbeitsbereich die Aufgaben und Funktionen derer übernehmen, die gegangen sind; sie werden unter Druck gesetzt und blicken ängstlich in die Zukunft ... So zu arbeiten wie vorher wird unmöglich, da die Belastung gewachsen ist. Die Umstrukturierung hat Veränderungen mit sich gebracht, an die man sich anpassen muss. Die Mitarbeiter sind insofern gezwungen, neu darüber nachzudenken, wie sich ihre Arbeit am besten organisieren lässt. PEP versetzt sie in die Lage, die richtigen Entscheidungen zu treffen, Prioritäten zu erkennen und ein organisatorisches Konzept zu finden, mit dem sie trotz ihrer unbequemen Lage das Beste aus ihren Möglichkeiten machen können.

Genauso wie PEP betont auch Stephen Covey[6] die Notwendigkeit, sich von der Vorstellung der Dringlichkeit zu befreien, von der sich viel zu viele Führungskräfte einengen lassen. Dies ist besonders wichtig, um den Blick für Prioritäten wieder zu finden, denn nur so können die Mitarbeiter des Unternehmens ihre Energie, ihre Kraft und ihre Zeit dem widmen, was am wichtigsten ist, ohne jedoch deswegen die unzähligen kleinen Details zu vernachlässigen.

Führungskräfte müssen oft allein mit ihrer Verantwortung fertig werden. Im Allgemeinen sind sie dazu durchaus in der Lage. Doch der hoch konzentrierte Umgang mit ihren Aufgaben und ihren Teams lässt ihnen oft nicht die Zeit und die Ruhe, den notwendigen Abstand zu gewissen grundlegenden Dingen zu gewinnen. Die IBT-Berater helfen Angestellten und Führungskräften, sich Gedanken über ihre eigene Funktion zu machen und darüber, wie sie am besten mit ihrer Rolle umgehen, ihre Aufgaben erfüllen und ihre Abteilungen leiten können. Dabei werden ihre Persönlichkeit und ihre Ziele berücksichtigt. Auch Manfred Kets de Vries,[7] Wirtschaftswissenschaftler und Psychoanalytiker, unterstreicht die Notwendigkeit für leitende Angestellte, ihren eigenen Führungsstil zu entwickeln und dabei sowohl ihre Stärken als auch ihre Schwächen einzusetzen. Dabei kann es sich allerdings als schwierig erweisen, die Kenntnis der eigenen Persönlichkeit zu erweitern. Das Gespräch mit einem außenstehenden Berater, erklärt Kets de Vries, kann Abhilfe schaffen, falls innerhalb des Betriebs ein kritischer »Hofnarr« fehlt, ohne den kein guter Chef seinen »Regierungsstil« überprüfen und verbessern kann.

Bennett Harrison[8], Professor in Harvard, ruft uns in Erinnerung, wie viele Leute schon das Ende der Vorherrschaft der riesigen Unternehmen vorhergesagt haben, weil die Entwicklung nicht mehr dem Stärksten, sondern dem Schnellsten die größten Chancen gibt. Ihm zufolge werden jedoch die großen Unternehmen, die auf Flexibilität setzen und sich den neuen Marktbedingungen anpassen, auf ihrem Gebiet die Führung behalten oder wieder übernehmen. Die großen Firmen werden schlanker. Viele sehr große Unternehmen haben das Persönliche Effektivitäts Programm schon in ihre Mitarbeiterschulung integriert, damit ihre Teams effektiver arbeiten und in der Lage sind, sich den unvermeidlichen Veränderungen anzupassen. Manche Firmen haben die PEP-Prinzipien in ihre gesamte Unternehmenskultur integriert.

Frederick Herzberg[9], Begründer des Konzepts der »Bereicherung der Arbeit«, hat viel dazu beigetragen, dass die Unternehmen inzwischen auch den Faktor Motivation berücksichtigen. Wenn ein Arbeitsplatz durch Delegieren nach dem Sofortprinzip, wie PEP es empfiehlt, »bereichert« wird, dann kann der Delegierende, meistens die Führungskraft, wichtigere Aufgaben besser bewältigen. Die Kontrollfunktionen können verringert werden, und das bereichert beide Seiten – die, die delegiert, und die, die die Aufgabe übernommen hat. So wird das gesamte Konzept des Managements auf allen Ebenen der Betriebshierarchie bereichert. In eine ähnliche Richtung weist auch das Konzept des »Empowerment«. Das Empowerment, das Welten vom Taylorismus entfernt ist, bezieht den einzelnen Menschen total in den Arbeitsprozess ein, indem ihm die Mittel und Fähigkeiten gegeben werden, in seinem Fachgebiet Entscheidungen zu treffen. Das Individuum übernimmt die totale Verantwortung für seine Entscheidungen, ihre Ausführung und ihre Folgen. Das Empowerment zwingt dazu, die Art und Weise, wie man mit seinen Aufgaben umgeht, zu überdenken. Es zwingt das Management, sich auf seine Spezialgebiete zu konzentrieren, und die Mitarbeiterteams, Selbstverantwortung zu entwickeln und zusammenzuarbeiten. Das Empowerment funktioniert jedoch nicht von heute auf morgen, sondern muss langsam eingeführt werden. In dieser Phase, in der durch Förderung des Impulses, sich sofort zu engagieren und Verantwortung zu übernehmen, Teamgeist erzeugt wird, greift PEP.

Die Rolle des Managers in einem Unternehmen liegt darin, das »Kapital an Konzepten« zu verwalten: Kreativität, neue Ideen, Anpassung an Veränderungen, Definition der Ziele et cetera, begeistert sich Edward de Bono[10], der Kenner, was das »Entwickeln neuer und die Aufgabe alter Ideen« betrifft, von ihm als »laterales Denken« bezeichnet. Meistens wird diese Funktion an die Abteilung Forschung und Entwicklung delegiert, obwohl die Kreativität doch eigentlich in jeder Abteilung des Unternehmens ihren Platz haben sollte. Viele Menschen glauben, sie hätten keine Zeit für Kreativität, sie meinen, sie hätten schon genug damit zu tun, alle laufenden Dinge zu erledigen. Deswegen versucht PEP jedem leitenden Angestellten und jedem Mitarbeiter klar zu machen, wie wichtig es ist, sein Kapital an Zeit besser zu verwalten, um dadurch Freiräume zu gewinnen, in denen man seine Arbeitsmethoden, seine Leistungen, seine Servicehaltung verbessern kann.

Tom Peters und Robert Waterman[11] haben Firmen, die sie Anfang der achtziger Jahre als Erfolgsmodelle bezeichnet hatten, weiter beobachtet und festgestellt, dass einige von ihnen angesichts ihrer Misserfolge nicht mehr als Qualitätsmodelle betrachtet werden konnten. Daraufhin haben sie den Begriff der Qualität neu definiert und kommen nun zu dem Schluss, dass solche Firmen von besonderer Qualität sind, die das Konzept des Kaizen[12] (stufenweise Verbesserung) und der kontinuierlichen Veränderung in ihre Unternehmenskultur integriert haben.

Das Persönliche Effektivitäts Programm entwickelt ein Benchmarking, das sich auf Management- und Verhaltensformen konzentriert. Die Methode des Benchmarkings[13] besteht darin, herauszufinden, wer der Beste ist und welche Strategie in einem bestimmten Gebiet am effektivsten ist, beides genau zu bestimmen und dann zu reproduzieren. In der Regel ist Benchmarking konkurrenzorientiert (sich mit einer Firma vergleichen, die auf dem gleichen Sektor tätig ist) oder funktionell (sich mit einer Firma vergleichen, die auf einem anderen Sektor tätig ist, sich aber in einer ähnlichen Situation befindet). Es kann auch extern (Vergleich mit einem anderen Unternehmen) oder intern (Vergleich mit einer anderen Abteilung) sein. Rank Xerox ist wohl die erste Firma, die das Konzept des Benchmarkings 1979 standardisiert hat. PEP versucht bei jedem Mitarbeiter ein solches Qualitätsbewusstsein zu wecken, wobei ebenfalls die Möglichkeiten des Vergleichs und des Imitierens ausgenutzt werden. Durch seine Analyse der Arbeitsstile vieler Angestellter und Manager macht der IBT-

Berater Strategien ausfindig, bei denen das Verhältnis Kosten/Gewinn im Hinblick auf Zeitintensivität, Energieverbrauch, Geldmittel, Ressourcen et cetera besonders interessant ist. Er regt die Personen, die er betreut, dazu an, diese Strategien zu imitieren. Dann folgt die letzte Phase, in der die aufgezeigten Prinzipien übertragen und der jeweiligen Situation angepasst werden. Dieses Benchmarking konzentriert sich insofern vor allem auf Management- und Verhaltensformen und bezieht sich weniger auf die allgemeine Strategie und Organisation eines Unternehmens.

PEP lässt sich dem Total Quality Management zuordnen, da es den Einzelnen dazu anregt, sich ständig selbst zu hinterfragen und auf diese Weise eine Qualitätsverbesserung seiner Leistungen zu erreichen. Seltsamerweise ist das Total Quality Management erst in den achtziger Jahren in Europa aufgetaucht, obwohl dieses Konzept schon unmittelbar nach dem Zweiten Weltkrieg in Japan von zwei Amerikanern, Edward Deming[14] und Joseph Juran[15], entwickelt wurde, um dem Land bei seinem wirtschaftlichen Wiederaufbau zu helfen. Total Quality Management verhilft den zahlreichen Firmen, die es in die Tat umsetzen, indem sie ein absolut fehlerfreies Arbeiten anstreben und dabei alle Mitarbeiter einbinden, zu enormen Fortschritten. PEP führt alle Angestellten dahin, sich auf zwei wesentliche Fragen zu konzentrieren, die miteinander zusammenhängen: Erstens, was kann ich im Rahmen meiner Möglichkeiten an meinem Arbeitsplatz besser machen und wie kann ich mehr leisten?, und zweitens, wie kann ich meine Kollegen dazu anregen, sich ihrerseits besser einzubringen und mehr zu leisten? Diese Verbesserung nach dem Sofortprinzip, wie wir es nennen, geht in zwei Richtungen: nach innen orientiert (ich und mein Arbeitsplatz) und nach außen orientiert (meine Gruppe, mein Unternehmen). Jeder Mitarbeiter wird dazu angeregt, sich regelmäßig Zeit für seine Wochenplanung zu nehmen, die ganz seiner persönlichen Verbesserung dienen soll.

Motivation ist die Voraussetzung für persönliches Engagement. Zahlreiche Autoren haben sich mit diesem für die Dynamik eines Unternehmens wesentlichen Aspekt beschäftigt. Douglas McGregor[16] begrüßt Abraham Maslows Ansatz[17], der eine Rangordnung der menschlichen Bedürfnisse aufstellt: Überleben, Sicherheit, soziale Bindungen, Erreichen von Zielen und schließlich Selbstverwirklichung. McGregor zeigt auf, dass die »Theorie Y« (partizipierendes Management) der »Theorie X« (autoritäres Management) überlegen ist, da ihre Möglichkeiten, die höher zu bewertenden Bedürfnisse der Mitarbeiter zu befriedigen, größer sind. In diesem Punkt schließt er sich angesehenen Autoren wie Thomas Gordon, Rensis Likert[18], David McClelland[19], Peter Drucker, E. F. Schumacher[20], Rosabeth Moss Kanter[21] an. Die Stärke von PEP liegt auch darin, dass es der Motivationsförderung besonderen Wert beimisst und den Führungsteams dabei hilft, diese Motivation bei den einzelnen Mitarbeitern freizusetzen, indem die Einbindung in die Arbeitsverläufe und die Selbstkontrolle gesteigert werden. Es besteht kein Zweifel daran, dass die meisten Angestellten eines Unternehmens gern wie Erwachsene behandelt werden und ihre Möglichkeiten besser ausschöpfen können, wenn man ihnen dazu die Gelegenheit gibt. Im Verlauf seiner Beratung ermittelt der IBT-Berater, wo der Teilnehmer aktuellen Leidensdruck hat, und hilft ihm dann, so schnell wie möglich einen befriedigende Lösung zu finden. Um dieses Ziel zu erreichen, wird er auch die eigene Kreativität des jeweiligen Mitarbeiters hinzuziehen. Die PEP-Methode, bei der eine Reihe von einfachen und pragmatischen Prinzipien in die Tat umgesetzt wird, trägt zur Bildung eines partizipierenden Managements bei, indem sie das unmittelbare persönliche Engagement fördert.

Charles Handy[22] erläutert eine Formel, deren Anwendung die Unternehmen heute anstreben: 1/2 x 2 x 3. Das heißt, halb so viele Angestellte werden doppelt so gut bezahlt und produzieren dreimal so viel. In einem Interview mit der Schweizer Zeitschrift *Bilanz* eröffnet er die Folgen dieser Tendenz: »Irgendwann wird es weniger Arbeitsplätze in den Firmen geben; die Arbeit selbst wird für die Angestellten interessanter und besser bezahlt sein, aber auch anspruchsvoller, um nicht zu sagen aufreibender.« Er prophezeit, dass sich augenblicklich »ein neues Organisationsmodell herausbildet, das sich an den politischen

Föderalismus auf der Basis von Subsidiarität und Delegieren ans Zentrum – und nicht mehr vom Zentrum an die Peripherie, wie dies früher bei der Dezentralisation der Fall war – anlehnt«. Er zeigt auf, wie sich die Rollen verändern: »Man spricht im Englischen nicht mehr von ›manager‹«, sagt er, »sondern von ›team leaders‹, von ›facilitators‹, von ›coordinators‹. Was morgen allgemein verbreitet sein wird, gilt heute schon für einige leitende Angestellte: Sie haben nur noch so viel Macht, wie ihre Mitarbeiter ihnen zugestehen – und nicht mehr so viel, wie ihre Position in der Hierarchie ihnen zuweisen würde. Man wird Menschen, von denen man Initiative, schnelle Reaktion und Autonomie verlangt, nicht mehr wie früher mit Vorschriften und Weisungen führen können.« Tom Peters[23] argumentiert in die gleiche Richtung, indem er erklärt, dass niemand mehr Lust habe, Chef zu werden: »Ein Unternehmen entwickelt sich künftig in allen seinen Projekten horizontal. Die hierarchische Pyramide ist verschwunden, man steigt nicht mehr auf.«

Nicht anders als Richard Schonberger[24] hat PEP zum Ziel, in der gesamten Betriebskette eine »Servicehaltung« zu entwickeln. Wenn jeder Mitarbeiter sich bewusst macht, dass er für andere Kollegen sowohl Kunde als auch Serviceanbieter ist, dann ist schon ein großer Schritt getan. Die individuelle Selbstverantwortung nimmt zu. Das Bemühen um Qualitätsverbesserung wird auf allen Ebenen integriert. Die Verpflichtung, sowohl Termine als auch Qualitätskriterien einzuhalten, rückt ins Bewusstsein aller Mitarbeiter. Man beginnt sich darum zu bemühen, die Bedürfnisse der anderen zu befriedigen. Und auch der Anspruch, die eigenen Bedürfnisse befriedigt zu sehen, verfestigt sich. Diese Wechselbeziehungen haben eine kreative, anregende Wirkung und führen dank des Schneeballeffekts, der mit ihnen einhergeht, zu einer allgemeinen Verbesserung.

Wie in allen menschlichen Gruppierungen kann man auch im Unternehmen häufig feststellen, dass die Verantwortung, sobald es Probleme gibt, den anderen in die Schuhe geschoben wird: Der Chef findet, dass seine Mitarbeiter ihre Aufgabe nicht erfüllt haben, die Mitarbeiter glauben, dass ihr Chef seine Abteilung schlecht leitet. PEP geht davon aus, dass jeder für alles verantwortlich ist und besonders natürlich für die Aufgaben, die ihm anvertraut wurden und die er angenommen hat. Der IBT-Berater wird jeden Mitarbeiter dazu ermutigen, seine Verantwortung zu übernehmen und den Einfluss, den er im Einvernehmen mit den Regeln seiner Gruppe haben kann, zu erweitern. Was diese Ermutigung, Verantwortung zu übernehmen, betrifft, so zeigt sich bei PEP eine deutliche Nähe zu John Adairs[25] Überlegungen, der folgende »Fifty-fifty«-Regel aufstellt: 50 Prozent der Motivation hängen unmittelbar mit dem Individuum selbst zusammen und 50 Prozent mit seinem Umfeld; 50 Prozent des Erfolgs einer Aktion sind dem Mitarbeiterteam zuzuschreiben und 50 Prozent seinem Leiter.

John Adair, dessen Idee später von Craig Hickman[26] weitergeführt wurde, schlägt eine interessante Unterscheidung zwischen »leader« und »manager« vor: Ein »leader« motiviert und schult die Mitarbeiter, während der »manager« ein strenger Verwalter ist, der dafür sorgt, dass alles reibungslos abläuft. Führungskräfte müssen beide Fähigkeiten entwickeln, wenn sie ihre Teams zum Erfolg führen wollen, und genau dabei hilft ihnen PEP.

Davon, dass sie ihren Mitarbeitern mehr Macht geben, profitieren Führungskräfte auch selbst. Denn mit Teams, die mehr leisten, können sie selbst mehr leisten, da sie über mehr Zeit verfügen. Hamel und Prahalad[27] zufolge opfern leitende Angestellte, die zu sehr auf die Dringlichkeit ihrer Aufgaben und ihre eigene Überlastung fixiert sind, im Schnitt 2,4 Prozent ihrer Zeit dafür, Perspektiven für das gesamte Unternehmen zu entwickeln, während sie eigentlich 20 bis 50 Prozent ihrer Zeit für diese entscheidende Aufgabe verwenden sollten.

Die Unternehmen stehen jetzt vor der Herausforderung, mit weniger mehr zu leisten. Die Mitarbeiter ihrerseits stehen vor der Herausforderung, mit größerer Begeisterung und Zufriedenheit zu arbeiten und dabei weniger Zeit zu investieren. Diesen Herausforderungen stellt sich PEP, indem es jedem Beteiligten dabei hilft, verantwortlichere, zweckmäßigere und ökonomischere Arbeitsmethoden zu lernen. PEP befreit den Geist und setzt Zeit und Kreativität frei. Eines der Geheimnisse seines Erfolgs liegt in dem Paradox, dass man mit weniger mehr und Besseres leisten und dass die Arbeit dabei auch noch an Sinn gewinnen und mehr Spaß machen kann. Die Details des Alltags versperren oft den Blick auf ungenutzte Reserven und Möglichkeiten: In ihnen liegt die Zukunft.

Die meisten Managementtheoretiker versuchen mit ihren Änderungsvorschlägen Begeisterung zu erwecken, sehen sich aber in der Regel mit einem großen Problem konfrontiert: dem Widerstand des Menschen gegen Veränderungen. Die IBT-Berater werden speziell dafür ausgebildet, diese Widerstände gegen Veränderungen zu überwinden, indem sie eine Motivation zur Veränderung schaffen. Bei der persönlichen Beratung eines Angestellten, die mehrere Gespräche erfordert, werden bestimmte Techniken angewandt. Es geht darum, gemeinsam mit ihm herauszufinden, welchen direkten und welchen indirekten persönlichen Vorteil es für ihn hat, sich engagiert an einer Veränderung zu beteiligen. Während des gesamten Veränderungsprozesses, der mit vielen Hoffnungen und Enttäuschungen und durchaus schwierigen Phasen einhergeht, wird der Angestellte begleitet und unterstützt.

Die Jagd auf Effektivität, Rationalisierung und Produktivität legt die Befürchtung nahe, dass der Mann oder die Frau zugunsten der Systeme und Organisationen völlig vergessen wird. Die Philosophie des Persönlichen Effektivitäts Programms geht jedoch dahin, dass die Angestellten, das Unternehmen und die Kunden von dem Bemühen um Effektivität profitieren. Effektivität bedeutet zum einen eine Verbesserung der Qualität und Produktivität, was dem Kunden und dem Unternehmen zugute kommt, und zum anderen eine Verbesserung der Lebensqualität und der persönlichen Entfaltung der Angestellten in ihrer Arbeit. Die Zufriedenheit aller Beteiligten stellt sich dann ein, wenn die Veränderung Eingang in die täglichen Gewohnheiten gefunden hat.

Mit den Grundlagen, die Ihnen dieses Buch vermittelt hat, können Sie anfangen, die Erfolgsregeln selbst anzuwenden – im täglichen Umgang mit ihren Aufgaben, ihren Mitarbeiterteams und ihrer jeweiligen

Verantwortung. Mit Ausdauer werden Sie langsam, aber sicher Reflexe entwickeln, durch die Sie zusätzliche Zeit und Energie gewinnen, die Sie auf die Beschäftigung mit den eigentlichen Grundlagen Ihrer Arbeit verwenden können. Wir hoffen, dass Ihnen dieses Buch genauso helfen wird, wie das Persönliche Effektivitäts Programm schon vielen Menschen geholfen hat.

Bruno Savoyat, IBT-Suisse

Anmerkungen

1 Henry Mintzberg, *Die Strategische Planung. Aufstieg, Niedergang und Neubestimmung,* München: Hanser 1995.
2 Peter Drucker, *Die ideale Führungskraft. Die Hohe Schule des Managers,* Neuauflage Düsseldorf: Econ 1995; Die postkapitalistische Gesellschaft, Düsseldorf: Econ 1993.
3 John Humble, *Management by Objectives,* 1971.
4 Thomas Gordon, *Managerkonferenz,* Taschenbuchausgabe München: Heyne 1995.
5 James Champy und Michael Hammer, *Business Reengineering. Die Radikalkur für das Unternehmen,* Frankfurt/New York: Campus 1993; *Reengineering im Management. Die Radikalkur für die Unternehmensführung,* Frankfurt/New York: Campus 1995.
6 Stephen Covey, *Die sieben Wege zur Effektivität,* Frankfurt/New York: Campus 1993.
7 Manfred Kets de Vries, *Chef-Typen. Zwischen Charisma und Chaos, Erfolg und Versagen,* Wiesbaden: Gabler 1990.
8 Bennett Harrison, *Lean and Mean. The Changing Landscape for Corporate Power in the Age of Flexibility,* New York: Harper Collins 1995.
9 Frederick Herzberg, *Work and the Nature of Man,* 1971.
10 Edward de Bono, *Der Klügere gibt nach. Vom erstarrten zum fließenden Denken,* Taschenbuchausgabe Düsseldorf: Econ 1993.
11 Tom Peters und Robert Waterman, *Auf der Suche nach Spitzenleistungen,* Landsberg: verlag moderne industrie 1985; Tom Peters und Nancy Austin, *Leistung aus Leidenschaft,* Hamburg: Hoffmann und Campe 1985;

Tom Peters, *Jenseits der Hierarchien. Liberation Management,* Düsseldorf: Econ 1993; Robert Waterman, *Die neue Suche nach Spitzenleistungen. Erfolgsunternehmen im 21. Jahrhundert,* Düsseldorf: Econ 1994.

12 Masaaki Imai, *Kaizen. Der Schlüssel zum Erfolg der Japaner im Wettbewerb,* München: Langen Müller 1991.

13 Bengt Karlöf und Svante Östblom, *Das Benchmarking-Konzept,* München: Vahlen 1994.

14 Edward Deming, *Quality, Productivity, and Competitive Position,* 1982.

15 Joseph Juran, *Handbuch der Qualitätsplanung,* Landsberg: verlag moderne industrie 1988.

16 Douglas McGregor, *The Human Side of Enterprise,* 1960.

17 Abraham Maslow, *Psychologie des Seins,* Taschenbuchausgabe Frankfurt: Fischer 1982.

18 Rensis Likert, *New Patterns of Management,* 1961.

19 David McClelland, *Motivating Economic Achievement,* 1969.

20 E. F. Schumacher, *Small is beautiful: Die Rückkehr zum menschlichen Maß,* Neuausgabe Heidelberg: C. F. Müller 1993.

21 Rosabeth Moss Kanter, *When Giants Learn to Dance,* 1989.

22 Charles Handy, *The Age of Unreason,* 1989.

23 Tom Peters, *Jenseits der Hierarchien,* Düsseldorf: Econ 1993.

24 Richard Schonberger, *Building a Chain of Customers,* 1990.

25 John Adair, *The Action Centered Leader,* 1991.

26 Craig R. Hickman, *Mind of a Manager, Soul of a Manager,* 1990.

27 Gary Hamel und C. K. Prahalad, *Wettlauf um die Zukunft,* Wien: Ueberreuter 1995.

IBT und das Persönliche Effektivitäts Programm

IBT bietet sein Persönliches Effektivitäts Programm in verschiedenen Versionen an, die auf Selbstständige, auf Mittel- und Kleinbetriebe, auf Verwaltungen und auf Großunternehmen zugeschnitten sind. PEP kann allen Angestellten eines Unternehmens oder nur bestimmten Teams angeboten werden. Die Versionen von PEP sind den verschiedenen Phasen in der Entwicklung eines Unternehmens oder einer Abteilung angepasst: Gründung einer Arbeitsgruppe, Konflikte in problematischen Phasen, Erfolgsphasen und ihre Dynamik, Umzug in neue Räume, Fusion von zwei Unternehmen oder Teams.

Falls Sie weitere Informationen über das Persönliche Effektivitäts Programm wünschen oder ein Treffen mit einem IBT-Mitarbeiter vereinbaren möchten, wenden Sie sich bitte an folgende Adresse:

IBT
Institut für Beratung und Training in Unternehmen GmbH
Wilhelmstr. 43
58332 Schwelm
Telefon 0 23 36/93 90-0
Telefax 0 23 36/93 90 30
E-Mail: info@ibt-pep.de

Für Österreich:

IBT-Österreich
Reichsratsstr. 5
1010 Wien
Telefon 43/1/4 03 99 04
Telefax 43/1/4 03 52 13
E-Mail: office@ibt-pep.at

Literatur

Abramovitch, Ingrid: »Beyond Kaizen«, *Success Magazine,* Januar/Februar 1994, S. 85.

Bliss, Edwin C.: *Getting Things Done. The ABC's of Time Management,* New York: Scribner 1976.

Covey, Stephen R.: *Die sieben Wege zur Effektivität. Ein Konzept zur Meisterung Ihres beruflichen und privaten Lebens,* Frankfurt/New York: Campus 1993.

Drucker, Peter F.: *Die ideale Führungskraft,* Düsseldorf: Econ 1993.

Garfield, Charles A.: *Peak Performance: Mental Training Techniques of the World's Greatest Athletes,* New York: Warner Books 1984.

Hammer, Michael und James Champy: *Business Reengineering. Die Radikalkur für das Unternehmen,* Frankfurt/New York: Campus 1994.

Hill, Napoleon: *Denke nach und werde reich,* München: Heyne 1994.

Hobbs, Charles R.: *Time Power – Zeit gewinnen mit System,* Heidelberg: Sauer 1989.

Jenks, James: *Don't Do – Delegate!,* New York: F. Watts 1985.

McCay, James T.: *Von Terminen gejagt oder Die Kunst, Zeit zu haben,* Düsseldorf: Econ 1962.

Peck, M. Scott: *Der wunderbare Weg. Eine neue Psychologie der Liebe und des spirituellen Wachstums,* München: Goldmann 1993.

Peters, Tom J.: *Kreatives Chaos,* Hamburg: Hoffmann und Campe 1988.